매국의
역사학,
어디까지
왔나

매국의 **역사학,** 어디까지 왔나

이덕일 지음

만권당

일러두기

1. 한글 전용 표기를 원칙으로 하되, 필요한 경우 한자를 병기했다.
2. 일본의 인명·지명 등 고유명사는 한글 맞춤법 표기법에 따랐다. 인명의 경우 처음 나올 때 한자를 병기했다. 또한 한자로 의미가 더 명확하게 통할 수 있는 단어나 고서적명 등은 한국 한자음으로 표기했다.
   예) 쓰다 소키치津田左右吉, 『일본서기』, 도쿄제국대 등.
3. 중국의 인명·지명 등 고유명사는 한국 한자음으로 표기했다. 단 인명의 경우 신해혁명(1911)을 분기점으로 하여 과거와 현재를 구분하고, 신해혁명 이후 활동한 중국인은 처음 나올 때 괄호 안에 한자와 원지음을 병기했다.
   예) 『한서』, 사마천, 북경, 담기양(譚其驤: 탄치샹) 등.
4. 북한의 인명·지명 등 고유명사는 북한 표기를 존중했다.
   예) 리지린 등.
5. 국회 속기록에 기재된 발표 내용과 대화 내용을 인용할 때 부분적으로 구어체를 문어체로 다듬었다.
6. 기원전紀元前 표기는 본문에서 모두 서기전西紀前으로 표기했다. 단 인용문과 도엽의 표기는 원래대로 두었다.
7. 본문에 사용된 『중국역사지도집』과 『동북아역사지도』의 원 지도에 한자로 표기된 지명은 필요한 경우 한글을 병기하고 확대 등의 방법으로 도드라지게 처리했다.

글을 시작하면서

역사를 팔아먹은 지도에 묻는다

1.

2015년 5월 7일 목요일, 한가람역사문화연구소의 목요강좌가 끝나고 늘 그랬듯이 그날도 한 호프집에서 뒤풀이를 하고 있는데 집에서 전화가 왔다. 검찰에서 우편물을 보내왔다고 했다. 듣자마자 고려대 역사교육과 명예교수 김현구가 필자를 고소한 사건에 대한 처분결과일 것이라고 짐작했다.

필자가 『우리 안의 식민사관』(만권당, 2014)에서 김현구의 『임나일본부설은 허구인가』(창비, 2010) 내용이 일제 식민사관을 따른 것이라고 비판했는데, 이에 김현구가 형사상 명예훼손과 민사상 출판금지 가처분 신청을 냈다. 사실 김현구는 『우리 안의 식민사관』에서 필자가 비판한 여러 역사학자들을 대신해 총대를 멘 것에 불과했다. 그렇게 검찰로 넘어간 명예훼손 사건의 처분결과가 나온 것이다.

일제가 식민사관植民史觀을 만들어 한국사를 난도질했다는 사실은 우리 모두 알고 있다. 식민사관이란 일제가 한국을 영구히 지배할 목적으로 창작한 역사관, 즉 조선총독부의 관점으로 한국사를 보는 '조선총독부 사관'이다. 그런데 '해방 후에도' '한국인 역사학자들이' 이런 조선총독부 사관을 추종한다면 그러한 역사관을 무엇이라고 불러야 할까? 필자는 '매국사관賣國史觀'이라고 부르기로 했다. 선조들의 피로 되찾은 나라의 역사를 다시 팔아먹는 것이기 때문이다. 식민사관을 넘어선 매국의 역사학인 것이다.

한국 사회에서는 해방 후에도 이런 매국사관을 추종하는 사람들이 이른바 주류로 행세해왔고, 이에 맞선 사람들은 큰 수난을 겪어왔다. 고려대 사회학과 명예교수 최재석이 그런 경우인데, 구순九旬의 최재석은 최근 재출간한 자서전 『역경의 행운』(만권당, 2015)에서 자신이 식민사관에 맞서다가 어떤 곤경을 겪었는지를 여러 차례 서술했다. 이 책에서 식민사학자의 한 명으로 꼽은 인물이 김현구인데, 그에 대해 "한국의 역사를 팔아서 (일본에서) 학위를 얻은 김현구의 소행을 구한말 이완용 일파의 매국 행위에 비유하는 것은 지나친 비유일까?"라고 비판했을 정도였다.

해방 후에도 조선총독부의 관점으로 한국사를 난도질하는 매국의 역사학이 한국 사학계의 주류였다는 사실은 한국 사회에서 알 만한 사람은 다 아는 '알려진' 비밀이었다. 그러나 이 경우에도 나름의 금기는 있었다. '임나일본부설任那日本府說'이 그 하나다. 해방 후에 식민사학이 학문권력을 장악하기는 했지만 그래도 한반도 남부를 일본이 지배했다는 임나일본부설 따위를 감히 주장하지는 못했다. 김현구가 1985년에 "고대 한국은 일본의 식민지였다."라는 내용으로 일본의 극우파 역사학자이자 와세다대 교수인 미즈노 유水野祐에게 박사학위를 받고 귀국하기 전까지는.

그러나 김현구가 귀국 후 고려대 교수로 재직하면서 가야를 임나로 둔갑시켜(가야=임나) 고대 야마토왜大和倭가 한반도 남부를 지배했다는 임나일본부설의 변종인 이른바 '한반도 남부 경영설'을 제기하면서 임나일본부가 이 땅에 부활했다. 게다가 식민사학의 원조 쓰다 소키치津田左右吉도 김해 일대의 소국으로 그려놓았던 임나를 김현구는 전라남도 전역과 전라북도, 경상 남북도 일부 및 충청 남북도 일부까지 차지했던 상당한 제국이라고 묘사해놓았다(김현구, 『임나일본부설은 허구인가』).

이런 매국의 역사학을 공개적으로 주창하고도 김현구는 아무 제재를 받지 않았다. 제재는커녕 한일역사공동연구위원회 위원과 동북아역사재단 이사로 승승장구하면서 대한민국 국민의 세금으로 여전히 고대 한국은 일본의 식민지였다는 논문을 쏟아냈다. 그러자 기현상이 일어났다. 역사학이 이미 서생書生이 아닌 서생鼠生들의 학문으로 전락한 이 땅에서 김현구 같은 역사관을 가져야 성공하는 것으로 생각한 젊은 학자들이 '가야=임나'라는 김현구의 논리에 대거 동조하는 현상이 나타난 것이다. 사료적 근거가 전혀 없는 '가야=임나'라는 논리는 그런 과정을 거쳐서 고대사학계의 정설이 되다시피 했다. 악이 처벌받기는커녕 계속 승리하다 보면 나중에는 자신을 선으로 둔갑시키는 가치전도 현상이 발생하는데 그런 전형적인 예였다.

본문에서 다시 언급하겠지만 '임나=가야'라는 주장은 사료적 근거가 전혀 없다. 『삼국사기』「신라본기」를 보면 금관가야는 법흥왕

19년(532)에, 대가야는 진흥왕 23년(562)에 각각 신라에 멸망했다. 이후 『삼국사기』에는 더 이상 가야가 나오지 않는다. 가야와 임나가 같은 나라라면 562년 이후에는 『일본서기日本書紀』에도 더 이상 임나가 나와서는 안 된다. 그러나 『일본서기』 '추고推古 8년(600)'조에는 "추고천황 8년 봄 2월, 신라와 임나가 서로 공격하였다. 천황은 임나를 도우려고 하였다."라고 임나가 버젓이 존재하고 있는 것으로 나온다. 금관가야가 망한 지 68년 후, 대가야가 망한 지 38년 후인 서기 600년에도 임나가 여전히 살아서 신라와 싸우고 있다는 것이다. 그 후에도 『일본서기』에 임나는 계속 등장한다.

이것은 『일본서기』가 조작된 것이거나, 북한 학자 김석형이 제기한 '일본 열도 내 분국설日本列島內分國說'처럼 일본 열도 안에서 벌어진 사건들을 기술한 것으로 보는 것이 타당하다. 즉 '가야=임나'라는 주장은 사료적 근거를 전혀 찾아볼 수 없는 허무맹랑한 이야기라는 뜻이다. 그런데도 한국의 많은 고대사학자들과 고고학자들이 이제는 '임나=가야'라는 주장을 사실로 전제하고 『일본서기』에만 나오는 '임나 사현四縣'이 전라도라는 둥 경상도라는 둥 갑론을박하고 있다. 참으로 개탄스러운 매국賣國·매사賣史 상황이 보편화되어 있는 것이다.

이런 식민사관을 비판했다는 이유로 경찰서, 검찰, 법원을 드나들다 보니 여러 가지 생각이 들었다. 개인의 고통보다는 이 나라, 이 공동체의 운명에 생각이 미쳤다. 가장 많이 든 생각은 "대한민국은 과연 1945년 광복되었는가?"라는 의문이었고, 둘째는 "대한민국은 독립국가인가?"라는 생각이었으며, 셋째가 "대한민국에 과연 정부는 존재하는가?"라는 생각이었다. 우리나라 역사를 중국이나 일본에 팔아먹는 매국사학자들의 주요 자금줄은 대한민국 국고다. 반면 매국사학의 반대편에 서 있는 학자들은 사재를 털어 연구하며 이들과 맞서왔다. 다른 독립국가 같으면 상상도 할 수 없는 일들이 대한민국에서는 버젓이 일어나고 있는 것이다.

그러니 '광복'과 '독립국가'와 '정부의 존재'에 의문을 갖는 것은 과한 것이 아니다. 모르면 몰라서 그랬다고 할 수 있지만 이런 사실이 알려질 만큼 알려져 있는 지금도 정부가 아무런 조치를 취하지 않고 있는 것을 어떻게 해석해야 할까? 대한민국 국민의 세금으로 자행되는 매국 행위를 제재해야 할 감사원은 동북아역사재단의 매국 행위를 감사해달라는 공익감사 청구를 받고는 2015년에 오히려 '그것은 역사학계에서 알아서 할 일'이라며 식민사학의 손을 들어주었다. 이것이 광복 70주년을 맞는 대한민국의 현실이다.

형법상 명예훼손과 민법상 출판금지 가처분 신청 중에서 검찰로 넘어간 명예훼손 사건에 대해서 서울 서부지검은 '혐의 없음(증거불충분)'으로 판단했다. 당연한 처분이었지만 그동안 막강한 식민사학 카르텔을 여러 번 경험한 바이기 때문에 내심 우려했던 것도 사실이었다. 이로써 식민사학 극복으로 가는 큰 산 하나는 넘은 것이다.

2.

그러나 식민사학 극복이 어찌 그리 쉽겠는가? 김현구는 서울 고검에 항고했고, 필자는 고검에서 다시 조사를 받아야 했다. 서울

고검에서는 한 차례 형식적 조사 이후 필자를 명예훼손으로 기소했다. 민법상 출판금지 가처분 신청을 다뤘던 서울 서부지법 재판정에서 있었던 일 두 가지만 제시하겠다. 재판장이 필자에게 '김현구가 고대 일본이 직접 한반도 남부를 지배했다고 쓴 대목이 있느냐?'고 묻기에 필자는 김현구가 『임나일본부설은 허구인가』에서 "야마토에서 온 왜인들이 영산강까지 직접 지배했다."라고 쓴 두 대목을 제시했다. 다음은 그중 하나다.

> (야마토에서 온) 호즈미노오미 오시야마穗積臣押山가 지방장관으로 있던 차리(김현구는 영산강 동안으로 비정)는 전방후원형 고분이 발견되는 지역과 중복된다. 다시 말하면 전방후원형 고분이 발견되는 지역은 왜계 백제관료가 지방장관으로 배치된 지역 중에서 백제 조정이 직접 장악하고 있던 지역이나 중앙에서 군을 파견하여 상주시키던 지역이 아니라 조정으로부터 비교적 자유스러운 지역이라고 할 수 있다. 따라서 영산강 동안 차리의 지방장관으로 있던 호즈미노오미 오시야마야말로 '백제 중추의 왕통이 아니라 직접 왜와 교류관계가 있던 지방수장'이라는 성격에 맞는 인물이 아닐까 생각된다.
>
> _ 김현구, 『임나일본부설은 허구인가』, 193쪽

야마토에서 온 호즈미노오미 오시야마가 영산강 동쪽까지 다스렸는데, 그는 백제왕실에서 파견한 것이 아니라 '직접 왜와 교류관계가 있던', 즉 야마토에서 직접 파견한 인물이라는 뜻이다. 이는 조선총독부 산하 조선사편수회의 이마니시 류今西龍가 「백제사강화」에서 펼친 주장의 아류이자 일제 패망 후 일본으로 쫓겨간 조선사편수회의 스에마쓰 야스카즈末松保和가 패전 후 실의에 잠긴 일본인들에게 한국을 다시 점령할 수 있으니 힘을 내라고 쓴 『임나흥망사』에서 펼친 논리와 유사하다.

재판장이 김현구에게 "실제로 저렇게 쓴 것이 맞느냐."고 묻자 김현구는 시인할 수밖에 없었다. 또한 같은 재판정에서 필자는 김현구가 『임나일본부설은 허구인가』에 실은 지도와 사진이 일본의 극우파 역사 교과서인 후소샤扶桑社의 『새로운 역사 교과서新しい歴史教科書』 고대편의 지도 및 사진과 일치한다는 내용을 제시했다. 이때도 김현구는 제대로 답변하지 못했다. 서부지검의 '혐의 없음' 처분은 지극히 당연한 것이었다.

그럼에도 김현구는 고검에 항고했고, 필자는 고검에서 위의 내용들을 설명하면서, "이 문제는 검찰이나 법원에서 다룰 문제가 아니라 학문적 공론의 장에서 다루어야 할 문제라고 생각한다."고 진술했다.

이 땅에서 20여 년 가까운 세월동안 식민사학과 맞서 싸우면서 수많은 일들을 겪었다. 그러나 필자는 앞으로 담담한 심정으로 재판에 임할 것이다. 지금은 조선총독부 시절이 아니기에 대한민국 법원은 무엇이 대한민국의 건국정신과 국익에 부합하는지 이성적으로 판단하리라는 소박한 믿음을 갖고 있다. 그리고 "유구한 역사와 전통에 빛나는 우리 대한국민은 3·1운동으로 건립된 대한민국 임시정부의 법통과 불의에 항거한 4·19 민주이념을 계승하고……."로 시작하는 대한민국 헌법 전문이 대한민국 법원의 최고의 판단 기준이 되리라고 믿는다.

3.

한일 간에 독도 문제를 둘러싼 갈등은 오래되었고 지금도 진행형이다. 일본은 독도가 시마네島根 현縣에 소속된 섬이라고 주장한다. 2005년 시마네 현은 2월 22일을 '다케시마竹島의 날'로 지정했다. 2월 22일은 1905년 일본이 러일전쟁 승전의 기세를 타고 독도를 시마네 현에 편입시킨 날인데, 이후 매년 이날 '다케시마의 날' 기념행사를 갖는다. 일본인들은 독도를 대나무 섬이라는 뜻에서 다케시마竹島라고 부르지만 독도에는 대나무가 없다.

일본은 1952년 일본의 전후 처리 문제를 규정한 샌프란시스코 조약 이후 주기적으로 독도 문제를 제기해왔다. 특히 외조부를 포함해 집안에 A급 전범이 세 명이나 있는 아베 신조安倍晋三 체제 등장 이후 독도에 대한 일본의 공세는 거칠어졌다. 아베는 초·중학교 교과서에 "독도는 일본의 고유 영토인데 한국이 불법으로 점거하고 있다."라고 기술하도록 지시했고, 2013년 12월에는 A급 전범들이 합사合祀된 야스쿠니 신사에 참배했다. 필자가 특히 주목하는 것은 아베가 2014년 2월 일본 국회 예산위원회에서 "아이들이 해외에서 독도 등과 관련된 논쟁을 벌일 때 일본 입장을 제대로 설명할 수 있도록 교육시켜야 한다."라고 지시한 부분이다.

반면 일본이 독도에 대한 공세를 펼칠 때마다 한국 정부의 대응은 너무나 미진하다는 생각이 줄곧 들었다. 살펴보니 대응이 미진한 정도의 문제가 아니었다. 산하에 독도연구소를 둔 동북아역사재단의 현직 이사가 바로 "야마토왜가 한반도 남부에 임나를 설치해 지배했다."라고 공개적으로 주장한 김현구였다. 겉으로나마 '독도는 일본 땅'이라는 일본의 주장에 동조하지 않는 것이 그나마 다행이라는 생각이 들 정도였다. 동북아역사재단은 정말 독도를 한국령으로 생각하고 있기는 한 걸까? 아래의 「'독도 문제'를 보는 비판적 시각을 위하여」(『문화과학』 42, 2005)라는 글을 보면 의문이 들지 않을 수 없다.

> 독도 문제에 관한 글을 읽다 보면 모든 문제는 '독도는 우리 땅' 노래 가사같이 일목요연하고 간단명료해보인다. 마치 신라의 우산국 정벌 이래 독도가 우리 땅이라는 말은 '주장'이 아니라 '진실'인 것처럼 보인다. 독도가 우리 것일까? 독도 문제가 되풀이되는 것은 명백한 '진실'을 왜곡하고 독도를 빼앗으려는 일본의 음흉한 음모일까?
> 사실은 그렇지 않다. 선입관을 버리고 찬찬히 독도 자료를 읽어본 사람이라면 곧 독도에 대한 '진실'이 그렇게 명명백백한 것은 아니라는 점을 느끼게 된다. 그리고 동시에 독도에 대한 '진실'이 얼마나 '독도는 우리 땅'이라는 선입관에 결박되어 있는지 실감하게 된다.

독도가 우리 땅이라는 말은 '진실'이 아니라 '우리의 희망사항'일

뿐이라는 주장이다. 독도에 대한 '진실'은 일본의 주장이 사실에 가깝다는 말이기도 하다. 일본 극우파가 썼다면 명실名實이 상부相符했을 이 글은 동북아역사재단 연구위원 배성준이 동북아역사재단의 전신인 고구려연구재단 연구위원 신분으로 쓴 것이다.

배성준은 이 글에서 "실제로 독도가 우리 영토임을 입증하는 자료와 논리가 아주 허술한데도"라고 단정했다. 배성준에게는 독도가 우리 영토임을 입증하는 자료와 논리가 아주 허술한지 모르겠지만 필자의 시각으로는 '독도가 우리 땅'이라는 자료와 논리가 넘쳐난다. 사실 독도가 한국 땅임을 밝히는 데는 많은 자료와 논리가 필요치 않다. 1877년 오늘날로 치면 일본의 총리실에 해당하는 태정관이 "독도는 일본 강역疆域이 아니다."라고 내무성과 시마네 현에 지시한 「태정관 지령太政官指令」 하나만으로도 독도 문제는 이미 끝난 것이다. 그러나 동북아역사재단 독도연구소의 배성준은 한국 측에 유리하고 일본 측에 불리한 「태정관 지령」에 대해서는 단 한마디도 언급하지 않은 채 "실제로 독도가 우리 영토임을 입증하는 자료와 논리가 아주 허술"하다고 썼다.

여기서 의문이 생긴다. 배성준은 대한민국 국민의 세금으로 봉급을 받는 고구려연구재단 연구위원 신분으로 이런 글을 공개적으로 썼을 때 고구려연구재단에서 이를 모를 것이라고 생각했을까? 그럴 가능성은 없다. 그러면 '독도는 사실상 일본 땅'이라고 주장하는 글을 쓰는 것이 재단 내에서 출세하는 데 도움이 된다고 생각했을까, 저해가 된다고 생각했을까? 이 글을 발표하고 난 후 배성준은 어떻게 됐을까?

'그리고 아무 일도 일어나지 않았다.'

고구려연구재단은 아무런 제재 조치를 취하지 않았고, 배성준은 그 후신인 동북아역사재단 연구위원으로 잘 살고 있다. 또한 2009년 간도협약 체결 100주년을 앞두고 간도 문제가 국민적 이슈로 부상하자 고구려연구재단은 『만주-그 땅, 사람 그리고 역사』(동북아역사재단, 2005)라는 책을 펴냈는데, 배성준은 이 책에 「간도협약이 무효면 간도는 우리 땅인가」라는 글을 썼다.

> 간도를 되찾자고 외치면서도 되찾아야 할 땅이 어디인지, 얼마나 되는지를 모른다는 사실은 간도 영유권 주장이 얼마나 허술한 것인가를 단적으로 보여준다.
>
> _ 배성준, 『만주-그 땅, 사람, 그리고 역사』, 고구려연구재단, 2005, 205~206쪽

배성준은 독도에 대해서는 "실제로 독도가 우리 영토임을 입증하는 자료와 논리가 아주 허술한데도"라고 비판하고, 간도에 대해서는 "간도 영유권 주장이 얼마나 허술한 것인가를 단적으로 보여준다."라고 비판했다. 대한민국의 현재 강역을 두고 일본과 분쟁이 생기면 일본 편을 들고, 대한민국의 과거 역사 강역을 두고 중국과 분쟁이 생기면 중국 편을 든다. 대한민국 정부 산하 기관인 고구려연구재단과 동북아역사재단에서, 대한민국 국민의 세금을 가지고, 줄기차게 이런 소신을 펼치고 있는 것이다.

동북아역사재단 이사장 김학준은 2012년 '경기도 교육청 자료집 사건'이 발생했을 때도, 2014년 하버드대에 국고 10억 원을 상납

해 매국역사서를 발행한 사건, 즉 한강 이북을 중국 강역으로 넘겨줬던 '한국 고대사 프로젝트 사건'이 발생했을 때도 아무런 조치를 취하지 않았다. 김학준은 동북아역사재단 이사장으로 가기 직전에 『독도연구』(동북아역사재단, 2010)라는 연구서를 펴냈다. 이 책 역시 배성준의 글처럼 독도가 한국 땅이라는 말인지 일본 땅이라는 말인지 모호한 내용으로 가득 차 있다. 독도가 한국 것이라는 식의 서술도 있긴 하지만, 독도가 일본 것이라는 일본 극우파의 논리는 세세하게 설명한 반면 독도가 한국 것이라는 논리는 간략하게 서술했다.

당연히 동북아역사재단에서 배성준처럼 중국이나 일본의 이익을 대변하는 인물들은 기세가 등등하고, 이런 역사학에 조금이라도 반대하는 역사관을 가진 소수의 연구원들은 일제 강점기 때처럼 전전긍긍하는 상황이 전개되었다. 이런 상황에서 발생한 것이 이 책의 주제인 이른바 '『동북아역사지도』 사태'이다.

4.

동북아역사재단에서 47억여 원 이상의 국고를 들여 『동북아역사지도』라는 것을 만들었다. 연구책임자인 서강대 교수 윤병남을 비롯해 김유철(서강대: 중국사), 임기환(서울교대: 한국고대사), 배우성(서울시립대: 역사지리) 등 네 명의 편찬위원이 주도하고 60여 명의 학자들이 참가한 대규모 프로젝트였다. 2008년부터 시작해 당초 2015년에 종료할 예정이었지만 검수기간을 3년 더 갖기로 수정했다. 계획대로라면 2018년까지 30억 원 가까운 국고가 더 투입될 예정이었다.

그러나 『동북아역사지도』 도엽이 일부 공개되자 물의가 일기 시작했다. 중국 동북공정東北工程과 일본 극우파의 식민사관을 추종한 지도라는 비판이 제기된 것이다. 필자는 『동북아역사지도』라는 것을 만들고 있다는 사실과 이 지도 제작에 관여하고 있는 몇몇 학자들의 이름을 알고 있었기에 내심 우려하고 있었다. 그동안의 경험으로 이런 역사관을 가진 학자들이 만드는 지도의 모습이 어떨지를 짐작할 수 있었기 때문이다.

그런데도 막상 공개된 도엽 몇 장을 보는 순간 '여기까지 왔구나!' 하는 탄식이 나왔다. 한마디로 중국 동북공정을 추종하고, 일본 극우파의 침략사관을 그대로 따르는 지도였기 때문이다. 한반도 북부가 중국사의 강역이었다고 주장하고, 심지어 위나라 조조가 경기도 일대까지 점령했다고 그려놓았으며, 일제 식민사학이 발명한 '『삼국사기』 초기 기록 불신론'에 따라 4세기까지도 한반도 남부에는 백제도 신라도 없었다고 주장하는 지도였다.

그런데 동북아역사재단에서 2013년까지 이 지도의 제작을 담당했던 인물이 앞서 '실제로 독도가 우리 영토임을 입증하는 자료와 논리가 아주 허술하고, 간도 영유권 주장이 허술하다'고 주장한 배성준이었다. 그렇다면 『동북아역사지도』는 독도를 어떻게 표기하고 있을까? 당연히 지워져 있었다. 그것도 실수가 아니라 의도적으로 지워져 있었다. 독도는 한국 강역이 아니라 일본 강역이라는 의도가 아니겠는가?

이 대목에서 의문이 든다. 만약 『동북아역사지도』가 NLL(Northern Limit Line: 북방한계선)을 북한 해역으로 표기했다면 어떤 일이 발생했을까? 청와대와 국정원, 검찰, 경찰은 물론이고 당연히 이 지도의 상급 책임자인 교육부도 나서서 수사해야 한다고 소동이 벌어졌을 것이다. 그러나 한강 이북을 중국에 넘기고, 남한의 고대사는 일본에 넘기고, 독도까지 사실상 일본에 넘겼는데도 '그리고 아무 일도 일어나지 않았다.'

이제 대한민국 정부에게 묻고 싶다. 대한민국은 북한으로부터만 영토를 지키면 영토 수호의 의무를 다하는 것인가? 중국이나 일본이 대한민국을 점령하는 것은 상관없다는 논리인가? 대한민국 '역사를 팔아먹는' 것은 아무렇지도 않단 말인가? 대한민국 감사원처럼 알면서도 식민사학에 면죄부를 주는 것이 대한민국 정부의 공식 입장인가?

참담하지만 아직까지는 동북아역사재단이나 감사원의 행위가 대한민국 정부의 공식 입장이라고 생각하기보다는 정부 내의 엇박자 때문이라고 믿고 싶다. 그러나 만약 알면서도 방기하는 것이라면? 필자를 비롯해서 여러 사람들이 결단에 나설 것이다.

필자는 『동북아역사지도』의 제작 경위를 살펴볼 수 있는 몇몇 자료를 입수했다. '동북아역사지도편찬위원회'(이하 편찬위원회)는 2015년 3월 5일 동북아역사재단 중회의실에서 '동북아역사지도 편찬사업 재단수시설명회'를 개최했다. 프로젝트 기간을 3년 연장하면서 30억 원의 예산을 더 요구하기 위해 연 자리였는데, 그때 공개한 「재단수시설명회 자료」가 그중 하나였다. 편찬위원회에서 작성한 몇몇 논문도 입수했다. 한사군漢四郡의 중심지인 낙랑군의 위치는 대동강 유역이고 한강 이북은 모두 중국사의 강역이라고 주장하는 논문이었다.

편찬위원회에서 한사군의 위치를 모두 북한 강역으로 비정比定한 64개의 사료적 근거를 국회의 동북아특위에 제출했는데, 그 자료도 있었다. 얼마나 얼토당토않은 논리로 한강 이북을 중국에 넘겼는지는 본문에서 살펴볼 것이다.

지도는 말이나 글과 다르다. 지도는 그림이고 이미지다. 『동북아역사지도』의 각 도엽이 어떻게 그려졌는지를 이런 자료들이 설명해 주었다. 『동북아역사지도』에 독도는 일관되게 삭제되어 있었다. 북한 강역을 중국에 넘기고, 이른바 '『삼국사기』 초기 기록 불신론'을 추종해 백제와 신라를 형편없는 소국으로 축소시킨 것도 모두 의도된 것이었다. 독도를 누락시킨 것도 의도된 행위다. 편찬위원회에 이름을 올린 60여 명의 학자들 모두가 이런 내용에 동의하지는 않을 것이다. 그러나 이런 매국적 도엽을 보고도 항의 한 번 하지 않았다면 적어도 동조했다는 혐의는 피할 수 없을 것이다.

그동안 대한민국 국민들은 식민사학, 즉 매국사학의 실태를 믿지 않았다. 설마 대한민국에서 한국사를 연구하는 학자들이 그럴 리가 있겠느냐는 원초적 믿음이 있었다. 그런 믿음이 얼마나 근거 없는 미신이자 스스로 믿고 싶은 것만 믿은 헛된 믿음인지는 이 책에서 낱낱이 확인할 수 있을 것이다.

『동북아역사지도』 도엽 몇 장을 본 사람들은 경악했다. 며칠동안 잠도 못 잘 것 같다는 반응도 적지 않았다. 이런 매국지도가 대한민국 국민의 세금으로 만들어졌다는 사실에 더 놀랐고, 그런데도 책임지는 사람이 없다는 사실에 분개했다. '지금까지 들어간 예산은 어떻게 되는 것이냐'는 질문은 공통의 의문이었다. 그래서 이 문제는 이제 시작인 것이다.

대한민국이 독립국가로 존립하기를 바란다면 더 이상 후퇴할 지점이 없다. 대한민국 국민 세금으로 만든 『동북아역사지도』는 지금 대한민국에 질문을 던지고 있다.

"대한민국은 과연 1945년 광복되었는가?"

"대한민국은 독립국가인가?"

"대한민국에 과연 정부는 존재하는가?"

아직 되찾지 못한 광복 70주년을 앞둔 2015년 7월

천고遷固 이덕일 기記

차례

본문에 삽입된 지도 차례

1장

『동북아 역사지도』가 대한민국에 묻는 것

賣國歷史學

동북아특위에서 부딪치다

2015년 4월 17일 금요일, 아침 여덟 시.

늘 하던 대로 한가람역사문화연구소로 가는 대신 국회로 향했다. 국회 본관 220호, 제5회의실로 들어갔다. '동북아역사왜곡대책특별위원회'(이하 동북아특위)에서 '동북아역사지도 편찬사업 관련 논의'를 하는 날이다. 동북아특위에서 필자에게 참고인으로 나와서 『동북아역사지도』의 문제점에 대해 진술을 해달라고 요청했다. 원래는 4월 10일에 개최할 예정이었는데 한 주 연기했다. 필자의 요청 때문이었다. 당초 두 시간 정도 진행될 예정이었는데, 국회 교과위 등이 같이 열리기 때문에 30분 정도밖에 시간을 배정할 수 없다고 연락이 왔다. 그래서 한 주 더 연기하더라도 시간을 충분히 갖고 토론해야 한다는 뜻을 전달했다. 30분이면 필자가 문제 제기 몇 마디

하고, 편찬위원회에서 논점을 흐려가면서 답변 몇 마디 하면 시간이 다 갈 것이다. 그러면 『동북아역사지도』에 면죄부를 주는 요식행위로 끝날 우려가 있었다. 그래서 연기를 요청했고, 이 요청이 받아들여져서 약 두 시간 정도 진행하기로 결정되었다.

국회 내의 '동북아특위'는 명칭 그대로 동북아에 역사 관련 분쟁이 발생할 때마다 적극 나서서 한국사의 정체성을 바로잡는 데 중요한 역할을 한 특위다. 김세연 의원이 여당 간사이자 위원장 대리를 맡고 있고, 야당 간사는 임내현 의원이다. 의원 17명(여당 8명, 제1야당 8명, 무소속 1명)이 소속되어 있다. 동북아시아에서 역사 관련 분쟁이 사라질 때까지 존속해야 할 중요한 특위다.

그런데 한 주일 전에만 해도 편찬위원회에서 나올 사람이 정해지지 않았다고 하더니 편찬위원인 서울교육대 교수 임기환이 나온다고 전해주었다. 조금 의외였다. 그동안 『단군, 만들어진 신화』(산처럼, 2004) 등의 저서를 통해 '고조선사 죽이기'에 앞장서왔던 한국교원대 교수 송호정이 나올 것으로 예상했기 때문이다. 회의장 안에서는 필자와 임기환이 참고인석에 나란히 앉고 여야 의원들이 위원석에 앉고 그 뒤에 동북아역사재단 관계자들과 한가람역사문화연구소 관계자가 배석했다.

그런데 회의 며칠 전부터 발표 자료를 미리 달라는 요청이 몇 군데에서 왔다. 당초에는 완곡하게 거절했다. 이 자리는 『동북아역사지도』 제작진이 주체가 되는 자리여야 했다. 편찬위원회가 주체가 되어 자신들이 그린 『동북아역사지도』에 대해 설명하고, 필자가 궁금한 점을 묻는 자리여야 했다. 편찬위원회에서 자신들이 왜 각 도엽의 시기를 이렇게 그렸는지 설명하는 자리여야 했다. 위만조선의 수도인 왕험성의 위치를 왜 평양에 그려놨는지, 중국 한漢나라가 위만조선 자리에 세웠다는 한사군을 왜 한반도 북부에 그려놨는지, 나아가 왜 서기 4세기까지 백제와 신라를 그리지 않았는지 설명하는 자리여야 했다.

필자에게 발표 자료를 미리 달라고 요청하는 의도는 뻔했다. 제기하는 문제가 무엇인지 미리 보고 대처하려는 것이다. 앞뒤가 바뀐 일이었다. 편찬위원회는 8년 동안 60여 명의 학자들이 모여 47억여 원의 국고를 들여서 만든 『동북아역사지도』를 '당당하게' 설명하고, 필자가 질문을 하면 '당당하게' 자신들의 생각을 피력하면 되는 것이다. 국고를 들여서 만든 것이니만큼 예산편성권이 있는 국회에서 요구하면 편찬위원회는 자료를 제출해야 할 의무도 있다. 반면 필자는 이 문제와 관련해 단 한 푼의 국고도 받은 적이 없기 때문에 자료 제출 요구에 응할 의무가 없다. 그저 대한민국 국민이자 역사학자로서 이 문제에 접근하고 있을 뿐이었다.

자료의 사전 제출을 꺼린 가장 큰 이유는 식민사학 카르텔의 깊이와 넓이를 잘 알기 때문이었다. 식민사학과 20여 년 가까이 맞서 오면서 볼 꼴 못 볼 꼴을 너무 많이 봐온 터였다. 총론으로는 식민사학을 비판하면서 각론으로는 식민사학을 추종하는 것은 점잖은 편에 속한다. 겉으로는 진보를 말하면서 속으로는 식민사학과 한 몸인 역사학자들도 많이 봤고, 식민사학과 맞서 싸울 것으로 생각한 정당 소속의 국회의원이 식민사학 카르텔의 충실한 일원인 경우도 적지 않게 보았다. 식민사학에 맞서 필봉을 휘두를 것이라 여겼던 언론사의 언론인이 거꾸로 식민사학을 옹호하는 경우도 많이 봐왔다.

따라서 자료를 미리 제출하면 반드시 편찬위원회에 유출될 것이라고 생각해 거절했는데, 회의 전날인 목요일이 되자 동북아특위 소속 국회의원들에게는 미리 자료를 전달해야 진행이 원활하지 않겠느냐는 연락이 왔다. 그 말은 일리가 있었다. 국회의원들이 미리 자료를 읽고 무슨 내용인지 알고 회의에 임하는 것이 좋겠다는 판단이 들었다.

목요일은 한가람역사문화연구소의 전문강좌가 있는 날이다. 국내에 번역되지 않은 중국의 고대 1차 사료 강독과 '『삼국사기』 초기 기록 불신론' 따위의 식민사학 논리를 해체시킬 수 있는 국내외 고대 원전 사료를 강독한다. 저녁 7시부터 9시까지 진행되는 강좌에 들어가기 직전 발표 자료 전달을 부탁했으니 저녁 8시쯤 전달했을 것이다. 「동북아역사지도의 문제점」이라는 제목의 자료였다. 이때 특별히 '의원들 외에는 자료 유출을 삼가달라'고 부탁하라고 했다.

동북아특위의 공식 의사일정은 '동북아역사지도 편찬사업 관련 논의'였다. 그런데 다음날 아침 8시 동북아특위 회의 때 임기환이 작성해온 자료의 제목은 「'동북아역사지도의 문제점' 발표에 대한 동북아역사지도편찬위원회의 입장(이하 ~편찬위원회의 입장)」이었다. 동북아특위 회의가 졸지에 필자가 지적한 문제점을 반박하는 자리로 변한 것이다. 필자의 자료가 유출될 줄은 알았지만 임기환이 이런 식의 반박 자료를 작성해 올 줄은 몰랐다. 아마도 편찬위원회 인사들이 밤새워 작성했던 모양이다.

나중에 「제332회 국회(임시회) 동북아특위 회의록 제32호」 속기록을 보니 8시 12분에 특위가 시작된 것으로 기록되어 있었다. 김세연 위원장이 "성원이 되었으므로 제332회 국회(임시회) 제32차 동북아특위를 개의하겠습니다. 오늘 의사일정은 동북아역사지도 편찬사업에 관한 논의를 하는 것입니다."라는 개회선언을 한 후 "그러면 의사일정 제1항 동북아역사지도 편찬사업에 관한 논의를 상정합니다. 먼저 이덕일 한가람역사문화연구소……."라고 말하는데 이상일 의원이 의사진행 발언을 신청하고 나섰다. 이상일 의원은 이렇게 말했다.

> 임기환 교수님 자료는 오늘 오전에 우리가 받았습니다. 그런데 오늘은 『동북아역사지도』 문제를 가지고 서로 토론을 하는 상황인데 저희들이 좀 알아봤더니 임기환 교수님은 이덕일 소장님 자료를 받고 나서 그 내용을 반박하는 차원에서 자료를 만들(어 오셨더군요. 그러)다 보니까 오늘 오전에야 자료를 배포했다는 것인데, 그러니까 토론 자료인데 상대방이 이야기하고자 하는 것을 미리 받고 그것을 반박하는 자료를 만들어서 오늘 오셨다는 게 잘 이해가 안 됩니다. 실제로 그렇게 되어 있네요. 「'동북아역사지도의 문제점' 발표에 대한 편찬위원회의 입장」이라고 하셨는데, 제가 보기에는 이 동북아역사지도편찬위원회가 어떤 취지에서 이 역사지도를 만들었고 어떤 내용을 담았는지 충분히 설명을 하면서 이덕일 소장님이 주장하시는 것에 대해 여기에 나오셔서 입장을 내시

고 또 반박하시는 게 맞지, 상대방이 준비한 자료를 다 받고 나서 그것을 반박하는 형식으로 자료를 만들어서 오늘 오전에야 우리한테 배포를 하고…… 그렇게 되면 문제지를 보고 본인이 답을 만든 상황인데 이것에 대해 저는 문제가 있다고 생각하는데, 우리 임기환 교수님 입장을 한번 들어보고 시작하는 게 어떨까 싶습니다.

지당한 발언이었다. 편찬위원회는 자신들이 만든 지도에 대해 설명하고 필자의 문제 제기에 답변을 해야 되는 것이지 미리 필자의 자료를 받아서 밤새워 반박 자료를 만들어 발표할 일이 아니다. 상식에 어긋나는 일이었다. 토론 자리인데 상대방의 질문 내용을 미리 알아가지고 온 것이다. 김세연 위원장이 필자의 자료가 유출된 경위를 묻는지 입법조사관이 김세연 위원장에게 설명하고 있었다. 이상일 의원이 필자에게 "그러면 이덕일 소장님도 사전에 아셨고 양해를 하셨나요?"라고 묻기에 이렇게 답변했다.

아니요, 저희는 자료 유출을 막아달라고 당부하면서 드렸습니다. 그런데 지금 자리가 중요하니까 일단 그것은 차후에 하시고, (편찬위원회가) 미리 알았다고 하더라도 이 지도가 얼마나 문제가 많은 지도인가는 충분히 입증할 수 있으니 제 생각에는 일단 진행하는 게 좋을 것 같습니다.

자료가 미리 유출된 경위를 파악하는 것도 중요했다. 그러나 그보다 더 중요한 것은 실질적인 토론이 이루어지는 것이기에 그냥 진행하자고 요청했다. 자료 사전 유출 문제로 시간을 소비하는 것은 식민사학이 얼마나 문제가 많은지를 밝힐 수 있는 시간을 낭비하는 격에 불과했다.

필자는 그동안 『한국사, 그들이 숨긴 진실』(역사의 아침, 2009)을 비롯한 여러 권의 저서를 통해 식민사학이 학문적 근거가 없음을 비판해왔다. 그러나 '그들'은 식민사학을 비판하는 학자들에게 온갖 모욕을 가하면서 정작 학술토론은 철저하게 외면해왔다. 총론으로는 식민사학을 비판하는 척하면서 각론으로는 식민사학을 추종하는 이중적인 행태로 세상을 속이면서 학문권력을 유지해온 것이다.

식민사학의 주요 생존술 중의 하나가 국고 독점이다. 아마 47억여 원의 국고를 받지 않았거나 30여억 원의 국고를 더 받을 생각이 없었다면 이 자리에 나오지도 않았을 것이다. 이 자리는 어떻게 보면 대한민국 국회의 예산심의권 때문에 만들어진 자리였다. 이런 자리에 편찬위원회는 필자의 질문지를 미리 보고 나왔으니 말하자면 상대방의 패를 보고 포커판에 앉은 것과 같다. 정상적인 상황이라면 편찬위원회의 압승이어야 하는데 과연 그렇게 전개되었을까?

동북공정 지도를 통째로 베낀 『동북아역사지도』

필자는 「동북아역사지도의 문제점」을 토대로 약 20분에 걸쳐서 발표를 했다.

일단 『동북아역사지도』의 문제점을 갖고 계신 자료(필자가 제출한 「동북아역사지도의 문제점」)로 한번 보시기 바랍니다. 2쪽을 보면 총론이 나오는데요.

먼저 전반적인 문제점은 관점의 문제로서, 철저하게 일제 식민사관과 중국 동북공정 논리를 추종하고 있습니다. 식민사관과 동북공정을 극복할 수 있는 여러 논리가 있는데도 이런 논리는 전혀 채택하지 않았습니다.

둘째, 역사학이라는 것은 1차 사료를 해석하는 학문으로서 1차 사료에 대한 해석이 우선이 됩니다. 동북아역사지도편찬위원회에서 한사군 위치를 비정한 (사료적 근거) 자료를 보내왔는데, 64개 항목의 근거 사료 중에서 『한서漢書』「지리지地理志」를 39번, 그다음에 이병도 씨 설을 34번이나 인용했습니다.

그런데 『한서』「지리지」에는 낙랑군을 포함해서 한사군을 한반도 내로 비정할 수 있는 근거가 전혀 없습니다. 『한서』「지리지」 원문을 직접 보여드리면서 제가 설명드릴 수 있습니다. 『한서』「지리지」에는 한반도에 관한 지식 자체가 없습니다. 동북아역사지도편찬위원회에서 다 자의적으로 한 거예요. 아무런 근거도 없는 소설이라는 이야기지요.

중국 사료만 보더라도, 한사군이 지금의 하북성河北省 일대 또는 요동遼東 일대에 있었다고 말하는 고대 사료가 대단히 많습니다. 그런데 이런 사료들은 일체 배제하고 전부 일제 식민사관과 중국 동북공정을 그대로 추종했다는 이야기입니다.

대한민국 국민 세금 47억여 원을 들여서 만든 『동북아역사지도』는 놀랍게도 중국 동북공정과 일제 식민사관을 그대로 추종하는 내용이었다. 꼼꼼하게 사료적 근거를 따져서 작성했더니 결과적으로 중국 동북공정과 일제 식민사관의 주장대로의 결과가 나왔다면 하는 수 없다. 다만 그럴 경우 대한민국은 이런 지도 자체를 만들어서는 안 된다. 굳이 국고를 들여서 북한 강역은 중국 것이고, 『삼국사기』 초기 기록은 다 가짜이며, 독도는 우리 것이 아니라는 지도를 만들 필요가 있겠는가?

그런데 중국 동북공정과 일제 식민사관을 추종하는 『동북아역사지도』는 아무런 사료적 근거가 없었다. 임기환이 필자의 패를 미리 보고 나왔는데도 필자가 그냥 진행하자고 한 이유가 여기에 있었다. 그동안 식민사학자들은 자신들이 사료적 근거에 따른 실증주의에 입각해 역사학을 하고 있고, 필자처럼 식민사관을 비판하는 학자들은 사료적 근거가 없는 소설을 쓰고 있다고 비난해왔다. 이 자리는 누가 실증주의에 따른 역사학을 하고 있고 누가 소설을 쓰고 있는지 국회의원들과 국회방송 카메라 앞에서 공개적으로 검증하는 자리였다.

3쪽을 보시면 왼쪽 지도가 편찬위원회에서 그린 한사군, 낙랑군 위치들이고[37쪽 지도2], 오른쪽 지도가 중국에서 동북공정 차원에서 그린 담기양譚其驤의 『중국역사지도집中國歷史地圖集』인데[36쪽 지도 1] 두 지도는 같은 지도입니다. 그러니까 중국에서 지금 이 지도를 가지고 북한 강역을 자기네 것이라고 주

지도 1 『중국역사지도집』「서한 유주자사부」

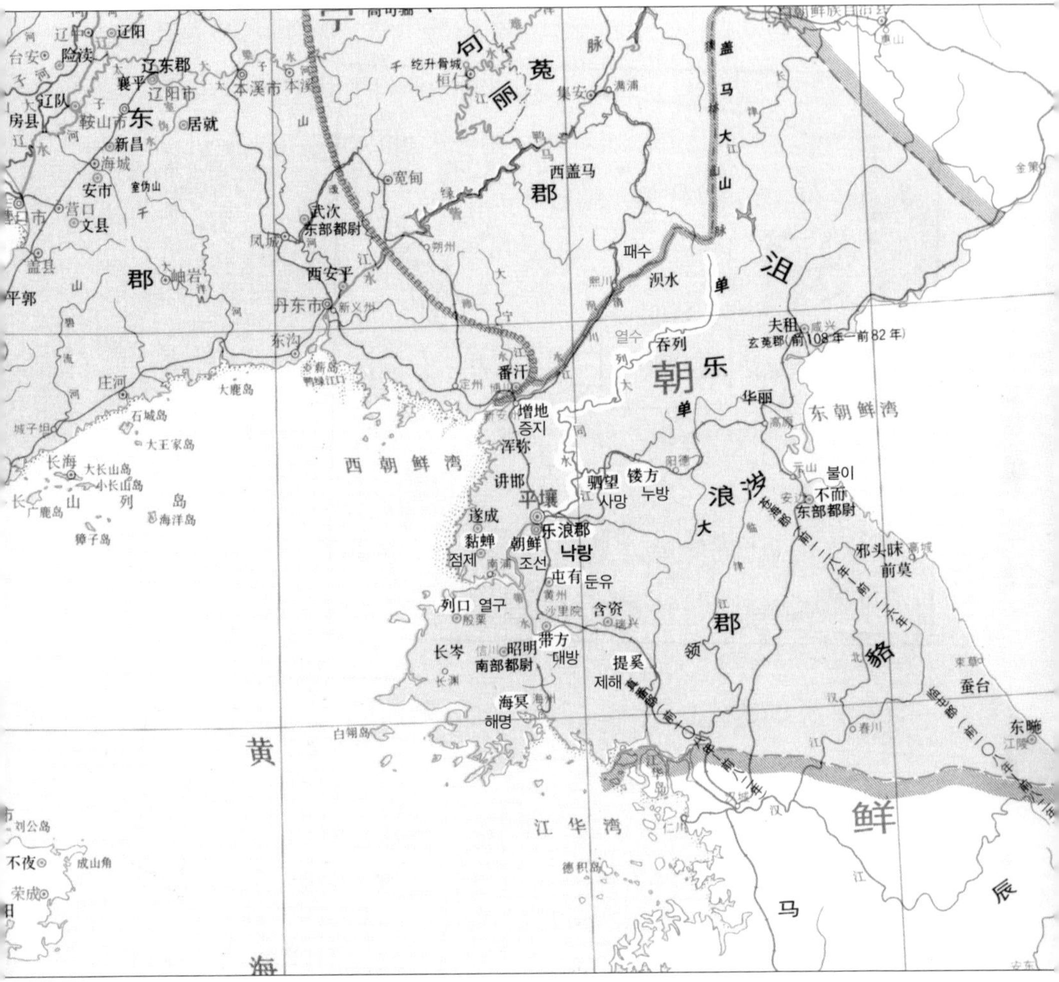

중국 동북공정 차원에서 그린 한사군·낙랑군의 위치로, 중국은 이 지도를 근거로 북한 강역이 자기네 것이라고 주장하고 있다. 패수를 청천강으로, 열수를 대동강으로 규정하고, 한반도 북부에 낙랑군의 속현들을 표기했다.

지도 2 『동북아역사지도』「고구려의 성장 120~300년」

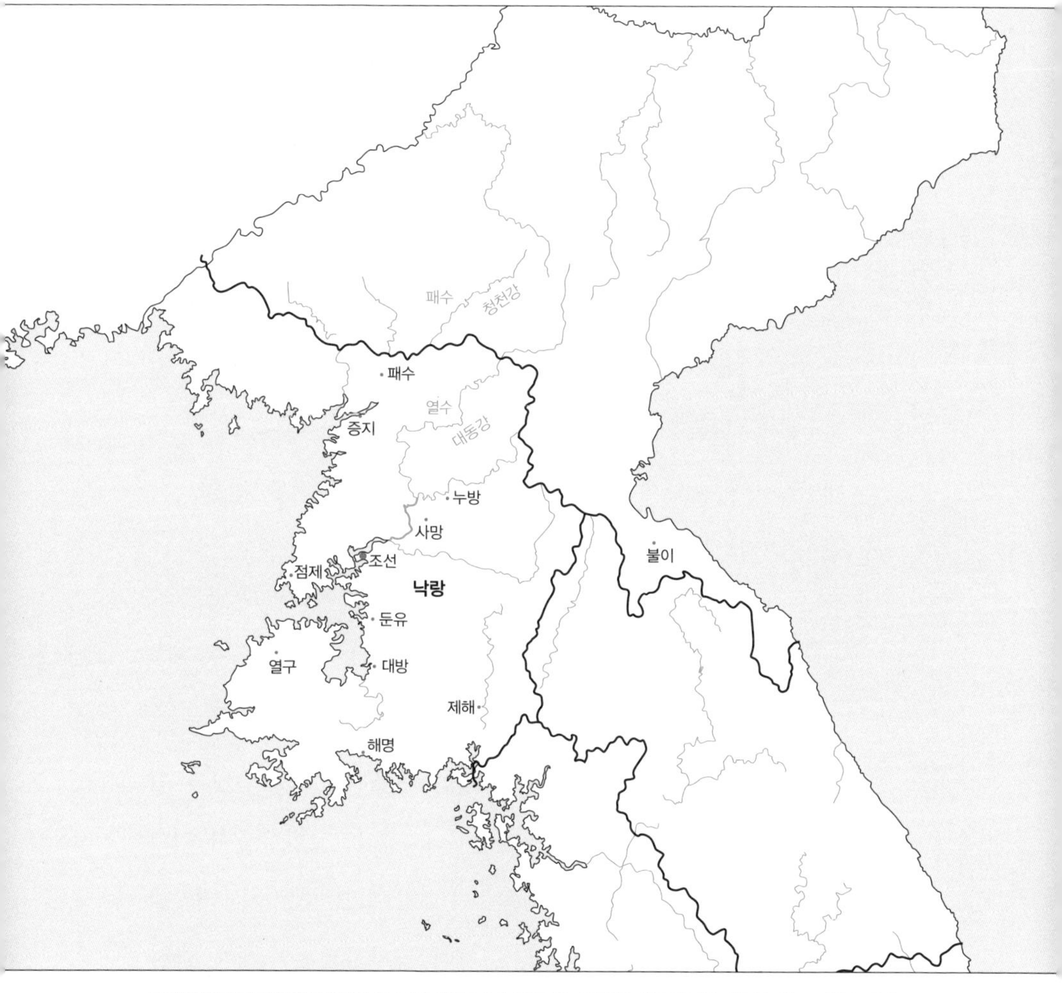

동북아역사지도편찬위원회에서 그린 한사군·낙랑군의 위치로, 『중국역사지도집』을 그대로 표절하여 패수를 청천강으로, 열수를 대동강으로 표기했다. 낙랑군의 속현들인 '조선·패수·증지·점제·열구·누방·사망·둔유·대방·해명·제해' 현의 위치 역시 『중국역사지도집』을 고스란히 베꼈다.

장하고 있는데 이 논리를 편찬위원회에서 그대로 따르고 있어요.

두 지도는 똑같이 패수浿水를 청천강이라고 규정했고 열수列水를 대동강으로 규정했습니다. 그런데 열수는 『후한서後漢書』 「군국지郡國志」에 보면 "열수재요동洌水在遼東", 즉 '열수는 요동에 있다.'고 나옵니다. 이렇게 원문에 열수는 요동에 있다고 기록되어 있는데도 이런 자료들을 모두 배제하고 열수를 대동강이라고 해놓은 거지요.

그다음 낙랑군의 속현屬縣들의 위치 비정에서도 '조선朝鮮·패수浿水·증지增地·점제黏蟬·열구列口·누방鏤方·사망駟望·둔유屯有·대방帶方·해명海冥·제해提奚' 현의 위치를 두 지도가 전부 다 똑같이 그려놓았습니다. 한국에서 작성한 『동북아역사지도』는 중국이 동북공정 차원에서 그린 담기양의 『중국역사지도집』을 그대로 베낀 겁니다.

동북아특위 의원들도 『동북아역사지도』에 문제가 많은 것은 알았지만 이 정도 수준인 줄은 몰랐을 것이다. 식민사학자들의 역사학은 '역사 사史' 자를 쓰는 사학史學이 아니다. '속일 사詐' 자, '거짓말할 사詐' 자를 쓰는 '사학詐學'이다. 그래야 공자가 『논어』에서 말한 것처럼 명실이 상부한다.

편찬위원회가 2015년 3월 5일 동북아역사재단 중회의실에서 열었던 '동북아역사지도 편찬사업 재단수시설명회'의 자료를 보면 말문이 막힌다. 「재단수시설명회 자료」의 제목은 '동북아역사지도Historical

Atlas of Northeast Asia'이다. 왼쪽에 '동북아역사재단'이라는 로고가 선명하다. 5쪽에 사업추진의 배경을 국제적 여건과 국내 상황으로 나누어 설명해놓았다. 그중 국제적 여건 항목에 "중국의 동북공정에 의한 한국 고대사 역사 왜곡"이라고 쓰여 있다. 중국이 동북공정으로 한국 고대사를 왜곡하고 있으므로 자신들이 『동북아역사지도』를 만들었다는 것이다. 그러면서 중국에서 한국 고대사를 왜곡하고 있다는 증거로 "담기양, 『중국역사지도집』, 1974"라고 담기양(譚其驤: 탄치샹, 1911~1992)의 지도를 제시했다. 담기양의 『중국역사지도집』이 한국 고대사를 왜곡하고 있으므로 대한민국에서 『동북아역사지도』를 제작해야 한다는 것이었다. 그런데 정작 편찬위원회가 공개한 『동북아역사지도』는 바로 그 담기양의 『중국역사지도집』을 통째로 베낀 것이었다.

더 놀라운 것은 이런 행태를 70년 동안 반복해오고 있는데도 그냥 넘어간다는 사실이다. 2014년 하버드대에 대한민국 국고 10억 원을 상납해 『한국고대사 속의 한사군The Han Commanderies In Early Korean History』을 비롯한 여섯 권의 매국역사서를 발행해서 물의를 빚었어도(『우리 안의 식민사관』, 211~222쪽 참조) 누구도 책임지지 않은 채 넘어갔다. 뿐만 아니라 자신이 수장으로 있는 기관이 대한민국 정부 소속인지 아니면 동북공정 한국 지부인지, 일본 극우파의 한국 지부인지조차도 헷갈리는 인물들이 동북아역사재단의 이사장으로 있으면서 이런 식민사학자들에게 계속 자금을 지원하고 있다(『우리 안의 식민사관』, 238~251쪽, '공개 토론 제의를 거부하는 동북아역사재단' 참조).

그러니 담기양의 『중국역사지도집』이 한국사를 왜곡하고 있어 이에 맞서려면 국고를 더 지원해야 한다고 주장하면서 정작 담기양의 『중국역사지도집』을 통째로 표절하는 간 큰 사기극을 전개할 수 있는 것이다.

> 제가 제출한 「동북아역사지도의 문제점」의 4쪽 지도를 보시면 도엽 제목이 「위·촉·오魏蜀吳 221~265년」[43쪽 지도 4]입니다만, 조조의 위나라가 경기도까지 다 지배한 것으로 되어 있어요. 조조가 경기도까지 왔다는 말 들어보셨습니까? 이것 역시 담기양의 『중국역사지도집』을 그대로 베낀 겁니다. 그다음 쪽(5쪽)에 나오지요. 담기양이 그린 『중국역사지도집』 제3권에 조조의 위나라 유주幽州가 경기도까지 다 차지하고 있는 것을 그대로 갖다 그린 것입니다[42쪽 지도 3].

얼마 전 한 강연에서 『동북아역사지도』 도엽 몇 장을 보여주며 비판했더니 강연 후 한 분이 쫓아와서 "식민사학자들은 양심도 없습니까?"라고 흥분했다. 사실 해방 후의 식민사학은 학문의 문제가 아니라 양심良心의 문제다. 식민사학은 더 이상 역사학이 아니라 '과거에는 일본 제국주의의 이익을 위해 복무했고 현재는 중화 패권주의와 일본 극우파의 이익을 위해 복무하는' 정치선전에 불과하다. 일제 강점기 때는 백 보 양보해서 개인적 출세를 위해서 그랬다고 이해할 측면이 조금은 있지만 해방 후에도 식민사학을 계속할 이유가 무엇이 있겠는가?

임기환이 동료들과 밤새워 작성했을 「'동북아역사지도의 문제점'

발표에 대한 편찬위원회의 입장」이라는 자료는 한 장의 지도를 포함해 모두 열 장으로 되어 있다. 크게 봐서 첫째, 고조선 및 낙랑군의 위치에 관한 문제와 둘째, 『삼국사기』 초기 기록 불신에 대한 입장, 셋째, 도엽 편성과 표기에 관한 세부사항, 넷째, 종합 의견으로 이루어져 있다. 아주 재미있는 자료이기 때문에 서술해가는 과정에서 적절하게 소개할 예정이다.

위나라가 경기도까지 지배한 것으로 그려놨다는 필자의 비판에 대해 임기환은 이렇게 반론했다.

> 지적했던 위·촉·오의 도엽은, 사실은 저희 지도가 아직 완성된 게 아니라 계속 검토하고 진행되어가는 과정이고 한국사 지도와 중국사 지도, 이런 지도를 따로따로 만들다가 결합시키는 과정인데 지도의 이 부분들은 충분히 정리되지 않은 부분들이라서 …… 4쪽의 지도[43쪽 지도 4] 같은 경우에는 중국사 지도와 한국사 지도가 제대로 결합되지 않은 부분들입니다. 이 부분은 앞으로 충분히 잘 결합시켜 가지고 하나의 온전한 지도로 만들 생각이고 그렇게 되면 상황이 좀 바뀌리라고 생각이 됩니다.
>
> 특히 이 지도에서도 아까 "경기도까지 다 지배한 것으로 되어 있다."라고 하는 말씀은 맞지 않는다고 생각이 됩니다. 한국의 위치에 대해 이미 말씀드렸던 그 범위 내에서 그려져 있습니다. 중국 군현에 대한 위치 문제이지, 경기도까지 위에 그것을 한다거나 이 지도에 의해서 중국의 역사 지도를 모방

지도 3 『중국역사지도집』「삼국 위(魏), 유주(幽州)」

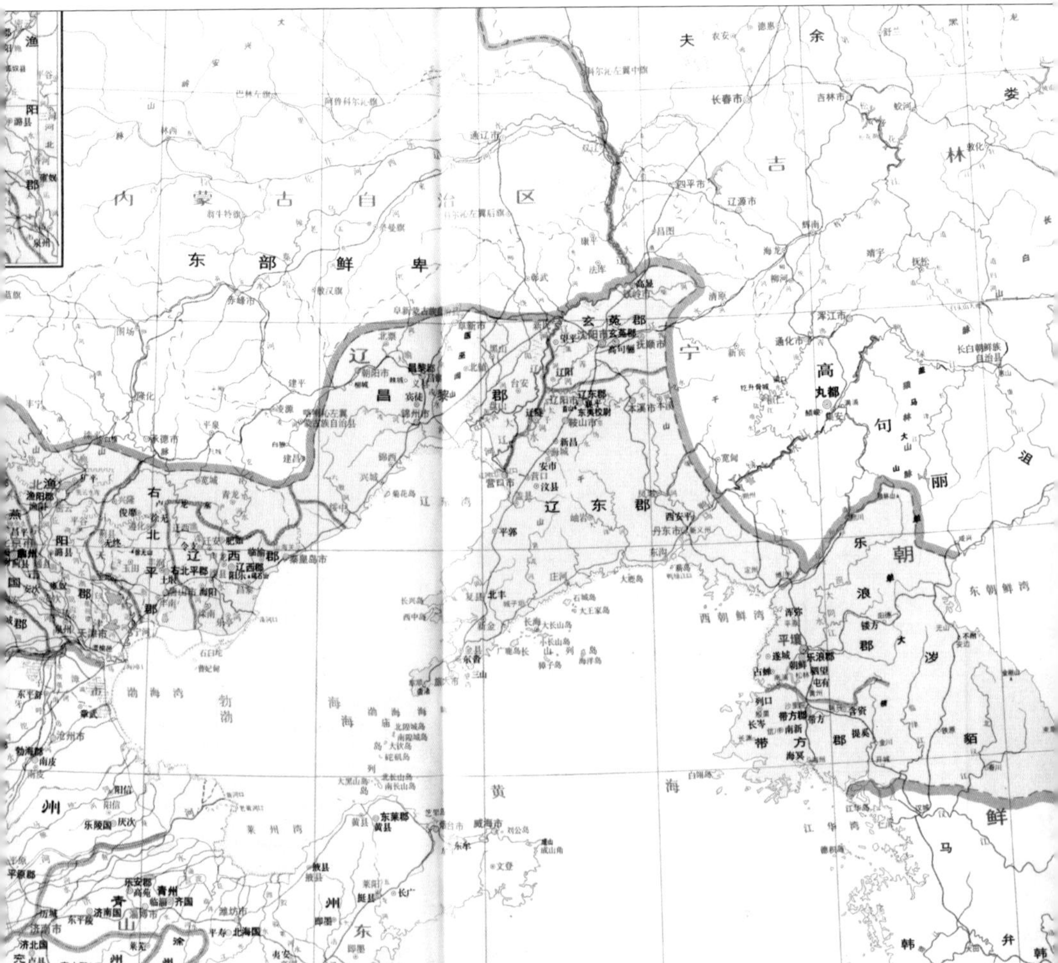

중국의 조조가 세운 위나라가 경기도까지 점령한 것으로 표기했다.

지도 4 『동북아역사지도』「위·촉·오 221~265년」

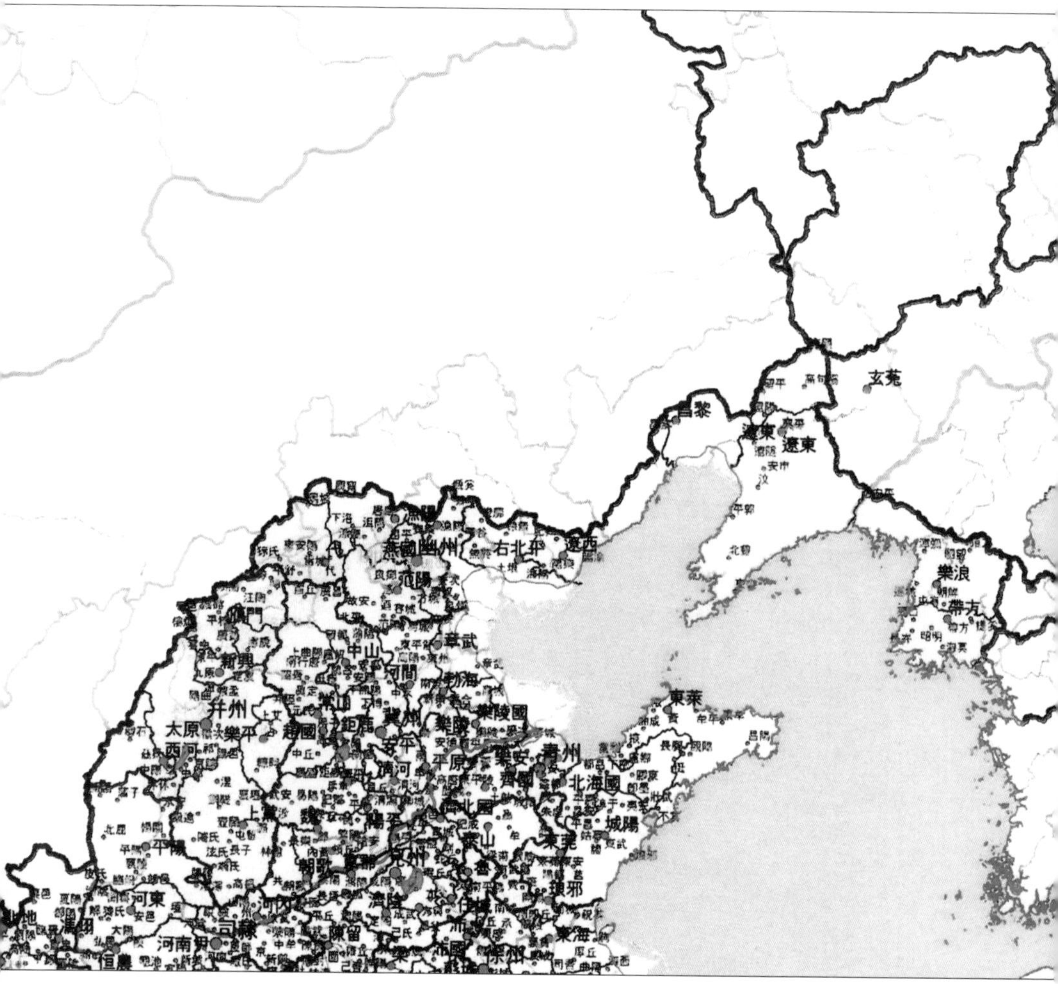

『중국역사지도집』을 표절하여 조조의 위나라 유주가 경기도까지 차지하고 있는 것으로 그렸다.

하거나 베꼈다거나 복제했다라든가 이런 주장은 성립할 수 없다고 생각이 됩니다.

앞뒤가 맞지 않는 횡설수설이라는 걸 쉽게 알 수 있다. 필자나 국회 동북아특위의 문제 제기가 없었다면 동북아역사재단은 아무 문제없이 이러한 지경의 『동북아역사지도』에 추가로 국고 30여억 원을 더 지원했을 것이다. 『동북아역사지도』는 사실 거의 완성된 지도다. 다만 예산을 더 타내기 위해서 3년을 연장하려니 할 수 없이 지도 일부를 공개했는데, 필자 같은 사람들이 문제를 제기해서 일단 제동이 걸린 것이다. 문제 제기 하는 사람들이 없었다면 그들은 앞으로도 3년 동안 국민의 세금으로 매국 지도를 만들어놓고는 실증적인 『동북아역사지도』를 만들었다고 자화자찬하면서 성대한 파티를 열었을 것이다. 중국과 일본의 극우파 역시 "이게 웬 떡이냐?" 라고 환호하면서 속으로는 대한민국을 비웃을 것이다. 이런 상상을 하면 모골이 송연해진다. 필자는 보충발언 시간에 임기환의 견강부회에 대해 이렇게 비판했다.

「위·촉·오 221~265년」 지도[43쪽 지도 4]에 이것은 중국 사료로 했기 때문에 한국 입장이 반영이 안 됐다고 말했는데, 아니, 지도를 만들 때는 종합적인 자기 관점을 가지고 (만들어야 하는 것 아닙니까?) 『동북아역사지도』 만들 때나, 중국 지도 만들 때나, 일본 지도 만들 때나 다 우리 관점을 가지고 하는 거지 …… 이 말은 뭐냐 하면 중국의 담기양이 만든 『중국

역사지도집』을 그대로 표절했다는 자기고백이에요. 그러고 나서 이제 와서 문제가 되니까 다시 검토하겠다고 말한다는 거지요.

임기환이 "4쪽의 지도(「위 · 촉 · 오 221~265년」) 같은 경우에는 중국사 지도와 한국사 지도가 제대로 결합되지 않은 부분들입니다."라고 한 말은 거짓말이다. 뒤에 설명하겠지만 이 도엽은 앞에 그린 도엽들의 연장선상에서 나온 것이다. 「위·촉·오 221~265년」 도엽[43쪽 지도 4]의 상한上限과 하한下限 연도는 '221~265년'이다. 국내 식민사학계는 그동안 낙랑군이 서기 313년까지 평안도 일대에 있었고, 대방군은 서기 314년까지 황해도 일대에 있었다고 우겨왔다. 물론 1차 사료적 근거는 하나도 없다. 완곡하게 말하면 편찬위원회가 자국사에 둔감한 것이고 제대로 말하면 자국사에 적대적인 것이다. 얼마나 적대적인지는 「전한 형세도 기원전 208~2년」 도엽[46쪽 지도 5]에서 한나라가 황해도까지 차지한 것으로 그려놓은 데서도 알 수 있다.

「위·촉·오 221~265년」 도엽[43쪽 지도 4]보다 앞 도엽인 「전한前漢 형세도 기원전 208~2년」[46쪽 지도 5]은 한사군 강역을 황해도까지로 표기하고 있다. 서기전 208년부터 서기 2년까지 한반도 북부를 한나라가 차지하고 있었다고 주장하는 것이다. 「후한後漢 형세도 23~220년」[47쪽 지도 6] 도엽에도 한반도 북부는 중국 강역으로 표시되어 있다. 이런 사고의 연결선상에서 「위·촉·오 221~265년」 도엽[43쪽 지도 4]이 나온 것이다. 『동북아역사지도』는 이후 314년까지 한반도 북부를 중국이 차지하고 있는 것으로 계속 그리고 있다.

지도 5 『동북아역사지도』「전한(前漢) 형세도 기원전 208~2년」

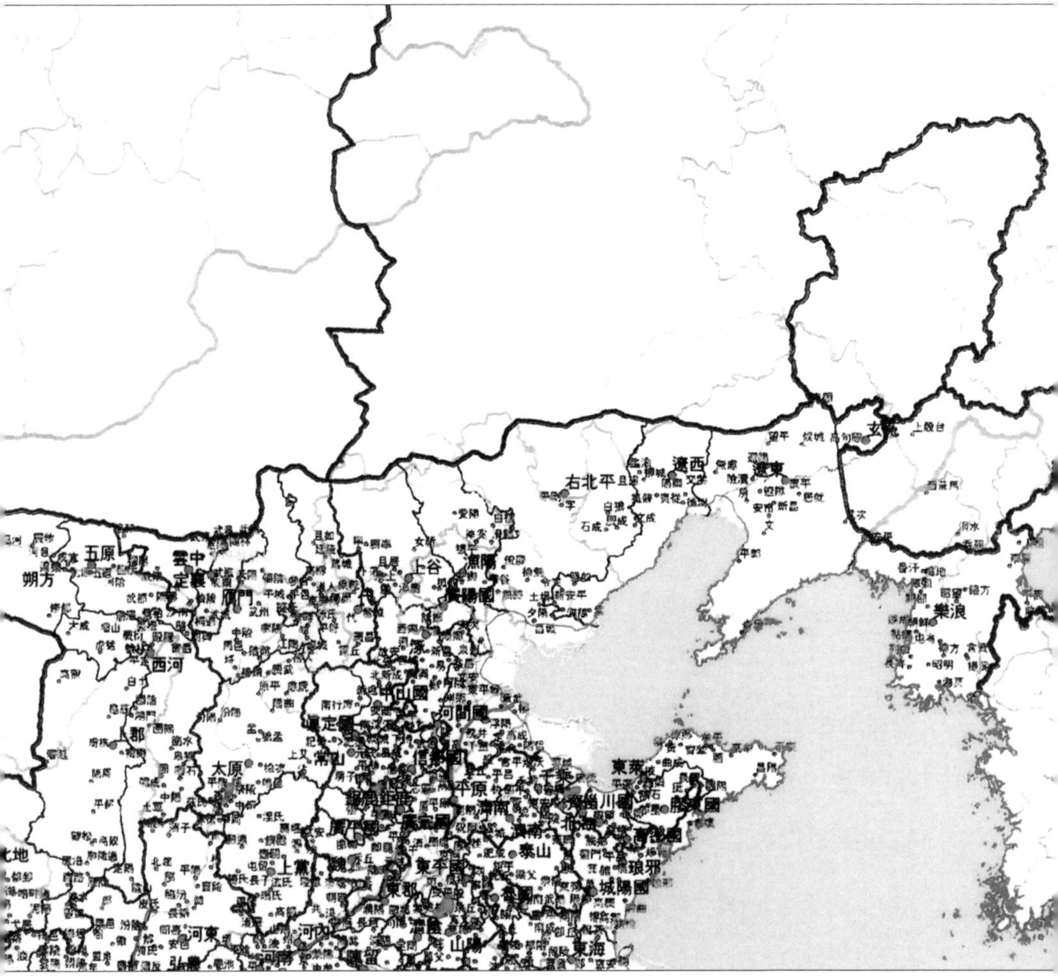

고조선 강역이었던 만주와 한반도 북부를 한나라 강역으로 표기하고 있다. 한군현이 황해도까지 차지하고 있는 것으로 그려놓았다.

지도 6 『동북아역사지도』「후한(後漢) 형세도 23~220년」

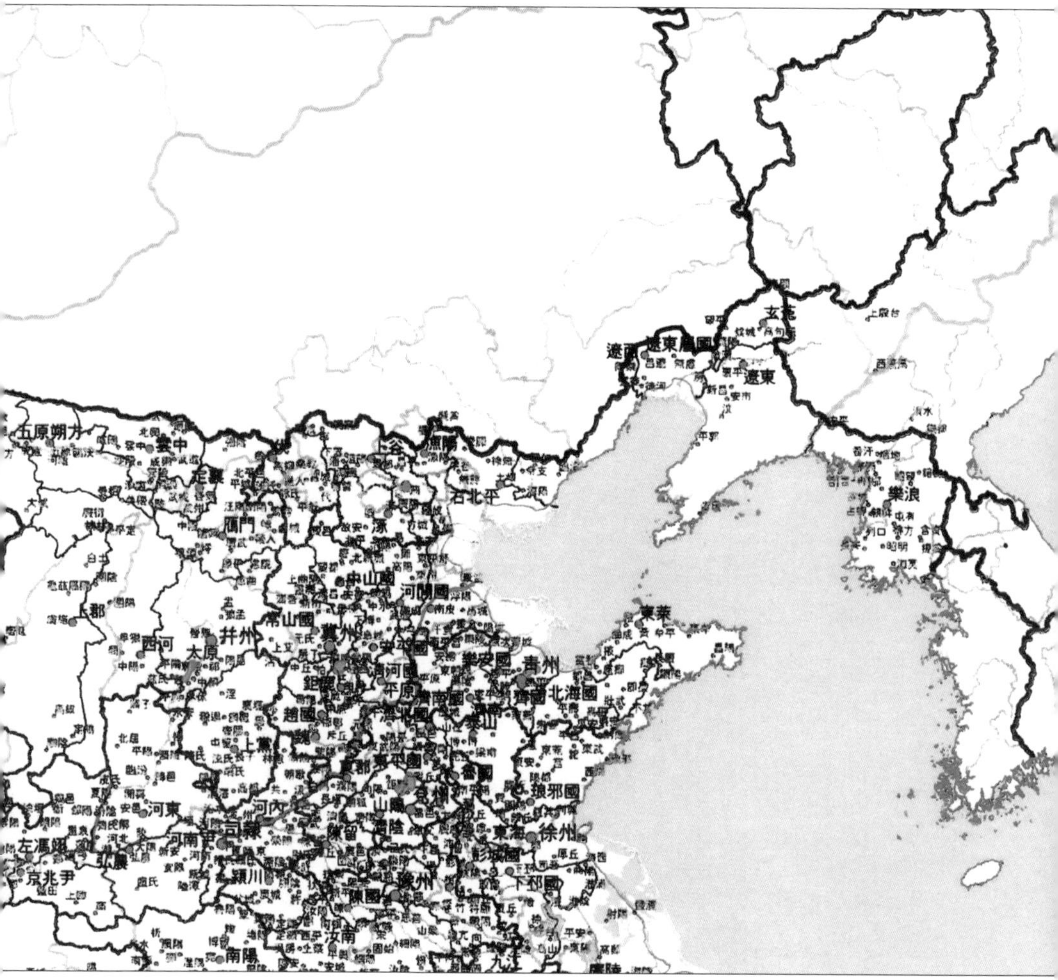

한나라가 크게 약화된 후한 때에도 여전히 만주와 한반도 북부를 한나라가 차지하고 있는 것으로 표기하고 있다.

이참에 하나 더 제기해야 할 문제는 『동북아역사지도』의 시기 구분이 아무런 근거가 없다는 점이다. 한나라는 중간에 왕망王莽의 신新나라에 잠시 멸망당하기 때문에 전한前漢과 후한後漢으로 나뉜다. 중국에서는 전한을 주로 동한東漢으로 표기하는데 전한은 한 고조高祖 유방劉邦이 서기전 202년에 건국해서 왕망이 신나라를 건국하는 서기 8년에 멸망했다. 그래서 전한의 도엽을 그리려면 서기전 202년에서 서기 8년까지를 그려야 한다. 그런데 왜 느닷없이 서기전 208년이 나왔는지 모르겠다. 또한 신나라가 건국되는 시기는 서기 8년인데, 왜 느닷없이 서기 2년이 하한년이 되는지도 알 수 없다.

한사군은 한반도 안에 존재하지도 않았지만 설혹 조선총독부의 논리대로 존재했다고 쳐도 서기전 108년에 설치되었다. 그렇다면 아무리 식민사학을 신봉한다고 해도 「전한 형세도 기원전 208~2년」 도엽[46쪽 지도 5]에 한반도를 표기하려면 서기전 108년을 기준으로 둘로 나눠서 그려야 한다. 그래서 그 100년 전인 서기전 208~서기전 109년까지는 한나라가 한반도 북부를 지배하지 못한 것으로 그려야 마땅하다. 그러나 '그들'은 그렇게 하지 않고 한반도 북부를 한나라가 점령한 것으로 그려놓았다. 이 도엽대로라면 서기전 208년부터 한반도 북부는 중국의 식민지가 된다. 마치 일제 강점기 지도를 그리면서 그 시작을 일제가 대한제국을 점령한 서기 1910년부터가 아니라 그 100년 전부터 지배한 것으로 상정해서 '식민지 시기 1810~1945년'이라고 표기한 것과 같은 것이다.

「위·촉·오 221~265년」 도엽[43쪽 지도 4]이 이들의 실수가 아니라는 사실은 다음 도엽인 「서진대의 행정구역 265~299년」[오른쪽 지도 7]에서

지도 7 『동북아역사지도』「서진대의 행정구역 265~299년」

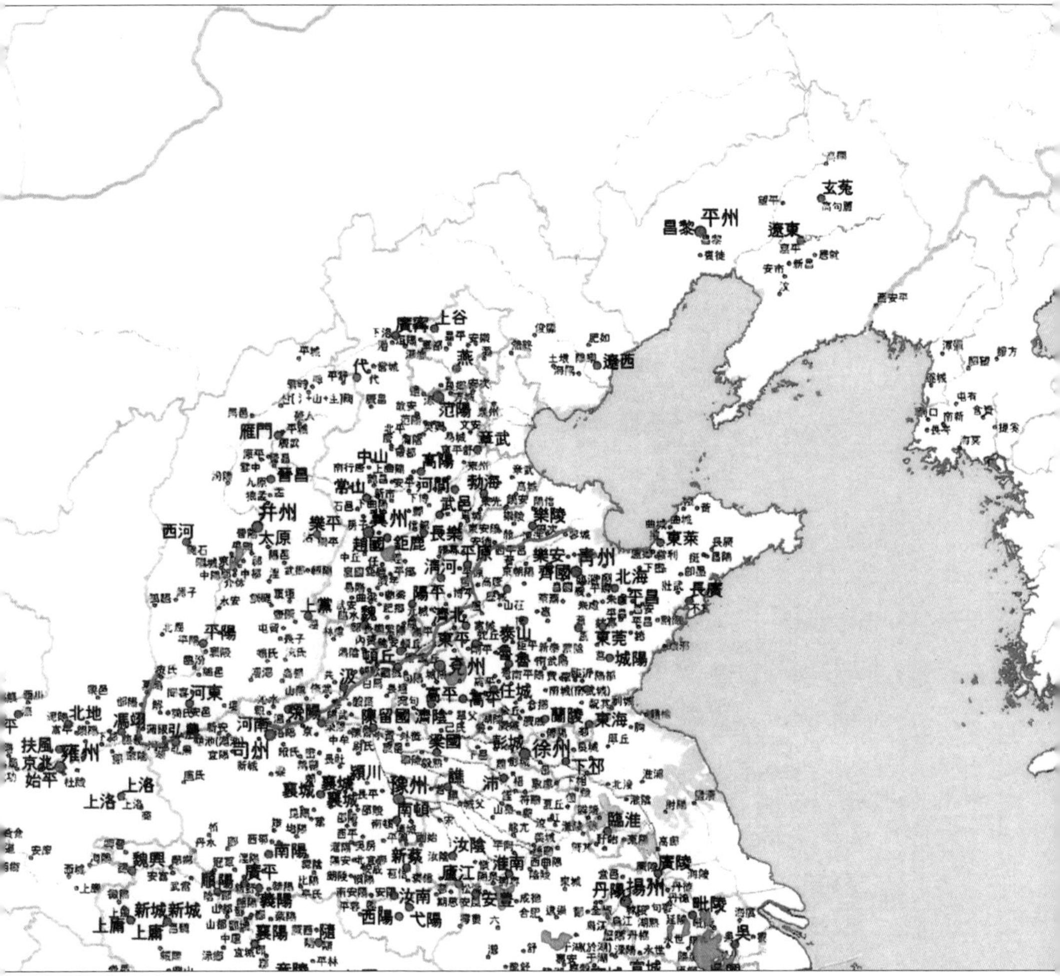

왕실 내부가 극도로 혼란했던 서진이 여전히 한반도 북부까지 점령하고 있었다고 설명하고 있다.

더 명백하게 드러난다. 서기 299년까지도 한반도 북부를 중국의 식민지로 그려놓았기 때문이다. 그러니 위나라가 경기도까지 차지하고 있었다고 그린 「위·촉·오 221~265년」 도엽[43쪽 지도 4]은 편찬위원회의 역사관을 솔직하게 드러낸 것이다. 따라서 "중국사 지도와 한국사 지도가 제대로 결합되지 않은 부분들입니다. 이 부분은 앞으로 충분히 잘 결합시켜 가지고 하나의 온전한 지도로 만들 생각이고 그렇게 되면 상황이 좀 바뀌리라고 생각이 됩니다."라는 임기환의 말도 거짓말이다. '서기전 208년부터 서기 314년까지 한반도 북부는 중국의 식민지였다'는 생각을 그대로 드러냈다가 필자가 "조조가 경기도까지 왔다는 말 들어보셨습니까?"라고 비판하니까 '중국사 지도'와 '한국사 지도' 운운해가면서 인식을 혼란스럽게 만든 것뿐이다.

상식적인 사람들의 머릿속에서 조조(155~220)는 손권의 오나라 및 유비의 촉나라와 싸우기 바쁘다. 죽느냐 사느냐 하는 '삼국지' 시대에 멀고 먼 만주를 지나서, 그것도 고구려 강역을 무사통과해서 한반도 북부까지 차지할 생각은 꿈에도 없다. 그럴 병력이 있으면 오나라 촉나라와의 전쟁에 나섰을 것이다. '그들'은 『삼국지』도 읽어보지 못했나?

그러나 편찬위원회 사람들은 무슨 일이 있어도 서기 314년까지는 한반도 북부를 중국의 식민지로 만들어야 한다. 그것이 전한이든 후한이든 신나라든 위나라든 진晉나라든, 314년까지 한반도 북부는 중국의 식민지여야 한다. 그래서 오나라 촉나라와 싸우기에 바쁜 조조가 경기도까지 왔다는 소설 같은 설정이 전혀 이상하지 않다.

「서진대의 행정구역 265~299년」 도엽[49쪽 지도 7]의 하한년도 이해가지 않기는 마찬가지다. 서진西晋은 265년부터 316년까지 존속했는데, 왜 299년으로 하한년을 삼았는지 알 수 없다. 더구나 서진의 역사를 조금이라도 알면 서진이 314년까지 한반도 북부를 차지하고 있었다는 얘기는 꺼내지도 못할 것이다. 식민사학자들은 아무런 개연성도 없는 삼류소설을 쓰고 있는 것이다.

서진은 위나라의 권신權臣 사마의(司馬懿: 179~251) 집안에서 세운 나라다. 사마의를 연구하다 보면 무엇보다 먼저 서기 314년까지 황해도에 대방군이 있었다는 식민사학의 주장이 얼마나 말도 안 되는지 알게 된다. 식민사학의 논리는 복잡한 듯하지만 그 속내를 알고 보면 지극히 간단하고 늘 근거가 없다. 대방군은 요동遼東태수 공손도(公孫度: ?~204)가 낙랑군 둔유현 남쪽에 설치했다. 식민사학은 낙랑군 둔유현이 황해도 북부인 황주에 있었다고 우긴다. 그러니 그 남쪽에 설치했다는 대방군은 황주 남쪽의 황해도가 될 수밖에 없는 것이다.

공손도가 요동태수라는 점에서 알 수 있듯이 공손도가 설치한 대방군은 황해도가 아니라 요동에 있었다. 공손도의 아들이 공손강公孫康이고 그 아들이 공손연(公孫淵: ?~238)인데, 이 집안의 숙원사업은 지금의 북경 부근인 요동을 조조의 위나라로부터 독립한 왕국으로 만드는 것이었다. 공손도는 위나라 태조인 조조에게 영녕향후永寧鄕侯로 봉함을 받았다. 조조의 제후가 된 것이다. 공손도가 죽자 제후의 자리는 그 아들 공손강을 거쳐 손자 공손연에게 계승되었다. 그런데 위나라 경초景初 원년(237) 위나라가 조금 허약한 모습을 보이자 공손연은 요동에 연燕나라를 세우고 위나라로부터 독립하겠다고 선언했다. 그러자 위나라는 이듬해인 서기 238년 사마선왕司馬宣王 사마의를 요동으로 보내서 공손연을 토벌하게 했다. 다급해진 공손연은 오나라에 신하가 되겠다고 자청하면서 군사를 보내달라고 애걸했지만 오나라는 거절했다. 『삼국지』「공손도·강·공·연 열전」은 경초 2년(238) 8월 긴 유성流星이 양평성襄平城 동남쪽에 떨어졌는데, 며칠 후 도망가던 공손연이 바로 그 자리에서 사마의에게 체포되어 목이 베였다고 전한다.

> 공손연의 머리는 낙양洛陽으로 보냈는데, 요동, 대방, 낙랑, 현도가 모두 평정되었다.
>
> _『삼국지』「공손도 · 강 · 공 · 연 열전」

그렇다면 이때 사마의가 평안도와 황해도까지 와서 공손연의 머리를 벴다는 말인가? 『한서』「지리지」를 보면 양평은 요동군遼東郡 소속이고, 진晋나라의 정사인 『진서晋書』「지리지地理志」에는 지금의 북경 부근인 평주平州 소속이라고 나온다. 북경 부근의 양평에서 공손연의 머리를 벴는데 평안도의 낙랑, 황해도의 대방이 왜 평정된단 말인가? 낙랑군·현도군·대방군 등은 처음부터 지금의 북경 부근에 있었고, 이때 사마의가 양평에서 공손연의 머리를 베면서 진나라 소속으로 들어갔다. 『진서』「지리지」를 보면 평주 산하에 창려군, 요동국遼東國과 함께 '낙랑군·현도군·대방군'이 소속되어 있다.

사마의는 이런 전공 등으로 위나라를 거의 장악했고, 사마의의 손자인 사마염司馬炎이 265년 위나라로부터 선양을 받는 형식으로 서진을 건국했는데 그가 바로 무제武帝이다. 원래는 그냥 진晉나라인데, 316년 북방을 빼앗기고 남쪽으로 내려가 동진東晉을 건국했기 때문에 동진과 구분해서 서진이라고 부르는 것이다. 290년 무제가 죽고 연소한 혜제惠帝가 즉위했는데, 혜제는 콩과 보리조차 구분하지 못한다는 말이 있을 정도로 무능했다. 혜제 즉위 이듬해부터 여덟 명의 황족들이 정권을 다투면서 서로 죽고 죽이는 '팔왕八王의 난(291~306)'이 일어나면서 서진은 극도의 혼란에 빠졌다.

팔왕의 난은 광희光熙 원년(307) 1월 동해왕東海王 사마월司馬越이 혜제를 독살하고 사마치司馬熾를 추대함으로써 종식되는데, 사마치가 바로 회제懷帝이다. 사마월은 태부太傅로서 정권을 장악하고 연호를 영가(永嘉: 307~312)라고 바꿨는데, 영가라는 연호는 중국사에서 '영가의 난'으로 기록될 정도로 극도의 혼란기였다. '팔왕의 난'은 겨우 끝났지만 서진은 회복할 수 없는 상처를 입었다. 서진이 극도의 혼란에 빠지자 산서성山西省 일대의 흉노족이 남하해서 중원을 유린한 것이 영가의 난이다. 흉노 임금 선우單于의 후예인 유연劉淵이 304년 한(漢: 후에 조趙)을 건국했고, 그의 아들 유총劉聰은 311년 진晉나라 수도인 낙양洛陽까지 점령해 진 회제를 포로로 잡아서 산서성 평양平陽으로 개선했다. 이 와중에 서진 군사 10만여 명도 전사했다. 서진은 영가의 난 때 사실상 멸망하고 316년 남쪽으로 겨우 내려와 동진을 건설하게 된다. 이때부터 중국은 남북조시대, 곧 5호16국시대로 접어드는 것이다.

그러나 편찬위원회는 서진에 '팔왕의 난'이 일어나건 말건, '영가의 난'이 일어나건 말건 한반도 북부만은 계속 서진이 지배하고 있었다고 말하는 것이다. 낙양까지 점령당해 황제가 포로로 잡히건 말건 한반도 북부만은 무슨 일이 있어도 서진이 계속 지배하고 있어야 한다는 것이다. 개연성이라고는 눈 씻고 찾아봐도 찾을 수 없는 삼류소설도 이런 이야기는 하지 않는다. 그러나 『동북아역사지도』는 이것이 사실이라고 주장한다. 이것이 그들의 도그마이자 교리이기 때문이다.

대한민국이 국민의 세금으로 설립해 운영하는 동북아역사재단에서 314년까지 한반도 북부가 중국 영토였다고 주장하는데, 중국에서 거부할 이유가 없다. 일본 극우파는 원래 자신들이 만든 식민사관 이론이니 폐기할 이유가 없다. 필자를 비롯한 소수의 학자들만이 동북아역사재단 같은 국내 매국 기관과 중국 동북공정, 일본 극우파의 역사침략에 맞서 고군분투하고 있는 상황이다. 이 악의 삼각축과 싸우다 보면 대한민국에 과연 정부가 존재하는지 의심하지 않을 수 없게 된다. 과거에는 몰라서 그랬다고 치자. 필자가 『한국사, 그들이 숨긴 진실』에서 이 문제를 제기한 것이 2009년이었고, 『우리 안의 식민사관』을 출간했다가 동북아역사재단 현직 이사인 김현구에게 형사상 명예훼손과 민사상 출판금지 가처분 신청을 당한 것이 2014년이다. 그러니 이제 대한민국 정부와 교육부가 이런 상황을 몰랐다고 말하면 안 된다. 아직도 이 문제를 모르고 있다면 무능의 극치다. 알면서도 모른 체하고 있다고 생각하고 싶지는 않다. 이 경우 대한민국 정부를, 교육부 자체를 부정해야 하기 때문이다.

앞서 인용한 「재단수시설명회 자료」에는 '사업목표'라는 항목이 있다. 그중 '사업목표 2'의 제목이 '국제적으로 통용되는 역사지도 제작'이다. 막대한 대한민국 국고를 들여서 『동북아역사지도』를 만드는 사업목표가 "국제적으로 통용되는" 역사지도를 제작한다는 것인데, 이 자료를 읽다 보면 모골이 송연해질 때가 한두 번이 아니다. 현 상태의 『동북아역사지도』가 국제적으로 통용되면 어떻게 되겠는가?

'사업목표'를 달성하기 위한 구체적 목적과 방법의 첫 번째는 "동북아 전체를 하나의 역사단위로 파악→한국사의 무대를 동북아 속에서 이해할 수 있는 기반 구축"이라는 것이다. 이 목표대로 간다면 위·촉·오 시대 때 한국의 경기도까지 중국 위나라의 영토였다고 표기한 지도가 '국제적으로 통용되는 역사지도'가 될 것이다. 중국에서는 이를 거부할 이유가 없다. 그렇지 않아도 없는 역사까지 조작해가면서 북한 지역이 중국의 역사 강역이었다는 담기양의 『중국역사지도집』을 만들었는데, 대한민국 국가기관에서 대한민국 국민 세금을 가지고 이 『중국역사지도집』을 표절해서 경기도까지 조조의 위나라 영토였다고 그려놓은 것을 왜 거부하겠는가? 『동북아역사지도』의 「위·촉·오 221~265년」 도엽은 바로 그 『중국역사지도집』 제3권 13~14쪽 「삼국 위魏, 유주幽州」 도엽을 표절한 것이다(42~43쪽 지도 3, 4 참조).

두 번째 목적과 방법은 "중화주의적 관점을 극복한 동북아역사지도 제작→서구를 비롯한 국제 학계에서의 공인과 이용 확대"라는 것이다. 식민사학은 실제 말과 행동을 거꾸로 한다. 속생각과 말도 거꾸로 한다. 이를 이들의 실제 생각으로 바꾸면 "중화주의적 관점을 추종한 동북아역사지도 제작→서구를 비롯한 국제 학계에서의 공인과 이용 확대"가 될 것이다.

앞에서도 말했지만 『동북아역사지도』는 미완성의 도엽이 아니다. 『동북아역사지도』는 모두 4권으로, 『한국편』, 『중국편 1(상·주~당)』, 『중국편 2(송·요·금~민국)』, 『일본편』이 있다. 대부분 완성된 것들이다. 현 상태의 『동북아역사지도』가 이들의 사업목표대로 "국제적으로 통용되는 역사지도"가 되었다면 어떤 상황이 벌어졌을까? 우리 스스로 경기도까지 중국 땅이었다고 하는데 중국이 거부할 이유가 있겠는가? 이런 식민사관의 이론적 근거를 제공해온 일본이 거부하겠는가? 미국이나 유럽에서 스스로 한국 고대사를 연구해서 대한민국 정부에서 발간한 『동북아역사지도』가 사실과 다르다고 거부하겠는가? 필자는 국회 동북아특위에서 현 상태의 『동북아역사지도』를 이렇게 비판했다.

> (편찬위원회의 이야기들은) 하나같이 일고의 가치도 없는 이야기들이고, 이것은 중국 동북공정에서 돈을 받았거나 일본에서 돈을 받아 제작했다면 맞지만 대한민국 입장에서는 도저히 나올 수 없는 지도라는 이야기입니다.

그런데도 대한민국의 정부와 교육부는 이 문제에 침묵하고 있다. 대한민국 정부는 과연 존재하고 있는가? 만약 『동북아역사지도』에서 NLL을 북한 강역이라고 그렸다면 어떤 일이 벌어졌겠는가? 정부

각 부처와 언론에서 즉각 나서 마치 전쟁이라도 일어난 듯 소동을 벌였을 것이다. 「대한민국 헌법」 제3조는 "대한민국의 영토는 한반도와 그 부속 도서로 한다."라고 명기하고 있다. 『동북아역사지도』는 북한 강역을 중국에 팔아먹고 독도를 의도적으로 누락시켜 헌법 제3조를 위배했다. 그런데도 조용하다. 대한민국의 강역은 경기도 이남과 독도를 제외한 부속 도서라고 생각하는 것일까? 조금만 더 두고 보면 알 일이다.

고구려 국경선을 세로로 그린 이유

그전부터 국내 식민사학자들의 사고구조가 궁금했다. 이토록 명백한 사실을 이토록 장기간, 그것도 집단적으로 외면하는 것도 쉬운 일은 아니기 때문이다. 이번에 동북아특위에서 토론을 하면서 궁금증이 조금은 해소되었지만 아직도 궁금한 점은 많다. 아무리 봐도 희한한 '고구려 세로 국경선'도 그중 하나이다. 동북아특위에서 필자는 이 문제를 제기했다.

> 6쪽을 보면 「고구려의 성장 120~300년」이라는 지도가 있는데, 고구려와 한나라의 국경선이 세로로 갈라져 있지 않습니까? (일반적으로) 고대 국경선은 항상 산이나 강으로 막히게 되어 있습니다. 그런데 이 국경선에는 바로 위에 압록강이 있고, 압록강 북쪽에 백두산에서 발원하는 장백산맥이 있습니

다. 그리고 그 조금 위에 천산산맥이 또 동쪽에서 서쪽으로 형성되어 있습니다. 그다음에 혼하渾河가 흐릅니다.

전 세계 인류 역사상 이렇게 큰 산맥을 두 개나 세로로 자르고 큰 강을 두 개나 세로로 자르면서 만들어진 국경선은 존재하지 않습니다. 이 국경선이 뭐냐 하면 중국에서 주장하는 만리장성선을 그대로 그려놓은 겁니다.

식민사학을 비판하다 보면 상식이라는 말을 자주 사용하게 된다. 지나칠 정도로 상식적이지 않기 때문이다. 고대 국경은 산이나 강으로 자연스럽게 갈라진다. 『사기史記』「조선열전朝鮮列傳」에 고조선과 한나라가 패수浿水를 경계로 삼았다는 기록도 이를 말해준다. 서기전 2세기 때 인물인 유안(劉安: 서기전 179~서기전 122)이 지은 『회남자淮南子』에는 갈석산이 경계였다고 나온다. 『회남자』「시측훈時則訓」에 "동방의 끝, 갈석산을 지나면 조선이다(東方之極, 自碣石山過朝鮮)."라는 말이 그것이다. 한 고조 유방의 후손인 회남왕淮南王 유안은 고조선과 한나라가 전쟁하는 서기전 109년의 13년 전까지 생존했던 인물이다. 갈석산은 지금의 하북성河北省 창려昌黎현 북부에 있고 패수는 그 서쪽에 있었는데, 이에 대해서는 후술할 것이다.

이처럼 고대 국경은 자연스레 산이나 강으로 형성된다는 것은 상식 중의 상식인데, 『동북아역사지도』는 한나라와 고구려의 국경선을 큰 산맥(천산산맥, 장백산맥) 두 개와 큰 강(혼하, 압록강) 두 개, 청천강까지 포함하면 사실상 세 개를 세로로 자르는 형태로 그려놓았다. 납득하기 어려운 지도이지만, 이런 경계가 사실이라면 전 세계 역사상 유일한 사례로서 『동북아역사지도』는 이것만으로도 세계 역사지리학계의 신기원을 이룩한 것이 된다. 『동북아역사지도』에 그려놓은 고구려와 한나라의 국경선[61쪽 지도 2-1]은 담기양의 『중국역사지도집』 제2권 27~28쪽 「서한西漢 유주자사부幽州刺史部」 도엽[60쪽 지도 1-1]의 만리장성선을 표절한 것이다.

『동북아역사지도』의 이 세로 국경선은 중국 동북공정의 만리장성선이라고 비판하자 임기환은 이렇게 반론했다.

> 8쪽에, 아까 말씀하신 바 있는 지도입니다. '장성선이다'라고 …… 저는 장성선을 그리지 않았습니다. 이것은 경계선으로 그린 거고요.

만리장성선이 아니라 경계선으로 그렸다는 설명이다. 경계선과 국경선은 다른 말인가? 국가 사이의 경계선이 국경선이 아니면 무엇인가? 게다가 그들이 표절한 『중국역사지도집』의 저자 담기양은 정상적인 역사지리학자라고 볼 수도 없다. 정상적인 역사지리학은 과거의 역사공간을 있는 그대로 지도에 표기하는 것이다. 예컨대, 신라의 지증왕이 우산국을 정벌했던 것은 서기 512년이다. 그러니 그 이전 시기의 지도를 그리면서 울릉도와 독도를 신라 강역으로 표기하면 안 된다. 그러나 담기양은 그렇게 하지 않았다. 오히려 1982년에 『중국역사지도집』(전8권)을 출간하며 서문에서 이렇게 말했다.

> 양수경(楊守敬: 1839~1915)의 지도(양도楊圖)는 중원왕조의 직할지만

지도 1-1 『중국역사지도집』「서한 유주자사부」

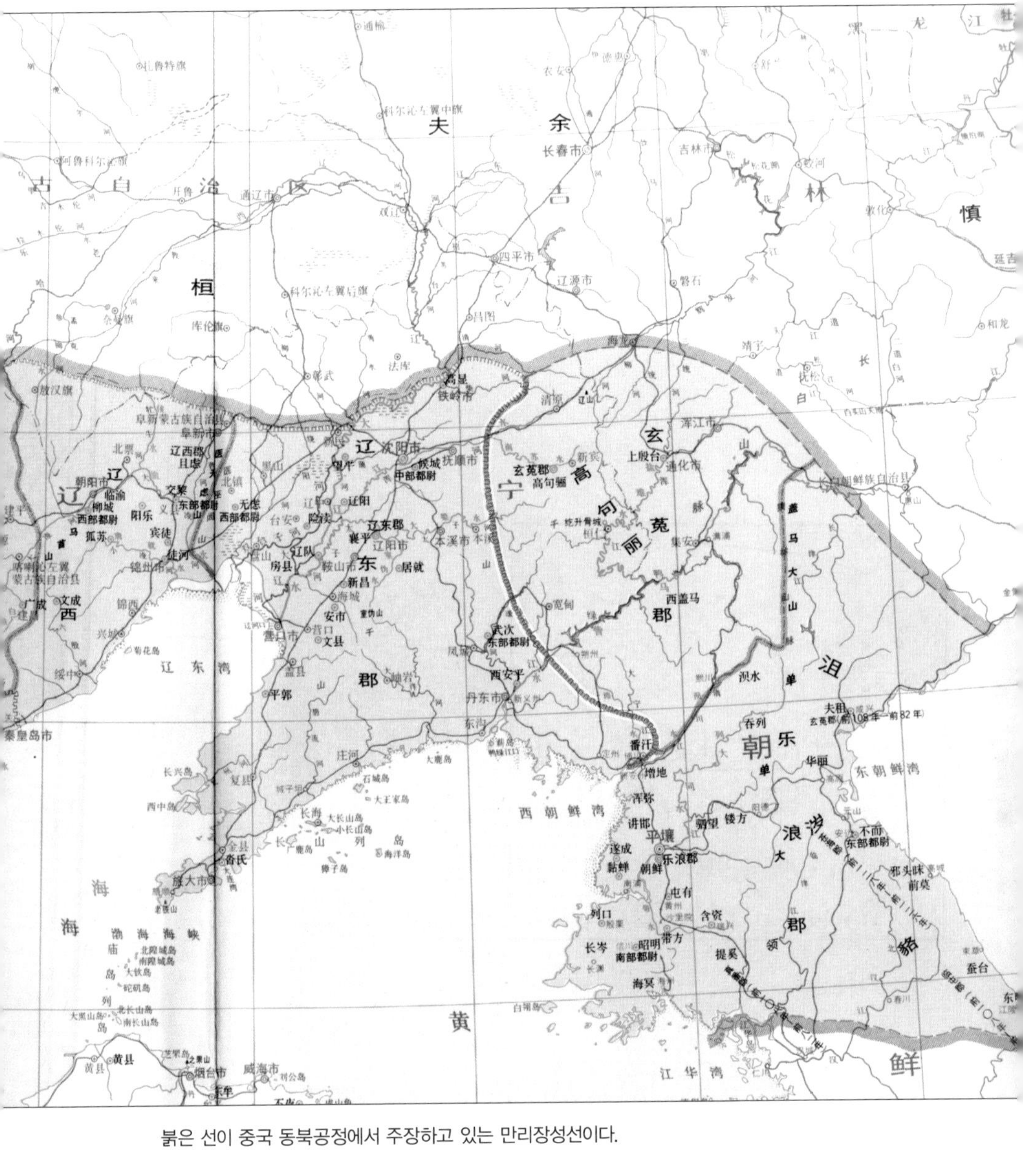

붉은 선이 중국 동북공정에서 주장하고 있는 만리장성선이다.

지도 2-1 『동북아역사지도』「고구려의 성장 120~300년」

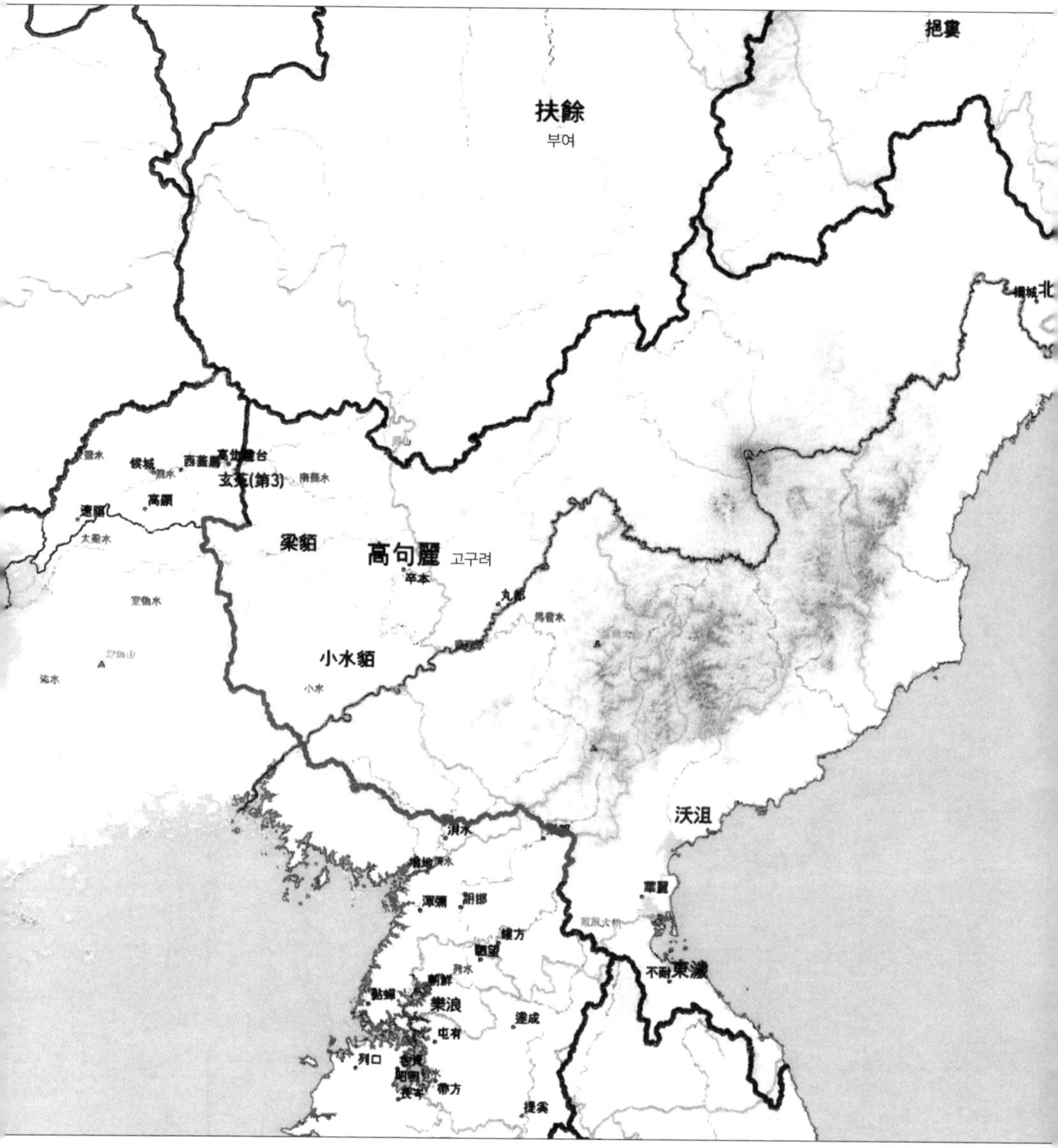

붉은 선이 고구려와 한나라의 국경선인데 중국 동북공정에서 주장하는 만리장성선을 고구려의 국경선이라고 주장하는 것이다.

> 그렸고, 심지어 중원왕조도 모두 그리지는 않았다. 그러나 우리의 위대한 조국은 몇 십 개 민족과 공동으로 만든 것이니 각 소수민족은 각 역사시기에 중원왕조에 예속되었든지 중원왕조와 다른 자립정권이었든지 모두 중국의 일부분이다. 우리가 그리는 지구地區의 지역 범위에는 각 변방 소수민족의 분포지 및 그에 의해 수립된 정권의 판도가 당연히 포함된다.
>
> _ 담기양, 『중국역사지도집』, 「전문前文」

담기양은 중국이 동북공정을 본격 추진하기도 전인 1982년에 이미 '현재의 중국 영토 안'에서 발생했던 '과거의 모든 역사'는 중국사에 포함되며 『중국역사지도집』은 이런 관점에서 제작된 것이라고 선포했던 것이다. 한마디로 고구려사는 중국사가 아니지만 지금 만주가 중국 영토 안에 있으므로 중국사로 포함된다고 선포한 것이다. 그러나 청나라 말기의 학자인 양수경은 『역대여지연혁도歷代輿地沿革圖』 등에서 그렇게 그리지 않았으므로 이를 비판한 것이다. 담기양은 고구려사를 도둑질한 데 이어 지금 북한 강역까지 도둑질하려고 『중국역사지도집』을 만든 것이다. 학문적으로는 질 나쁜 학자지만 최소한 중화주의에는 충실한, 즉 중국의 패권적 국익에 충실히 복무했던 정치적인 역사지리학자라고 볼 수 있다.

그런데 한국인으로서 『동북아역사지도』를 제작한 사람들은 어느 나라를 대변하는 사람들인가? 이들의 뇌리를 관통하는 사관은 담기양의 동북공정 사관이자 일본 극우파의 침략사관이다. 필자는 식민사학과 이십여 년 가까이 맞서 싸우는 와중에 식민사학자들의 속내를 간파하는 데는 어느 정도 눈을 떴다. 그래서 식민사학자들이 '아'라고 말해도 속으로는 '어'라고 생각하고 있다는 사실을 대부분 간파할 수 있다. 그래서 그들이 고구려 국경선을 세로로 그린 이유에 대해 필자는 이렇게 설명했다.

> 왜 이런 지도를 그렸느냐, 고구려가 당시 요동반도를 다 차지했다고 보면 한반도 내에 낙랑군을 비롯한 한사군이 존재할 수가 없는 거예요. 그렇기 때문에 한사군을 한반도 내에 두려면 한나라와 한반도 북부에 교통로를 만들어야 되는 겁니다. 교통로를 만들려고 하다 보니까 산맥을 장백산맥 천산산맥 두 개나 자르고 압록강과 혼하를 또 잘라 어거지로 국경선을 만든 것이지요.

이런 말도 안 되는 세로 국경선을 만든 이유는 한반도 북부를 중국의 식민지로 만들기 위해서였다. 한반도 북부에 중국의 식민지인 한사군과 대방군이 있어야 한다는 식민사학의 교리를 지키기 위해서 고구려 국경선을 세로로 자른 것이다. 그런데 그 세로 국경선은 바로 담기양이 『중국역사지도집』에서 그린 만리장성선이다. 그러다가 필자에게 그 속셈을 들키자 무조건 아니라고 우기는 것이었다. 임기환이 동북아특위에서 발표한 「'동북아역사지도의 문제점' 발표에 대한 편찬위원회의 입장」에는 이런 말들도 있다.

> 그러나 결론의 유사성만을 이유로 식민사관과 동북공정을

> 추종한 내용이라고 매도하는 것은 기본적인 학문적 자세가 갖추어지지 않은 것이며, 특히 이병도의 견해와 유사하다고 하여 식민사관의 추종자로 표현하는 것은 한국 역사학계를 매도하는 것임.
> 대한민국의 역사학자로서 식민사학의 추종자는 결코 없으며, 광복 이후 한국의 역사학계는 한국사 연구에서 뛰어난 성취를 거두었음.

아주 비장하다. 그런데 논리는 횡설수설이다. 임기환은 "결론의 유사성만을 이유로 식민사관과 동북공정을 추종한 내용이라고 매도"한다고 비판했다. 임기환도 『동북아역사지도』가 식민사관 및 동북공정과 같다는 사실은 알고 있다는 이야기다. "내가 사람을 죽였다고 해서 나를 살인자라고 매도하는 것은 ……", "내가 나라를 팔아먹었다고 해서 나를 매국노라고 매도하는 것은 ……" 이런 태도는 그들의 초등학교 시절을 궁금해하게 만들 뿐이다.

『동북아역사지도』가 식민사관과 동북공정을 추종한 것은 객관적 사실이다. 그런데도 그들은 "대한민국의 역사학자로서 식민사학의 추종자는 결코 없"다면서 "광복 이후 한국의 역사학계는 한국사 연구에서 뛰어난 성취를 거두었"다고 주장한다. 그래서 그토록 식민사관과 동북공정을 추종했단 말인가? 한국사 연구에서 뛰어난 성취를 거두어서 아직도 식민사관을 추종하고 이제는 동북공정까지 추종하려 든단 말인가? 또 무슨 근거로 임기환이 한국의 역사학계 전부를 대표하는 것처럼 말하는가? 필자처럼 식민사관에 동의하지 않는 학자들은 대한민국 학자들이 아니란 말인가? '그들' 외의 다른 역사학자들 중에 이런 역사관에 동의하지 않는 학자들도 상당수 있다. 이런 역사학자들은 모두 '대한민국의 역사학자'가 아니란 말인가?

임기환이 동북아특위에서 가장 많이 사용한 단어가 '학계'라는 말이다. 이들이 '학계'라고 말할 때는 '(식민사)학계'라고 읽고, '역사학계'라고 말할 때는 '(식민)역사학계'라고 읽으면 정확한 뜻이 된다. 임기환은 동북아특위에서 편찬위원회와 관련해 "저희가 그동안 편찬위원이나 이런 것을 구성할 때는 고구려사 연구의 학계를 대표할 수 있고 수렴을 할 수 있는 분들로 선임을 했습니다."라고 말했다. '학자들끼리 합의'라는 말도 자주 썼는데, 역사학이란 학자들끼리 합의하는 학문이 아니라 자신의 시각으로 치열하게 1차 사료와 다투는 학문이라는 사실도 모른단 말인가. 이들에게 학문은 다수결이다. 그것도 자신들과 다른 관점을 가진 역사학자는 모두 배제한 채 자기들끼리 모여서 다수결로 결정하는 것이 역사학이다. 다수결이 아니라 만장일치다. 북한에 가서 살아야 할 사람들이 대한민국에 살면서 주체사상을 추종하는 것처럼 식민사학과 동북공정을 추종하고 있는 것이다.

필자는 임기환과 일대일 토론을 해보고 싶어서 김세연 위원장에게 직접 질문을 요청했다. 그 상황을 속기록에서 그대로 옮겨보자.

참고인 이덕일 위원장님, 제가 (임기환 교수님께) 직접 질문 한두 가지만 해도 되겠습니까?

위원장직무대리 김세연 예, 1분 안에 말씀해주십시오.

참고인 이덕일 고구려와 한나라의 국경선을 아까 말씀드린 대로 세로로 긋는 이 사료적 근거가 뭡니까?

참고인 임기환 말씀드리겠습니다. 이 시기에 자료를 검토했을 때 고구려가 정복하고 있던 영역들의 교통로를 중심으로 해가지고 그 지점들을 찾습니다.

참고인 이덕일 아니, 그러니까 그 자료가 대체 무엇이냐는 거지요, 1차 자료가.

참고인 임기환 『삼국사기』 자료들입니다. 『삼국사기』 자료, 『삼국지』 자료들입니다.

참고인 이덕일 아까 태조왕이 요서에 10개 성을 쌓고 모본왕이 어양, 상곡, 북평 여기를 다 공격했다고 한 그것은 『삼국사기』에도 나와 있고 『후한서』에도 나와 있어요. 그것은 전혀 인정 안 하지요? 그런데 『삼국사기』에 고구려가 천산산맥을 자르고 그다음에 장백산맥 자르고 강을 다 잘라가지고 국경을 (정)했다는 자료가 어디 몇 조에 있어요? 위원님들 조금만 시간 있으시면 저희가 저기(스크린)에 다 띄워볼 수 있어요, 『삼국사기』 자료를. 1차 자료가 (인터넷에) 다 떠 있습니다. 어디 있어요? 『삼국사기』 어느 왕, 몇 연도에?

참고인 임기환 제가 지금 갑자기 기억이 잘 나지 않는데 『삼국사기』 자료와 『삼국지』 자료를 종합적으로 검토한 결과라고 말씀드릴 수 있습니다.

참고인 이덕일 고구려사 전공하시는 분이 고구려사에 관한 『삼국사기』 사료 정도를 몰라서야 되겠습니까?

임기환은 고구려사 전공자다. 고구려사로 박사학위를 취득한 고구려사 전공자가 고구려 국경선을 세로로 그려놓고, 그 근거를 대라니까 "이 시기에 자료를 검토했을 때 고구려가 정복하고 있던 영역들의 교통로를 중심으로 해가지고 그 지점들을 찾습니다."라는 엉뚱한 대답을 한다. 한마디로 사료적 근거가 없다는 이야기다. 이것이 이른바 한국 주류 학계의 본모습이다.

식민사학, 즉 매국사학의 이런 실정을 필자는 잘 알고 있다. 그래서 1차 사료적 근거가 뭐냐고 다시 물은 것이다. 그러니까 '『삼국사기』 자료'라고 얼결에 대답했다. 과연 임기환은 실제로 『삼국사기』 「고구려본기」에 이런 내용이 나온다고 생각하고 있었던 것일까? 물론 『삼국사기』 「고구려본기」에 이런 내용은 전혀 나오지 않는다. 그래서 국회 스크린에 『삼국사기』 원문을 띄워서 확인할 수 있다고 덧붙인 것이다. 아마 이 말을 하지 않았으면 또 이리저리 말을 돌렸을 가능성이 크다. 그러나 스크린에 띄워서 확인할 수 있다고 하면서 "어디 있어요? 『삼국사기』 어느 왕, 몇 연도에?"라고 묻자 드디어 "제가 지금 갑자기 기억이 잘 나지 않는데 『삼국사기』 자료와 『삼국지』 자료를 종합적으로 검토한 결과라고 말씀드릴 수 있습니다."라고 하며 도망간 것이다. 이들이 '종합적으로 검토' 운운할 때는 '아무런 사료적 근거가 없이 내린 결론'이라고 생각하면 정확하다. 『동북아역사지도』의 '고구려 세로 국경선'은 담기양의 『중국역사지도집』 제2권 「서한 유주자사부」 도엽의 만리장성선이다.

필자에게 역사지도는 '보는 것'이 아니라 '읽는 것'이라는 사실을 가르쳐준 사람은 담기양이다. 『중국역사지도집』을 보기 시작하면서 역사지도 '읽는' 것이 아주 재미있다는 사실을 알게 되었다. 역사를 왜곡하는 것은 쉬운 일이 아니다. 한국 식민사학자들처럼 자신들의 고정관념과 다른 내용이 담긴 사료가 나올 때 '사료 자체가 틀렸다'고 단정지으면 쉽겠지만 이는 이들의 주장이 학문이 아니라는 자기 고백에 불과하고, 사실 역사 왜곡은 어려운 일이다.

이런 관점에서 담기양의 『중국역사지도집』 읽기는 아주 재미있는 작업이다. 실제로 한중 고대사에 관해서 어느 정도 지식을 갖고 있다면 담기양의 『중국역사지도집』 읽기는 웬만한 소설 읽기보다 재미있다. 담기양의 머릿속 딜레마를 읽을 수 있기 때문이다. 말이나 글로 역사 왜곡하는 것과 지도로 역사 왜곡하는 것은 차원이 다르다. 말이나 글로는 온갖 사료를 끌어들이면서 장황한 말장난을 할 수 있지만, 지도는 정확하게 한 지역을 특정해서 보여주어야 하기 때문이다.

예를 들어 역사 왜곡 차원에서 경기도 평택을 충청북도 청주 지역으로 표기한다고 가정해보자. 그러면 먼저 청주를 다른 지역으로 옮겨야 한다. 그리고 평택에도 무슨 지역인가를 갖다 놔야 한다. 현재처럼 한·중·일 모두 이런 F급 학자들이 주류라면 잠시 통할지 모르겠지만 역사지리 지식에 밝은 학자 한 사람만 나타나도 모두 도루묵이 된다. 한국처럼 1차 사료적 근거도 제시하지 못하는 수준의 학자들이 막강한 '식민사학 카르텔'을 갖고 있거나, 중국처럼 공산당 차원에서 동북공정을 추진하거나, 일본처럼 극우파에서 적극 지원하면 조금은 연장되겠지만 오래 지속될 수는 없다. 인류의 학문사란 진실을 간파한 소수 사람들의 학설이 결국 보편적 학설이 되는 과정이기 때문이다.

담기양의 『중국역사지도집』을 보면 그의 고민이 훤히 보인다. 『동북아역사지도』에서 가장 많이 표절한 『중국역사지도집』 제2권 「서한 유주자사부」 도엽[60쪽 지도 1-1]에는 지금의 북경 부근에 있어야 할 요동을 압록강 일대까지 연장시켜 놓았다. 그러니 북경에서 압록강까지 중간 지역 위치 비정이 어려워졌다. 그래서 그 광활한 요동 벌판에 현縣이라고는 서너 개밖에 그리지 못했다. 현과 현 사이의 거리가 수백 킬로미터씩 떨어질 수밖에 없다 보니 다른 현에 연락하러 가다가 굶어죽거나 목말라 죽을 형국이다.

담기양이 아무리 역사지리를 왜곡해도 사료가 말해주는 역사의 진실 자체가 담기양의 주장이 얼토당토않다는 것을 드러내는 것이다. 윤병남·임기환·송호정의 『동북아역사지도』가 억지라는 것을 지도 스스로가 말해주고 있는 것처럼 담기양의 『중국역사지도집』도 지도 스스로가 억지라고 말하고 있다. 그래서 담기양을 두고 중국 역사지리학의 초석을 놓은 대가大家 운운해봐야 역사의 진실 앞에서는 허튼소리가 되고, 그는 정상적인 역사지리학의 죄인이 될 수밖에 없는 것이다. 담기양은 앞으로 국제 역사지리학계에서 코미디 같은 학자로 전락하겠지만 중국 공산당이 지배하는 한 중국 안에서는 애국적 역사지리학자로 남게 될 것이다. 이런 담기양의 『중국역사지도집』을 추종하고 표절한 한국의 식민사학자들은 진실이 드러날 경우 어떻게 될 것인가?

『삼국사기』「고구려본기」'모본왕 2년(서기 49)'조는 모본왕이 "장수를 보내 한나라의 북평北平·어양漁陽·상곡上谷·태원太原을 습격하게 했는데 요동태수 채융蔡彤이 은혜와 신의로써 대하므로 이에 다시 화친했다."라고 기록하고 있다. 담기양이 편찬한 『중국역사지도집』에 따라도 이때의 북평은 현재 북경 서남쪽 하북성 만성滿城현 부근이다. 어양은 북경시 밀운密云현 부근으로 북경 동부 지역이고, 상곡은 현재의 하북성 회래懷來현으로 북경 북쪽이고, 태원은 오늘날의 산서성 성도省都인 태원시이다.

그러니 『동북아역사지도』에 그려진 대로 고구려가 한나라와 혼하, 천산산맥, 장백산맥, 압록강을 세로로 자른 국경선을 갖고 있다면, 고구려는 그 국경선을 뛰쳐나와 서쪽으로 1천 킬로미터 이상을 달려서 북경과 태원까지 공격한 것이 된다. 이처럼 『동북아역사지도』의 세로 국경선과 위의 『삼국사기』「고구려본기」의 기록은 서로 부합하지 않는다. 둘 중 하나는 틀린 것이다. 누가 틀렸을까? 물론 편찬위원회가 틀렸고, 임기환이 틀렸다.

동북아특위에서 최봉홍 의원은 이렇게 말했다.

> 일본은 없는 것도 조작해, 임나일본부까지 만들고 또 앞에서 말씀드렸던 구석기시대까지 가짜로 만들어내는데 왜 우리는 사실이 있는 것도 밝히지 못하고 다른 나라 눈치나 보고 있습니까? 그거 역사학자들이 책임져야 될 문제 아닙니까?

임기환은 이렇게 답했다.

> 역사연구에서 눈치를 보거나 그렇게 하지 않고 아까도 말씀 드린 바와 같이 당당하게 우리 민족사에 대한 깊은 애정으로 연구를 수행하고 있습니다.

임기환이 말하는 '민족'이 어느 민족인지는 모르겠지만 그런 애정은 중국사나 일본사에 쏟아주기를 바란다. 임기환은 또 이렇게 덧붙였다.

> 저희는 학술적으로 역사적 진실을 지도 속에 표현하는 것입니다. 그 지도를 통해서 우리 역사를 해석하고 구성하는 것입니다. 유리하고 불리하다는 게 어떤 기준인지 잘 모르겠습니다만 역사적 사실, 팩트에 대한 접근이라는 것이 모든 학문의 가장 기초라고 생각됩니다. 그런 점에서 사료에 대한 학술적 검토 역시 마찬가지로 이루어지고 있습니다.

임기환의 말대로 팩트에 대한 접근이 중요하기 때문에 '고구려 세로 국경선'에 대한 사료적 근거를 물었던 것이다. 근거가 있을 턱이 없다는 사실을 알고 말이다. 그랬더니 "지금 갑자기 기억이 잘 나지 않는데"라던 사람이 같은 자리에서 "팩트에 대한 접근이라는 것이 모든 학문의 가장 기초"라고 말하고 있다. 앞의 『삼국사기』「고구려본기」'모본왕 2년(서기 49)'조는 팩트다. 그러나 "당당하게 우리 민족사에 대한 깊은 애정으로 연구를 수행"한다는 임기환은 이 팩트를 인정하지 않는다. 이유는 간단하다. 이 팩트를 인정하면 한사군이 한반도 북부에 있었다는 식민사학의 교리가 무너지고 고구려가 지금의 요하遼河를 넘지 못했다는 식민사학의 도그마가 무너지기 때문이다. 물론 팩트 따위는 약에 쓰려도 없다.

그런데 『삼국사기』의 위 사료는 중국 사서인 『후한서』에도 나온다. 후한의 정사인 『후한서』 「광무제본기」에 "(광무제) 25년(서기 49) 춘정월, 요동 변방의 맥인貊人이 북평·어양·상곡·태원을 침략했는데, 요동태수 제융祭肜이 불러 항복시켰다."라고 기록되어 있다. '고구려'가 '요동 변방의 맥인'으로, 요동태수 '채융'이 '제융'으로, '은혜와 신의로써 대하므로'가 '불러 항복시켰다'로 바뀌었을 뿐 완전히 같은 내용이다. 은혜와 신의로써 대했다는 것은 막대한 보상금을 지급했다는 뜻이다. 모본왕이 지금의 북경과 그 북쪽 일대를 공격했다는 기사는 이렇게 『삼국사기』에도 나오고, 『후한서』에도 나오지만 "우리 민족사에 대한 깊은 애정으로 연구를 수행"하는 임기환은 이 내용을 인정하지 않는다. 한중 사서에 모두 나오는 팩트지만 인정하지 않는 것이다.

식민사학은 학문이 아니기 때문이다. 식민사학의 행태는 '조선총독부는 영원히 우리를 통치하신다'는 교리를 믿는 사이비 종교와 다름없다. 임기환은 "『삼국사기』 자료와 『삼국지』 자료를 종합적으로 검토한 결과라고 말씀드릴 수 있습니다."라고 말했지만, 『삼국사기』에 아무런 근거가 없다는 것은 이미 확인했다. 그럼 『삼국지』에는 관련 사료가 있을까? 예상한 대로 없다. 필자가 확인해본 결과 임기환의 말은 모두 사료적 근거가 없다.

『삼국사기』 「고구려본기」 '태조대왕 3년(서기 55)'조는 "봄 2월에 요서遼西에 10개의 성을 쌓아 한나라 군사의 침략에 대비하였다."라고 기록하고 있다. 요서 지역에 10개의 성을 쌓았다는 것은 요서 지역이 고구려의 강역이라는 뜻이다. 이때의 요서는 현재 요하를 기준으로 비정하는 지금의 요서보다 훨씬 서쪽이지만 지금의 요서로 비정한다 해도 최소한 요하 서쪽의 요령성遼寧省 지역이 된다. 이는 6년 전인 모본왕 2년(서기 49)에 고구려가 진출한 강역을 그대로 유지하겠다는 뜻이다. '모본왕 2년(서기 49)'조의 기록과 '태조대왕 3년(서기 55)'조의 기록은 고구려가 서쪽으로 한나라를 몰아내고, 그 자리에 성을 세워 영토를 지키는 일관된 과정을 그리고 있다. 그러나 『동북아역사지도』는 대한민국에 유리한 이런 사료들은 모두 부인하면서 아무런 사료적 근거도 없이 고구려 국경선을 세로로 잘라놓은 것이다.

서기 4세기에도 백제와 신라는 없다?

그런데 「고구려의 성장 120~300년」 도엽[74쪽 지도 2-2]의 문제는 '고구려 세로 국경선'만이 아니었다. 서기 300년까지도 지도에 백제도 없고 신라도 없다. 이른바 식민사학의 교리 중의 하나인 '『삼국사기』 초기 기록 불신론'을 따라 서기 300년, 즉 4세기 초까지도 신라와 백제를 그리지 않은 것이었다. 필자는 동북아특위에서 이렇게 문제를 제기했다.

지도 2-2 『동북아역사지도』「고구려의 성장 120~300년」

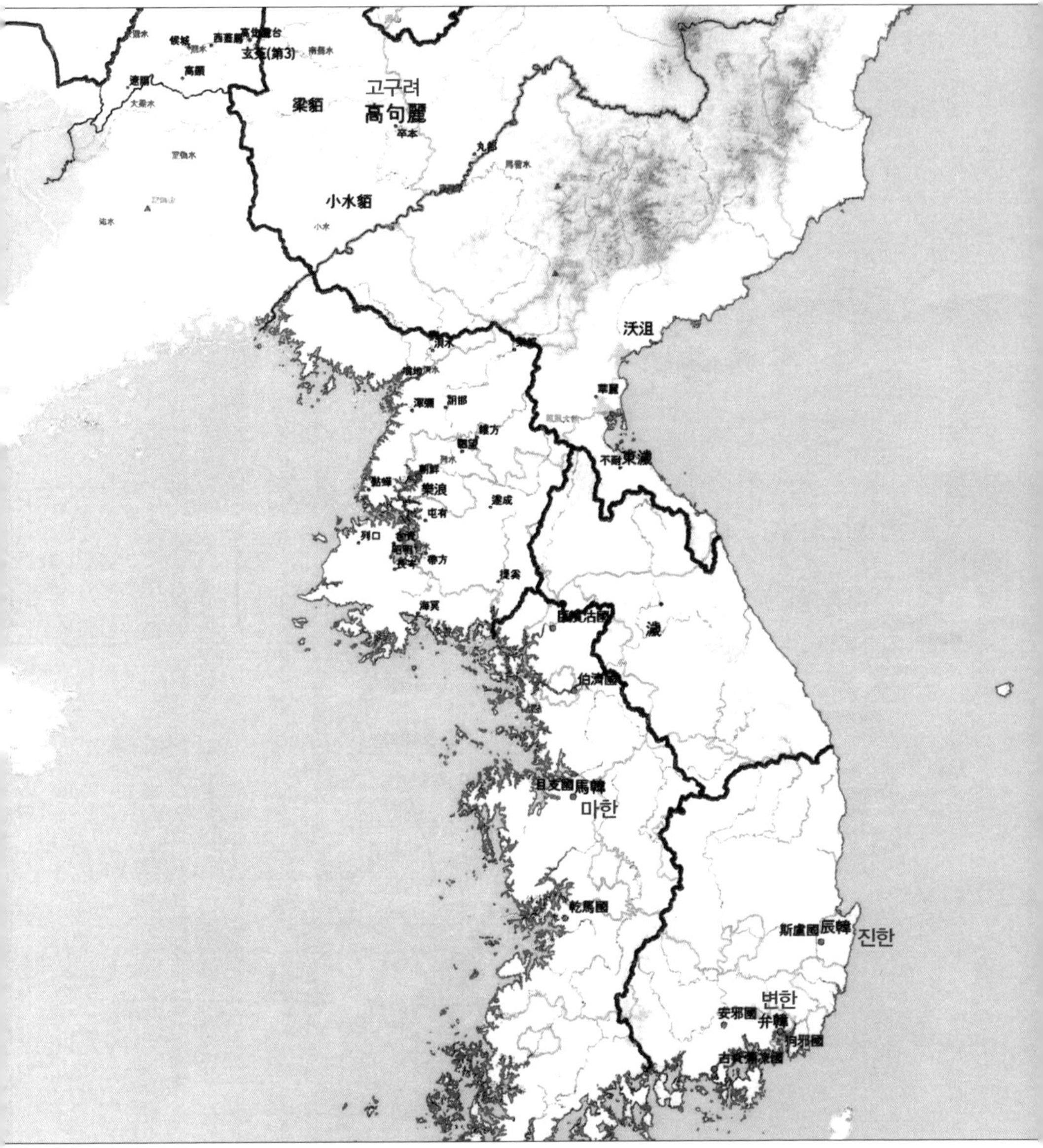

서기 300년에도 백제와 신라가 없었다고 그려놓았다. 일본인 식민사학자들의 '『삼국사기』 초기 기록 불신론'을 따라 백제와 신라를 지워버린 것이다.

이게 300년이니까 4세기 초인데, 한반도 남쪽을 보시면 신라도 없고 백제도 없고 가야도 없습니다. 이것은 식민사학자 쓰다 소키치가 창안한 '『삼국사기』 초기 기록 불신론'을 그대로 따른 것이지요.

쓰다 소키치가 '『삼국사기』 초기 기록 불신론'을 왜 만드느냐 하면 한반도 남부에 임나일본부가 있어야 되는데 『삼국사기』에서 말하는 대로 백제와 신라가 강력한 고대국가면 도저히 임나일본부라는 게 존속할 수 없는 겁니다. 그러니까 쓰다 소키치라는 인물이 『삼국사기』 초기 기록은 다 가짜라고 한 거죠. 그러면서 논문에서 뭐라고 그랬냐 하면 '이걸 지금 현재 입증할 수는 없지만 앞으로 차차 입증해보이겠다'고 했어요. 이런 식으로 쓴 게 현재 한국 식민사학계의 정설이 돼가지고 그대로 그려져 있는 거고요.

편찬위원회는 「고구려의 성장 120~300년」 도엽[왼쪽 지도 2-2]에서 그 하한년인 서기 300년까지도 한반도 남부에는 백제도 없고 신라도 없다고 말하고 있었다. 일본인 식민사학자들의 '『삼국사기』 초기 기록 불신론'에 따라 백제와 신라를 지워버린 것이다.

조선총독부의 식민사관은 주로 한국 고대사에 집중되어 있다. 민족사의 뿌리부터 왜곡시키기 위해서다. 먼저 조선총독부는 한국사를 반도사半島史로 축소시켜 놓았다. 한국사의 본무대였던 대륙과 해양을 삭제하고 반도사로 가두어둠으로써 한국인들 스스로 자국사를 반도사로 좁게 인식하게 만들었던 것이다. 그런 다음에 한반도 북부에는 중국의 식민통치기구인 한사군이 있었고, 한반도 남부에는 일본의 식민통치기구인 임나일본부가 있었다고 주장했다.

해방 후 70여 년이 지난 지금 이 땅에서 『동북아역사지도』는 조선총독부의 이런 관점을 그대로 추종하고 있다. 그나마도 자신들의 능력으로는 이런 지도를 그릴 수도 없었던 편찬위원회는 동북공정의 관점이 고스란히 담긴 담기양의 『중국역사지도집』을 그대로 베꼈다. 게다가 독도를 제외시켜서 일본 극우파의 침략사관에 동조하기까지 했다. 이것이 대한민국 국민 세금 47억여 원을 들여서 만든 『동북아역사지도』의 현주소다.

賣國歷史學

2장

북한 강역을 중국에 넘긴 사람들

고조선과 원수진 학자들

「동북아역사지도의 문제점」 총론에서 필자가 가장 먼저 문제 제기한 것은 지도의 관점 문제였다. 한마디로 일제 식민사관과 중국 동북공정을 추종한다는 비판이었다. 이에 대해 임기환은 이렇게 반론을 폈다.

> 이덕일 소장님 발표문의 중심 내용은 『동북아역사지도』의 문제점을 크게 다음 두 가지로 지적하고 있다고 생각됩니다.
> 첫째는 고조선 및 중국 군현의 한반도설, 둘째 『삼국사기』 초기 기록을 불신하고 있다, 이 두 가지 문제점과 도엽 편성의 자의성으로 『동북아역사지도』는 일제 식민사관과 중국의 동북공정을 추종하고 있다고 (「동북아역사지도의 문제점」에서)

> 주장하고 계십니다. 이러한 이덕일 소장님의 주장에 대해서 결코 동의할 수가 없습니다.

임기환은 당연히 동의하지 않을 것이다. 동의하면 이 자리에 나오지도 않았을 것이며, 동의한다는 건 자신들이 8년여에 걸쳐서 제작한 지도가 폐기처분되어야 한다는 걸 의미하기에 절대 동의할 수 없을 것이다. 그러나 필자가 그랬듯이 임기환도 필자의 견해에 동의하지 않는 점에 대해 역사학적 방법론을 제시해야 한다. 그것이 역사학이다. '결코 동의할 수 없다'는 의지가 중요한 것이 아니라 왜 동의할 수 없는지 구체적인 사료적 근거를 제시해야 한다는 말이다. 임기환은 필자의 비판에 '결코 동의할 수 없는' 이유를 이렇게 설명했다.

> 낙랑 등 한군현의 위치에 대한 대안으로 제시한 주장은 1차 사료에 대한 이해와 분석에서 오류를 범하고 있다고 생각합니다. 그래서 이 두 가지 문제를 간단히 말씀드리겠습니다.
> 고조선 및 낙랑군의 위치에 관한 문제입니다. 저희 『동북아역사지도』 편찬 과정과 내용을 말씀드리면, 고대사의 위치 규정이 굉장히 중요한 문제이기 때문에 한국 고대사 역사지리 전문위원회를 구성하고 이와 관련된 자문회의를 13차 진행했습니다. 그중 2차에 걸쳐서 후기 고조선의 중심지와 낙랑군의 위치에 관한 기왕의 견해를 충분히 검토하고 종합적이고 객관적인 결론을 도출하였습니다.

'낙랑 등 한군현의 위치에 대한 대안으로 제시한 주장'이란 한사군이 한반도 북부가 아니라 중국 하북성 일대에 있었다는 주장을 말한다. 단국대 명예교수 윤내현을 비롯해 필자 등이 주장하는 내용이다. 그런데 이 내용을 두고 임기환은 필자 등이 "1차 사료에 대한 이해와 분석에서 오류를 범하고 있다."라고 주장했다.

그러면서 이는 "굉장히 중요한 문제"이기 때문에 "한국 고대사 역사지리 전문위원회를 구성하고 이와 관련된 자문회의를 13차 진행"했다는 것이다. 임기환 혼자 그렇게 보는 것이 아니라 자문위원 다수가 그렇게 보고 있다는 뜻이었다. 「재단수시설명회 자료」 '한국고대사자문회의 운용'이라는 항목에는 "역사학과 고고학 중진학자 18명으로 구성, 1박 2일 집중회의를 12차 진행"했다고 되어 있다. 임기환은 13차 진행했다고 말했으니 그 사이 한 차례 회의를 더 가진 모양이었다.

「재단수시설명회 자료」에는 12차례에 걸친 집중회의에서 '한국 고대사의 지명과 영역에 대한 학계의 대표적인 견해(를) 수렴'했다고 명기하고 있다. 이들의 행태를 보면 역사학을 떼거리학으로 오해하고 있는 것이 아닌가 하는 생각이 절로 든다. 공부는 기본적으로 혼자 하는 것이다. 선학들의 연구 결과를 비롯해 수많은 1차 사료들과 홀로 씨름하면서 자신의 관점을 세우는 것이 역사학이다. 그러나 편찬위원회 사람들은 일본인 및 한국인 식민사학자들이 만들어놓은 도그마를 떼거리로 계승하는 것을 역사학으로 착각하고 있는 것 같은 행태를 보여준다.

심지어 자신들의 도그마에서 벗어나는 관점을 지닌 학자가 있으면 떼거리가 단결해서 온갖 모욕을 주고 학계에서 따돌리는 방법으로 식민사학이라는 도그마를 하나뿐인 정설로 유지하는 것이 학문이라고 생각하는 듯하다.

「재단수시설명회 자료」에는 편찬위원회를 구성하고 있는 학자들 60여 명의 명단이 있다. 편찬위원장이자 연구책임자인 윤병남을 포함한 편찬위원 4명 아래 전문위원회와 편집위원회가 있고 전문위원회에는 한국 고대사 전문위원회, 북아시아 전문위원회, 동아시아 선사 전문위원회가 있다. 그중 한국 고대사 전문위원이 41명으로 가장 많았다. 편집위원회는 한국사 분야, 중국사 분야, 일본사 분야로 구성되어 있다. 이를 정리하면 오른쪽과 같다.

사실 임기환은 이들의 대표로 동북아특위에 나온 것이다. 물론 편찬위원회의 학자들 모두가 식민사학에 동의하지는 않을 것이다. 개인적으로는 식민사학에 반대하는 이들도 있을 수 있다. 『동북아역사지도』가 일제 식민사관과 중국 동북공정을 추종하는지 모르고 이름을 올린 학자들도 있을 것이다. 그러나 이들 중에서 『동북아역사지도』가 일제 식민사관과 중국 동북공정을 추종하는 사실에 공개적으로 문제 제기한 학자가 있었다는 얘기는 들어보지 못했다.

여기에는 빠졌지만 중요한 인물이 있다. 2013년까지 『동북아역사지도』의 동북아역사재단 측 담당자였던 배성준 연구위원이다. 배성준은 독도는 울릉도의 부속 도서가 아니라고 주장하는 「울릉도·독도 명칭 변화를 통해서 본 독도 인식의 변천」(『진단학보』 94호, 2002)이라는 논문과 독도는 한국 영토라는 인식을 비판적으로 바라봐야 한다는 「'독도 문제'를 보는 비판적 시각을 위하여」라는 글을 쓴 장본

『동북아역사지도』 편찬위원회 위원 명단

편찬위원	윤병남(서강대, 일본사) : 연구책임자, 편찬위원장
	김유철(서강대, 중국사) : 상임위원
	배우성(서울시립대, 역사지리)
	임기환(서울교대, 한국 고대사)

전문위원회

1) 한국 고대사 전문위원회(41명)

위원장	노중국(전 계명대)
운영위원	임기환(서울교대), 김유철(서강대), 박성현(계명대, 간사)
위원	노태돈(전 서울대), 김영하(성균관대), 주보돈(경북대), 양기석(충북대), 공석구(한밭대), 김태식(홍익대), 송기호(서울대), 송호정(교원대), 하일식(연세대)
고고분과소위	성정용(충북대), 이청규(영남대), 이희준(경북대), 임영진(전남대), 조영제(경상대), 홍보식(부산박물관)
기타	강종현(효성여대), 여호규(외국어대) 등 22명

2) 북아시아 전문위원회 : 김호동(서울대) 등 3명

3) 동아시아 선사 전문위원회 : 김병준(서울대) 등 4명

편집위원회

1) 한국사 분야 : 하일식(연세대) 등 4명

2) 중국사 분야 : 김병준(서울대) 등 9명

3) 일본사 분야 : 김선민(숙명여대) 등 5명

인이다. 독도가 울릉도의 부속 도서가 아니라는 말은 곧 독도가 일본령이라는 말이다. 독도를 빼놓았다는 필자의 비판에 임기환은 '실수'라고 변명했지만 이러한 정황들은 실수가 아니라 확고한 '소신'을 반영한 결과라고 말해준다.

「재단수시설명회 자료」의 '사업추진단계 1'에서 시기별로 구분해놓은 단계를 보면 1단계가 '역사지도 제작 기반 구축(2008~2010)'이고, 2단계가 '기본 자료 수집 및 입력(2010~2014)'이다. 기본 자료를 입력하는 데 2단계 5년이 걸렸다는 이야기다. 5년이라는 기나긴 기간 동안 편찬위원회 소속 학자 60여 명 중에서 '독도를 왜 그리지 않았느냐'고 물어본 학자가 단 한 명도 없었다는 이야기인가? 독도가 대한민국의 역사 강역이라는 사실은 『동북아역사지도』의 '기본 자료'에 들어 있지 않았다는 말인가? 독도가 대한민국 영토인 줄 모르는 '역사천치'들만 모여 있었던 게 아니라면 있을 수 없는 일이다. 『동북아역사지도』에서 독도를 그리지 않은 것은 실수가 아니었다. 그건 '계획된 의도'였다.

고조선을 약화시키자고 결의한 학자들

이날 동북아특위에서 이상일 의원은 아주 중요한 질문을 했다.

이상일 위원 ……『동북아역사지도』 편찬과 관련해서 2011년 7월에 한국고대역사지리 7차 토론회가 열렸지요?

참고인 임기환 예.

이상일 위원 교수님, 계셨나요?

참고인 임기환 예, 있었습니다.

이상일 위원 그때 회의록에 이런 기록이 있습니다. (우선) '고조선, 중국 군현, 부여 읍루 옥저 동예의 역사지리'에 관한 회의였지요?

참고인 임기환 예, 그렇습니다.

이상일 위원 거기서 "동아시아문화지도를 제시해서 고조선의 특별성을 약화시키자." 이건 무슨 뜻입니까?

2011년 7월 6~7일까지 한국고대역사지리 7차 토론회가 있었다. 앞서 말한 13차례의 집중회의 중 하나로, 장소는 대전 유성 호텔 스파피아였다. '고조선, 중국 군현(한사군 및 대방군), 부여 읍루 옥저 동예의 역사지리'에 관한 회의였다. 한두 문장씩으로 구성된 짤막한 회의록을 남겼는데, 그 회의록에는 필자처럼 식민사학자들의 속내를 잘 안다고 생각하는 사람도 허를 찔릴 만한 내용들이 적지 않았다. 그중 하나가 "동아시아문화지도를 제시해서 고조선의 특별성을 약화시키자."라는 말인데, 임기환이 바로 이 말을 한 당사자였다. 이 발언에 반론을 제기했다는 기록이 없으니 일단 이 회의 참석자들 전체의 의견으로 봐도 될 것이다. 사석도 아니고, 대한민국 국민 세금으로 호텔에서 비싼 돈 써가면서 "고조선의 특별성을 약화시키자."라는 말을 공공연히 주고받았다는 이야기다.

이상일 의원의 질문에 대한 임기환의 답변은 가관이다.

> 그 회의에서 저(임기환)는 고조선이 동아시아 전체의 문화 속에서 객관적으로 보편적으로 파악되어야 된다는 취지의 말씀을 드렸습니다. 고조선만 따로 떼어서 고조선만 보는 것이 아니라 저희 지도가 동북아역사지도입니다. '동아시아 전체 속에서 고조선의 위상이 평가되어야지 그것이 객관적이다. 그리고 고조선의 위상이 높아질 수 있다.' 그런 취지를 말씀드렸습니다.

임기환 자신은 과연 속으로도 고조선의 위상을 높이기 위해 그런 말을 한 것이라고 믿고 있을까? '동아시아문화지도를 제시해서 고조선의 특별성을 **강화**'시킬 수는 없는 것일까? 필자나 필자와 뜻을 같이하는 학자들에게 만들라고 한다면 충분히 가능한 일이다. 그런데 이들은 고조선과 무슨 원수가 졌기에 한국사에서 고조선을 지우지 못해 안달일까? 이들의 발언 중에 고조선의 위상이 높아질 수 있는 발언이 있었을까? 우석대 교수 조법종은 이 회의에서 "진개秦開의 동정이 획기가 되어야 한다."라고 말했다. 획기란 아마도 시기를 구분하는 획기적인 기준을 뜻할 것이다. 연나라 장수 진개가 고조선을 침략해서 1~2천 리의 고조선 강역을 빼앗은 것이 '획기'가 되어야 한다는 말이다.

또 한국교원대 교수 송호정의 발언을 보자.

> 요서는 산융이나 동호의 거주 지역으로 보아야 한다.
> 길림 학계에서 십이대영자문화 예맥으로 간주.

남산근 유형과 십이대영자 유형은 묘제가 같으므로 유사한 계통으로 보아야 함.

중국 요령성 요양遼陽시를 가로지르는 현재의 요하를 기준으로 그 동쪽을 요동, 서쪽을 요서라고 한다. 고조선과 한나라 시대의 요동은 지금의 북경 부근을 뜻하지만 이들에게 이런 것까지는 요구하지도 않는다. 송호정의 말은 지금의 요서 지역은 고조선 강역이 아니라 동호東胡의 강역이라는 것이다. 단재 신채호는 『조선상고사』에서 『사기』 「흉노열전匈奴列傳」의 동호는 고조선이라고 갈파했고, 황순종도 『식민사관의 감춰진 맨얼굴』(만권당, 2014)에서 『사기』 「흉노열전」에서 말하는 동호는 『삼국지』에서 말하는 고조선과 같다고 갈파했다. 물론 '고조선의 특별성을 약화'시키기에 여념이 없는 이들에게 이런 분석까지 요구하는 것은 사치다. 문제는 송호정이 말하는 '산융山戎, 동호' 등은 중국 동북공정의 논리 그대로라는 점이다.

동북공정을 진행하던 중국은 내몽골과 하북성 등지에서 쏟아져 나오는 고조선 유물 때문에 골치가 아팠다. 일제 식민사학이나 중국 동북공정이나 역사학이 아니라 정치선전이긴 마찬가지여서 중국은 이런 유물들이 고조선 것이 아니라는 논리를 만들어냈다. 그래야만 하북성이나 내몽골 일대가 고조선의 강역이 아니라고 주장할 수 있기 때문이다. 내몽골 적봉赤峰시 부근의 홍산紅山문화는 중원문화와는 다른 동이족東夷族 문화다. 그중 하가점夏家店 상층上層문화가 고조선 문화다. 내몽골까지 고조선의 강역이었다는 이야기다. 그래서 중국은 이것이 고조선 유물들이 아니라 동호, 산융 같은 유목

민족의 것이라는 논리를 발명해냈다. 물론 동호, 산융의 것이라는 증거는 전혀 없다. 내몽골 일대가 고조선의 강역이었음을 부인하기 위해 창작한 논리일 뿐이다.

송호정이 말한 '길림 학계'라는 말도 우스운 이야기다. 요령 학계, 흑룡강 학계라는 말이 존재하지 않는 것처럼 길림 학계라는 말도 존재하지 않는다. 송호정은 고조선의 강역이 지금의 요하를 건너지 못했다면서 요서는 산융, 동호의 것이고, 요동은 고조선의 것이라고 말한다. 그러다가 연나라 진개의 공격을 받아서 한반도 내로 쫓겨 온 후 청천강 이남 지역에서 비로소 국가로 성장했다고 주장한다. 국가도 아닌 고조선이 요동 지역까지는 어떻게 차지해서 연나라와 맞섰다는 것일까?

송호정이 말한 십이대영자十二台營子란 요령성 조양朝陽시의 십이대영자 지역을 뜻하는데, 이 지역에서 각종 청동기 유적·유물이 발견되었다. 십이대영자 유적이나 요령성 영성寧城현의 남산근南山根 유적에서는 모두 석관묘가 나왔는데 한국의 대전 괴정동, 아산 남성리, 부여 연화리 등지에서 나온 석관묘와 일치한다. 서로 일치하는 점을 찾으면 지금의 요서, 요동과 한반도가 모두 고조선 강역이었음을 밝히는 것은 어려운 일이 아니다. 십이대영자문화 역시 하가점 상층 문화의 일부라고 보는 시각도 있기 때문이다. 그러나 송호정은 근거도 없이 요서 지역은 산융, 동호의 것이라고 주장하면서 고조선 강역에서 배제시키고 있는 것이다.

이 회의에서 서울대 교수 송기호는 "비이동설도 표현해야 한다." 고 말했다. 더 이상의 언급이 없어서 자세히 알기는 어렵지만 고조

지도 8 고조선식 동검(비파형 동검과 세형 동검) 분포지역 개관도

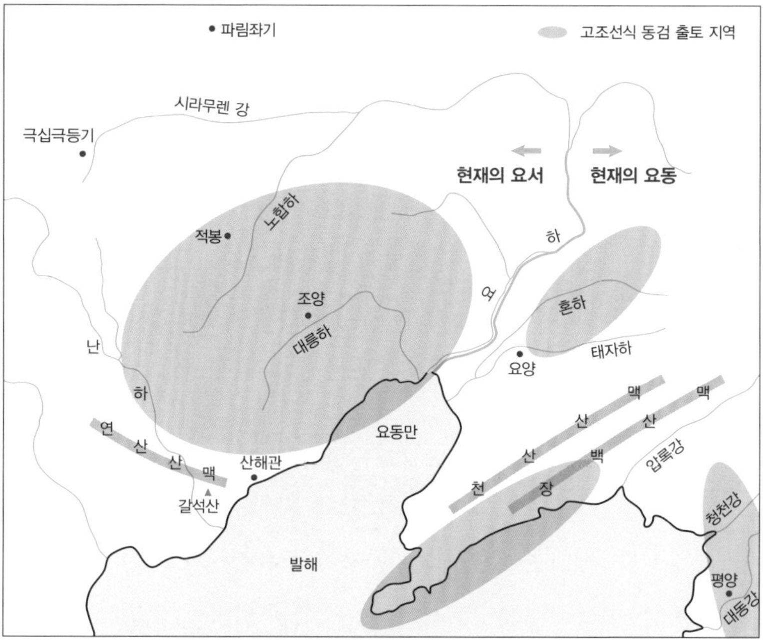

오늘날 요서 지역에서 고조선식 동검이 다수 출토되는 것은 그곳이 예전에 고조선의 강역이었다는 뜻이다.

선의 중심지가 지금의 요서나 요동 지역에 있었고, 한반도로 이동하지 않았다는 이야기는 아닐 것이다. 그랬다면 『동북아역사지도』에서 위만조선의 강역을 평안남도 일대로 그리지는 않았을 것이기 때문이다. 따라서 고조선은 처음부터 평안남도 일대에 있다가 그곳에서 망했다는 이야기일 가능성이 크다.

대한민국 국민들이 낸 세금이 한국사 연구에 쓰일 때는 고조선의 강역 같은 전문적인 문제를 다룰 때 최소한 대한민국의 견지에서 연구한다는 전제로 쓰이는 게 마땅하다. 그래야 납세자로서 최소한의 자부심을 느낄 수 있는 것이다. 그런데 식민사학자들은 거

꾸로 한다. 국민 세금으로 호텔에서 비싼 밥 먹고 회의하면서 "고조선의 특별성을 약화시키자."라고 결의하고, 지적을 받으면 '고조선의 위상이 높아질 수 있다'는 뜻이라고 정반대로 답하면 그만이다. 대한민국 국민 세금으로 운영하는 대학에서 공부했고, 대한민국 국민 세금으로 운영되는 대학에서 봉급을 받고 있는 사람도 어떻게 하면 자신의 연구가 한중 역사전쟁에서 한국에게 유리할 수 있을까를 고민하는 것이 아니라 거꾸로 어떻게 하면 중국에게 유리하게 할 수 있을까 고민한다. 조선총독부의 돈을 가지고 한국의 독립운동에 나섰다면 조선총독부는 과연 어떻게 했겠는가?

"고조선의 특별성을 약화시키자."라는 말이 과연 '고조선의 위상이 높아질 수 있다'는 뜻인지는 『동북아역사지도』가 그린 고조선을 보면 알 수 있다. 『동북아역사지도』에 있는 「한반도와 만주의 청동기문화와 전기 고조선 기원전 1000~281년」 도엽[오른쪽 지도 9]을 보면 고조선에 대한 편찬위원회의 시각이 잘 드러난다.

먼저 '청동기문화'라는 표현에 주목해보자. 여기에는 청동기시대에 들어서야 국가가 성립될 수 있다는 의미가 담겨 있다. 고대 이집트문명 등은 청동기문명이 아니었어도 강력한 고대국가였다는 사실 등은 굳이 언급하지 않겠다. 청동기시대가 되어야 국가가 수립될 수 있다고 이들이 주장하는 이유가 있기 때문이다. 바로 고대국가였던 단군조선을 지워버리려는 의도이다.

외부 강의를 나가면 가장 많이 듣는 질문이 "왜 식민사학자들은 해방 후 70년이나 됐는데 아직도 식민사학을 하고 있느냐?"라는 질문이다. 그때마다 한국 사학계에 만연한 도제식 수업 방식, 스승이

지도 9 『동북아역사지도』「한반도와 만주의 청동기문화와 전기 고조선 기원전 1000 ~281년」

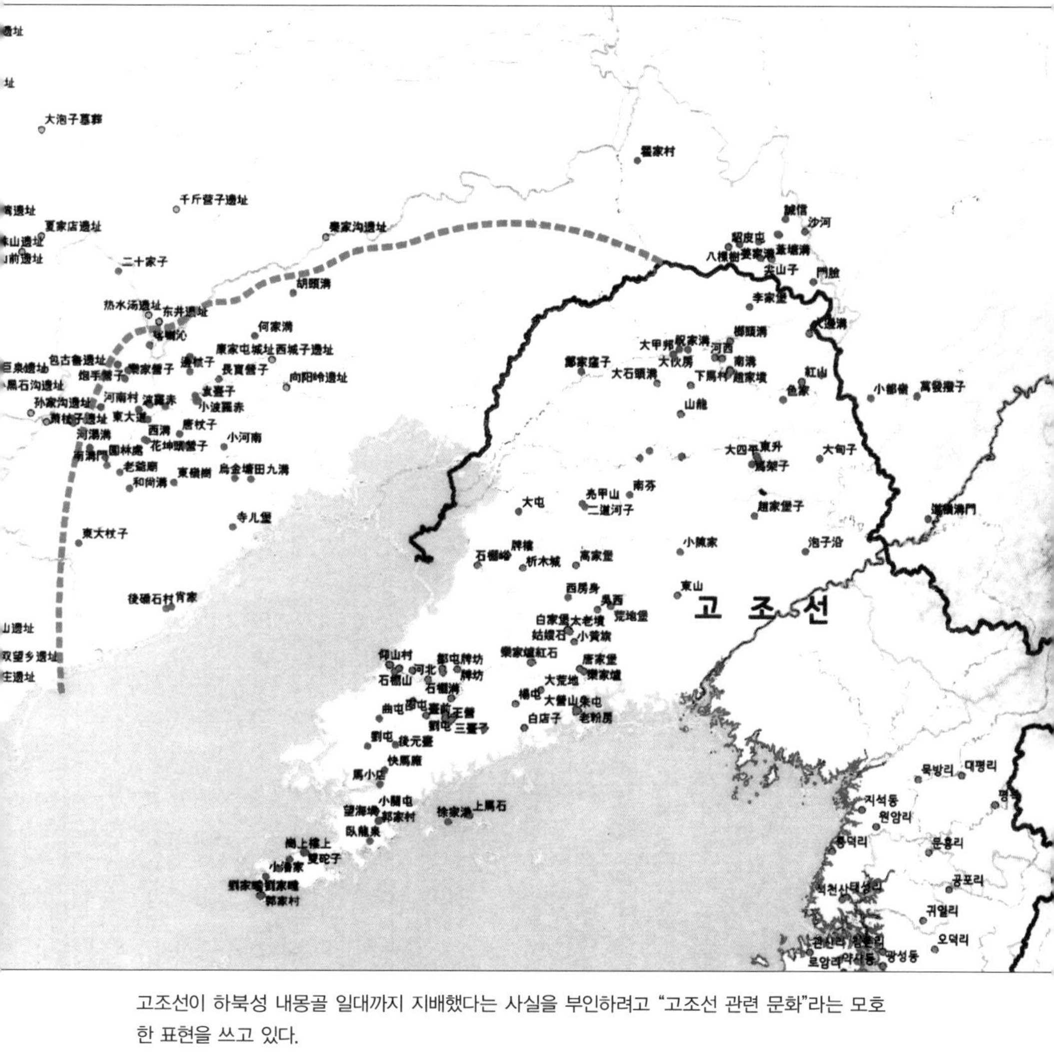

고조선이 하북성 내몽골 일대까지 지배했다는 사실을 부인하려고 "고조선 관련 문화"라는 모호한 표현을 쓰고 있다.

나 선배의 학설에 이의를 제기할 수 없는 비학문적 풍토, 식민사학을 구체적으로 비판하면 학계에서 왕따가 되어 자리를 잡을 수 없는 현실 등을 열거하며 답하지만, 그래도 이해되지 않는다는 표정이 대부분이다. 이해되지 않기는 필자도 마찬가지였다. 그러다가 해방 후 사학계의 태두로 군림하던 이병도가 일본 덴리교天理敎 초청으로 일본에 가서 덴리교 도복을 입고 예배에 참석했다는 글을 보고 비로소 모든 의문이 풀렸다. 덴리교라는 성격이 단순하지는 않지만 일제 강점기 때는 일본의 국교인 신도神道를 믿는 종교였다. 일제 강점기 때 신사참배를 거부하다가 우리 국민 수천 명이 투옥되었고, 조용학·주기철·최봉석·최상민·김윤섭·박의흠 등 50여 명이 옥사했던 역사가 있는데도, 이병도는 해방 후 이른바 국사학계, 즉 식민사학계의 태두로 추앙받을 때 덴리교에 가서 그 도복을 입고 예배에 참석했다. 이들은 일제가 패망한 후에도 마음속으로는 영원히 대일본제국의 신민臣民이라는 자세를 갖고 있었던 것이다.

제2차 세계대전 후 프랑스에서 우파 드골이 나치 부역자를 처단함으로써 잘못된 과거사를 심판한 것처럼 해방 후 한국사도 정상적인 길로 나아갔다면 이들이 설 자리는 없었을 것이다. 그러나 미군정 때는 물론 이승만 정권 때도 친일파들이 반공反共을 명분으로 삼아 다시 득세하면서 한국은 역사의 발전방향과는 거꾸로 가기 시작했다. 식민사학자들은 비록 일제는 쫓겨갔을지라도 역사관만큼은 어떤 일이 있어도 조선총독부 사관을 하나뿐인 정설로 계속 유지하기로 굳게 결의했다. 그리고 그 정점에 단군檀君, 즉 고조선 죽이기가 있었다.

그걸 실현시키는 가장 중요한 수단이 국정 국사 교과서 집필권이었다. 조선총독부 직속의 조선사편수회 출신인 이병도와 신석호는 서울대와 고려대 사학과를 장악하고 또 지금의 국사편찬위원회의 전신인 국사관도 장악했다. 이렇게 조선총독부 사관, 즉 해방 후의 매국사관은 대한민국의 이른바 주류 역사관이 되었다. 해방 후 국사교원양성소까지 장악한 매국사학자들은 갓 해방된 나라의 국사 교사들에게 일제 식민사관을 계속 전파했고, 조선총독부 사관은 초등학생들의 뇌리에까지 깊이 각인되었다.

그러나 식민사학자들에게는 고민이 있었다. 조선총독부가 철수하면서 외형은 대한민국 정부가 들어섰기 때문에 국정교과서에 '단군조선은 허구이다' 같은 표현을 그대로 사용할 수는 없었던 것이다. 그래서 '단군'을 언급은 하되 신화로 격하시켜 실존하지 않는 허구의 인물로 만드는 방법을 택한다. '청동기시대에 국가가 건립된다'는 서술은 단군조선을 부인하기 위해 일제 식민사학자들이 창조한 이론인데, 그걸 국내 식민사학자들이 그대로 따랐다.

1996년에 편찬된 국정 국사 교과서는 22쪽에 "신석기시대에 이어, 한반도에서는 B.C. 10세기경에, 만주 지역에서는 이보다 앞서서 청동기시대가 시작되었다."라고 서술했다. 청동기시대에 와서야 국가가 세워진다는 관점 때문에 고조선은 서기전 10세기 이전으로는 올라갈 수 없다는 뜻이다. 일연이 『삼국유사』에서 "서기전 24세기경에 단군조선이 건국되었다."라고 말한 것은 자연히 부인되는 것이다. 식민사학자들은 이런 방식으로 '단군조선은 허구이다' 같은 직접적 표현을 쓰지 않고도 단군조선을 국사 교과서에서 지워버린 것이다.

같은 교과서의 27쪽에는 "가장 먼저 국가로 발전한 것은 고조선이었다. 고조선은 단군왕검이 건국했다고 한다(B.C. 2333)."라고 서술되어 있다. '단군왕검이 건국했다'는 서술과 '단군왕검이 건국했다고 한다'는 서술의 의미는 하늘과 땅 차이이다. '~고 한다'라는 서술 방식은 '그렇게 적혀 있다는 사실을 전하는' 것이지 그렇게 '믿고 있다는' 뜻은 아니다. 즉 집필자들은 단군왕검이 건국했다는 말을 믿지 않지만 식민사학이라는 비판에서 벗어나기 위해 할 수 없이 써준다는 의미이다.

2002년에 개정된 국정 국사 교과서는 29쪽과 34쪽에서 각각 이렇게 서술했다. "신석기시대를 이어 한반도에서는 기원전 10세기경에, 만주 지역에서는 이보다 앞서는 기원전 15~13세기경에 청동기시대가 전개되었다.", "족장 사회에서 가장 먼저 국가로 발전한 것은 고조선이었다. 『삼국유사』의 기록에 따르면 고조선은 단군왕검이 건국했다고 한다(B.C. 2333)." 이 교과서에서도 만주 지역의 청동기 연대를 서기전 15~13세기경으로 기술한 것과 『삼국유사』라는 책명을 덧붙인 것 외에는 바뀐 것이 없다. 그리고 여전히 '~고 한다'는 표현을 씀으로써 집필자들은 단군이 건국했다는 사실을 믿지 않는다고 말하고 있는 것이다.

2007년에 편찬한 국정 국사 교과서는 '청동기의 보급'이라는 항목에서 조금 더 전향적으로 서술했다.

> 신석기시대 말인 기원전 2000년경에 중국의 요령(랴오닝), 러시아의 아무르 강과 연해주 지역에서 들어온 덧띠새김무늬

토기 문화가 앞선 빗살무늬 토기 문화와 약 500년간 공존하다가 점차 청동기시대로 넘어간다. 이때가 기원전 2000년경에서 기원전 1500년경으로, 한반도 청동기시대가 본격화된다. 고인돌도 이 무렵부터 나타나 한반도의 토착 사회를 이루게 된다.

_국정 국사 교과서, 2007, 27쪽

이때 처음으로 서기전 '2000년경'이라는 표현이 등장한다. 이는 집필자들이 자의로 덧붙인 말이 아니라 중국 요령성의 홍산문화 등에서 서기전 20세기 이전의 청동기가 출토된 사실을 기재한 것이다.

같은 교과서의 32쪽에는 "족장 사회에서 가장 먼저 국가로 발전한 것은 고조선이다. 『삼국유사』와 『동국통감』의 기록에 따르면 단군왕검이 고조선을 건국하였다(기원전 2333)."라고 서술했다. 2007년에야 비로소 '~고 한다'는 인용식 말투가 '~하였다'로 수정되었다. 집필자가 그렇게 인식하고 있다는 직접적 서술로 바뀐 것이다.

그런데 이해할 수 없는 일이 발생했다. 이러한 변화는 긍정적으로 보도해도 모자랄 일인데 대한민국 대다수 언론들이 진보, 보수의 구분 없이 한꺼번에 비판하고 나선 것이다. 한국 사회의 막강한 식민사학 카르텔이 작동한 결과이다. '~고 한다'는 인용식 표현이 문제가 된 것은 2006년이었다. 필자는 『고조선은 대륙의 지배자였다』(역사의아침, 2006)를 출간했는데 그중 「국사 교과서는 고조선을 어떻게 가르치나?」의 '국사 교과서에 단군조선은 없다'는 항목에서 '~고 한다'는 서술 방식을 강하게 비판한 것이 계기가 되었다. 그때 국회를 비롯한 여러 곳에서 이런 서술 방식에 문제를 제기하여 '~고 한다'라는 석 자가 빠졌다는 이야기를 나중에 들었다. 그런데 이번 국회 동북아특위에서 정문헌 의원이 이 문제를 언급했다.

> 제가 17대 국회 때 우리 국사 교과서가 그렇게 돼 있었습니다. '기원전 2333년에 『동국통감』, 『삼국유사』에 의하면 단군왕검이 고조선을 건국하였다고 한다.' 우리 정사들을 인용하면서 우리 할아버지가 하신 말씀을 못 믿겠다는 얘기밖에 더 됩니까? 그것을 '하였다'로 고치는 데 저항이 이루 다 말로 할 수 없었습니다.

그 당시 국회의원들이 문제를 제기했다는 이야기는 들었지만 누군지는 알지 못했고, 알아볼 생각도 하지 못했는데 뒤늦게 정문헌 의원이었다는 사실을 알게 되었다. 정문헌 의원 말대로 '건국했다고 한다'를 '건국하였다'로 고치는 데 저항이 이루 다 말할 수 없을 정도였다. 일제 강점기 때 조선총독부 학무국에서 편찬하는 국사 교과서도 아니고 21세기의 대한민국 교육부에서 편찬하는 국사 교과서에서 "단군왕검이 고조선을 건국하였다."라고 쓴 것이 도대체 왜 대한민국 언론에게 칭찬 대신 비판을 받아야 하는 걸까?

한가람역사문화연구소 연구진들은 식민사학과 20여 년 가까이 맞서오는 동안 대한민국 사회에서 식민사학을 계속 건재하게 하는 주요 기구 중의 하나가 식민사학, 즉 '매국사학과 언론의 카르텔'임을 무수히 확인했다. 물론 언론인들 중에는 자신이 매국사학에 동조하는 것인지도 모르고 기사를 쓰는 경우가 적지 않을 것이다. 역사 문제가 불거질 때마다 이른바 주류 학자들의 멘트를 따다 보니 결과적으로 매국사학을 옹호하는 기사를 쓰게 된 경우도 많을 것이다. 그러나 몇몇 언론과 기자들은 식민사학에 대한 확신을 가지고 또는 '식민사학 카르텔의 이익'을 옹호하는 차원에서 기사를 써왔다는 사실도 잘 알고 있다.

2007년에 개정된 국정 국사 교과서에서 '~고 한다'는 표현을 삭제한 것을 두고 '역사적 사실과 어긋난다'며 언론이 비판하도록 부추긴 인물들은 물론 매국사학자들이다. 하긴 풍납토성이 『삼국사기』 초기 기록대로 서기전 1세기에 건립되기 시작했음을 말해주는 발굴 결과까지도 마음대로 뒤집는 것이 매국사학자들이다(『우리 안의 식민사관』, 355~369쪽 참조). 물론 발굴 결과를 뒤집는 매국 발굴도 국민 세금으로 진행되었다. 이들은 결코 매국사학을 그만두지 않는다.

2007년에 개정된 국정 국사 교과서의 전향적 서술이 도로에 그쳤음을 말해주는 물증이 바로 『동북아역사지도』의 「한반도와 만주의 청동기문화와 전기 고조선 기원전 1000~281년」 도엽[91쪽 지도 9]이다. 이것은 『동북아역사지도』 「한국편」의 두 번째 도엽이다. 첫 도엽은 「한반도와 만주의 신석기문화」인데 연대가 적혀 있지 않다. 그러니 이 지도가 연대가 적힌 첫 번째 도엽이다.

여기서 '전기 고조선'이라는 표현의 의미를 생각해보자. '전기 고조선'이라는 표현에는 고조선의 가장 앞선 시기라는 의미가 담겨 있다. 그런데 그 시기를 '기원전 1000~281년'이라고 했다. 서기전 24세기에 건국했던 단군조선은 자연히 지워져버렸다. 이렇게 표현하는 이유는 물론 『삼국유사』에서 일연이 단군의 건국 연대를 서기전 24세기라고 말한 것을 부정하기 위해서다. 이날 동북아특위에서 김세연 위원장도 이 문제를 언급했다.

> 고조선 건국 시점을 국사편찬위원회도 공식적으로 기원전 2333년으로 보고요, 또 『동국통감』, 『제왕운기』 등의 근거에 의해 고조선의 건국 시점은 이미 명확히 정립되어 있는데도 발간 예정으로 있던 300개 도엽에 이 부분이 들어 있지 않습니다. 즉 기원전 1000년부터 281년이 최초 연대 구분으로 들어갑니다. 무슨 뜻이냐면 동북아역사재단에서 우리 국사에 확립되어 있는 고조선 건국 기점의 앞부분인 1,300년을 잘라먹은 겁니다. 어떻게 이런 일이 있을 수 있는지 ……

연대를 표기한 첫 번째 도엽의 시기를 '기원전 1000~281년'으로 적시함으로써 1,300년간의 한국사를 잘라먹었다는 비판이다. 이 비판에 대해 임기환은 이렇게 변명했다.

> 고조선 건국 2333년 기년 문제에 있어서 저희 지도에 반영하는 문제의 검토가 되어 있습니다. 이 지도 앞에 청동기시대에 대한 유적분포지도가 사실은 마련될 예정입니다. 청동기시대 자료 정리가 조금 불비한 부분이 있어서 현재 지도로 제공해 드리지 못했습니다.

2008년부터 2015년까지 8년 동안 무엇을 했기에 지금껏 고조선 건국 사실도 지도에 반영하지 못했다는 말인가? 자그마치 13차례나 1박 2일로 개최했다는 자문회의에서는 무엇하고 있다가 지금 국회의원의 지적을 받고 나서야 문제의 검토가 되어 있다고 변명한단 말인가? 이 변명이 거짓말이라는 사실은 임기환도 알고 김세연 의원도 안다. 「한반도와 만주의 청동기문화와 전기 고조선 기원전 1000~281년」 도엽[91쪽 지도 9]은 단군조선을 『동북아역사지도』에서 의도적으로 지워버렸다는 것을 말해주는 증거이다. 한국고대역사지리 7차 토론회에서 "동아시아문화지도를 제시해서 고조선의 특별성을 약화시키자."라고 말한 것이 그대로 실현된 것이다.

한국사에서 단군을 지우기 위해 혈안이 되었던 것은 일본 제국주의자들이었다. 1894년 도쿄제국대 교수 시라토리 구라키치白鳥庫吉가 군부의 사주를 받고 「단군고檀君考」를 쓰면서 '단군 사적史籍은 한국 불교 설화에 근거해서 만든 가공의 선담禪談'이라고 주장한 것을 필두로 나카 미치요那珂通世와 조선사편수회의 이마니시 류今西龍 등이 단군을 부정하는 일에 가세했다.

사대주의 유학자들도 중국 은殷나라에서 왔다는 기자箕子를 받들었지만 단군을 부정하지는 않았다. 그러나 일제는 한국 점령 직후부터 단군을 지워버리기 위해 광분했다. 단군을 한국사에서 지워야만 한국을 영구히 식민통치할 수 있기 때문이었다. 한국인들이 단군을 공통의 시조로 모시는 한민족이라는 의식을 갖고 있는 한 일본은 한국인의 정신세계를 지배할 수 없게 되어 있다.

같은 논리로 일제와 맞서 싸웠던 독립운동가들은 모두 단군을 민족의 시조로 존숭했다. 일제가 대한제국을 점령했을 때 이에 맞서 가장 치열하게 싸웠던 조직이 '대종교大倧敎'였는데, 대종교는 '단군교'라고도 불린다. 1909년 1월 15일 나철羅喆이 중광重光했는데, 중광이라는 말은 나철이 새로 만든 것이 아니라 기존에 있던 것을 중흥시켰다는 뜻이다.

현재 한국 개신교 일부에서 단군을 부정적으로 보는 것은 한국 기독교가 갖고 있던 민족종교적 성격에서 크게 일탈한 것이다. 일례로 일제의 '재간도間島 총영사'가 외무대신에게 보낸 기밀 제 170호의 제목은 「김규식의 대종교 진흥책에 관한 건」(1922)이다. 김규식은 미국 북장로교 선교사 언더우드(Horace G. Underwood)에게 입양되어 자연스레 기독교도가 되었다. 그후 미국 버지니아 주에 있는 로어노크대학(Roanoke College)과, 프린스턴대학원을 마친 다음 귀국해 언더우드 목사를 도와 선교사업을 펼쳤으니 기독교 선교사라고 해도 과언이 아니었다. 그러나 이런 김규식의 머릿속에서 기독교는 대종교와 충돌하지 않았다. 그는 기독교도이자 대종교도였다. 초기 한국 독립운동을 이끌었던 헤이그 밀사의 주역 이상설도 대종교인이자 기독교인이었다. 대종교는 민족의 시조를 존숭하는 것이기 때문에 기독교와 양립할 수 있었다.

현재 일부 한국인들이 단군이라는 어휘에 부정적인 느낌을 갖는 것은 일제 강점기는 물론, 해방 이후까지 100년이 넘는 세월 동안 식민사학자들에게 끊임없이 세뇌를 당해왔기 때문이다. 독립전쟁기, 즉 일제 강점기 때는 조선총독부 조선사편수회가, 지금은 그 후예들인 한국인 식민사학자, 즉 매국사학자들이 끊임없이 단군을 비하한 결과 일부 한국인들의 의식 속에는 자신도 모르게 단군에 대한 부정적 인식이 자리 잡게 된 것이다.

그러나 독립전쟁기 때 대종교는 일제와 가장 치열하게 싸운 민족종교였다. 그 결과 국내는 물론 만주에서도 일제의 집중적인 탄압을 받아 절멸되다시피 했고, 지금은 명맥만 겨우 남아 있다. 대종교를 회복시키는 것은 대한민국의 주요한 과제이기도 하다. 해방 후에도 반공 체제에 기생해 국내의 학문권력을 장악한 식민사학자들은 독립운동사 말살 차원에서 대종교는 물론 대종교인들이 행했던 모든 항일투쟁사를 지워버렸다. 그 결과 대한민국 사람 대다수는 청산리대첩의 주역인 서일·김좌진의 북로군정서가 대종교에서 만든 군대였다는 사실조차 모르게 되었다. 일제가 혹독하게 탄압해 대종교의 실체를 거의 폐교시켰다면, 해방 후 식민사학자들은 대종교의 역사를 아예 지워버렸다. 또한 국내의 일부 진보적 인사들까지도, 일제 식민사학이 조선총독부 사관을 계속 유지하기 위해 단군을 부정하고 폄하한 것을 간파하지 못하고 각종 카르텔에 갇혀 동조한 결과 단군은 갈 곳이 없게 되었다.

그렇게 한국사 속에서 단군을 '지운' 지도가 현재의 『동북아역사지도』인 것이다. 편찬위원회에서 "고조선의 특별성을 약화시키자."라고 결의했다는 것은 일제 식민통치술이 지금도 정확하게 이어지고 있다는 사실을 말해주고 있다. 그러나 국내에서도 경기도 양평의 고인돌 유적과 전라남도 영암군 거주지 유적이 방사성탄소연대측정 결과 서기전 24세기 이전의 것으로 밝혀짐으로써 청동기시대의 상한년을 근거로 고조선의 건국 연대를 서기전 10세기로 본 논리는 이미 무너졌다. 단지 매국사학자들이 이런 사실을 받아들이기를 거부하고 있을 뿐이다. 그런 인물들이 만든 지도, '전기 고조선 기원전 1000~281년'이라고 연대를 표기한 이 도엽[91쪽 지도 9]은 한마디로 단군조선을 부인하기 위한 지도인 것이다.

기자조선은 있었는가 없었는가?

『동북아역사지도』에는 자신의 관점을 감추거나 모호하게 희석시킨 부분이 너무나 많다. 도엽에 네모 상자를 만들어서 글로 설명을 해줘야 하는데, 이런 설명이 너무 부족하다. 글로 설명하면 자신들의 관점이 드러나기 때문에 은폐하려고 했을 것이다.

고조선의 계통은 흔히 '단군조선→기자조선→위만조선'으로 표현된다. 「한반도와 만주의 청동기문화와 전기 고조선 기원전 1000~281년」 도엽[91쪽 지도 9]이 단군조선을 부인한 것은 확실한데, 그러면 기자조선과 위만조선은 인정하고 있을까? 위만조선은 서기전 2세기 말경에 수립되기 때문에 이 도엽은 위만조선을 그린 건 아니다. 그럼 기자조선을 그려놓은 것인가? 그런 것 같지도 않다. 기자가 실존했다는 것인지 아닌지도 불분명하다.

먼저 기자에 대해 간략하게 살펴보자. 기자는 은나라의 마지막 임금 주왕紂王의 숙부였다. 상商나라라고도 불렸던 은나라는 동이족 국가였다. 은나라가 동이족이었다는 사실이 점차 드러나자 식민사학이 또 다시 발목 잡기에 나섰다. 동이족의 역사는 한국사와 아무런 관련이 없다는 식민사관 논리를 전파시키고 있는 것이다. 식민사학, 즉 매국사학은 한국사의 시공간時空間이 조금이라도 길어지거나 넓어지는 것을 눈 뜨고 못 본다는 사실을 늘 인식하면서 이들의 동태를 주시해야 한다.

기자는 주왕의 폭정에 항의하다 받아들여지지 않자 미친 척해서 유폐되었다. 그 후 은나라의 신하이자 제후국이었던 주周나라 무왕武王이 은나라 주왕을 시해했다. 이로써 은나라는 멸망하고 주나라 천하가 시작되었다. 주 무왕이 기자를 유폐에서 석방시켜주었지만 기자는 '나는 은나라 신하이니 주나라 무왕을 섬길 수 없다'면서 주나라 사람이 되기를 거부하고 동쪽 조선으로 갔다. 역시 동이족 국가였던 고죽국孤竹國의 백이伯夷·숙제叔弟 형제가 주나라의 신하가 될 수 없다면서 수양산에 들어가 채소만 캐 먹다 굶어죽은 사건과 마찬가지 맥락이다. 기자나 백이·숙제는 모두 동이족 출신들이었다. 이들의 선택에는 동이족 국가인 은나라를 무너뜨린 주나라를 섬길 수 없다는 명분론이 내재되어 있는 것이다.

『사기』「송미자세가宋微子世家」는 "주 무왕이 기자를 조선朝鮮에 봉했지만 신하는 아니었다."라고 서술하고 있는데, 이때가 서기전 12세기 무렵이었다. 여기서 '신하는 아니었다而不臣也'는 말은 무슨 뜻일까? 주 무왕이 형식상 기자를 조선에 봉했지만 주나라의 영향력이 직접 미치는 지역이 아니라는 뜻이다.

후대에 이 기사를 두고 여러 설說들이 나타난다. 당초에는 기자의 활동지를 지금의 중국 하남성河南省 일대에서 찾았다. 그런데 고려 중후기 이후 유학이 유입되면서 고려의 유학자들이 기자가 동쪽으로 와서 왕이 되었다는 '기자동래설箕子東來說'을 신봉하게 되었고, 기자가 온 조선을 평양이라고 생각하면서 문제가 꼬이기 시작했다. 이처럼 중화 사대주의 사상이 성행하면서 고려 후기의 유학자들이 기자를 평양으로 끌어들였고, 평양에 기자묘와 사당을 만들고 기자가 농사를 시범했다는 기자정전箕子井田도 만들었다. 그러나 기자는 서기전 12세기 때 인물인데 고려 말기 유학자들이 평양에 기자의 사당과 무덤을 만든 것은 서기 14세기 무렵이다. 기자가 세상을 떠난 후 무려 2,600여 년 후에 평양에 무덤과 사당이 생긴 것이다. 그러니 평양에 있는 기자의 무덤이 실제 기자의 무덤일 수 없다는 것은 말할 필요도 없다.

문제는 매국사학이 자신들의 정체가 드러나면서 입지가 좁아지자 근래 들어 고려와 조선의 유학자들을 끌어들이고 있다는 것이다. 조선총독부 사관을 그대로 추종하고 있다는 비판이 거세지자 조선총독부만 그렇게 본 것이 아니라 고려, 조선의 유학자들도 그렇게 봤다는 우회전술을 쓰는 것이다. 그러나 서기전 12세기 때 인물을 2,600여 년 후인 서기 14세기에 평양으로 끌어들였다는 말은 절대 하지 않는다. 고려, 조선의 유학자들이 단군을 부인한 것은 아니라는 사실도 절대 말하지 않는다. 고려, 조선의 유학자들은 대체로 '단군조선→기자조선→위만조선'이라는 고조선의 계통을 세웠다. 다만 기자의 무덤을 평양으로 끌어들이면서 많은 혼선이 발생했던 것이다.

그러면 실제 기자의 무덤은 어디에 있을까? 『사기』「송미자세가」 주석에는 두예(杜預: 222~285)가 "양국梁國 몽현蒙縣에 기자의 무덤이 있다."고 말했다는 구절이 있다. 두예는 기자의 무덤이 평양에 생기기 1천 년 전쯤의 사람으로, 서진의 정치가이자 군사가이며 학자였다. 동북공정을 말해주는 담기양의 『중국역사지도집』은 소수 민족들의 지역은 심하게 왜곡한 반면 한족漢族들이 주로 거주했던 지역은 대체로 사실에 부합하게 그려놓았다. 『중국역사지도집』은 기자의 무덤이 있다는 양나라 몽현을 지금의 어디로 비정하고 있을까? 『중국역사지도집』 제3권 「서진西晋 연주兗州 예주豫州」 도엽[106쪽 지도 10 참조]에 따르면 서진시대의 양나라는 현재의 하남성 동부 상구商丘시 부근인데, 그 조금 동북쪽에 몽현이 있다. 상구는 글자 그대로 상나라 언덕이라는 뜻인데 은나라를 '상나라'라고도 불렀으니 은나라 언덕이라는 뜻이다. 따라서 이곳에 기자의 무덤이 있다는 두예의 설명이, 아무런 근거도 없이 사대주의 사상에 따라 평양에 기자묘를 세운 고려 말 유학자들의 행위보다는 훨씬 설득력이 있다.

현재 한국의 식민사학에서 금과옥조로 여기는 『수경주水經注』에도 기자의 무덤에 대한 설명이 나온다. 『수경주』는 "두예가 말하기를, '양국 몽현 북쪽에 박벌성薄伐城이 있는데, 성 안에는 성탕成湯의 무덤이 있고, 그 서쪽에 기자의 무덤이 있다'고 말했다."라고 전하고 있다. 성탕은 은나라 탕임금을 뜻하니 은나라 탕임금과 은나라 기자가 가까운 곳에 묻혔다는 『사기』 「송미자세가」 주석과 『수경주』의 논리는 일관성이 있다. 평양이 아닌 것은 말할 것도 없다.

일제 강점기 때 일본인 식민사학자들은 평양에 왔다는 기자의 존재를 인정할 것인지를 두고 고민을 했다. 그러다가 무왕이 기자를 조선에 봉했다는 기록이 불합리하다는 결론을 내렸다. 왜 그랬을

지도 10 『중국역사지도집』「서진 연주 예주」

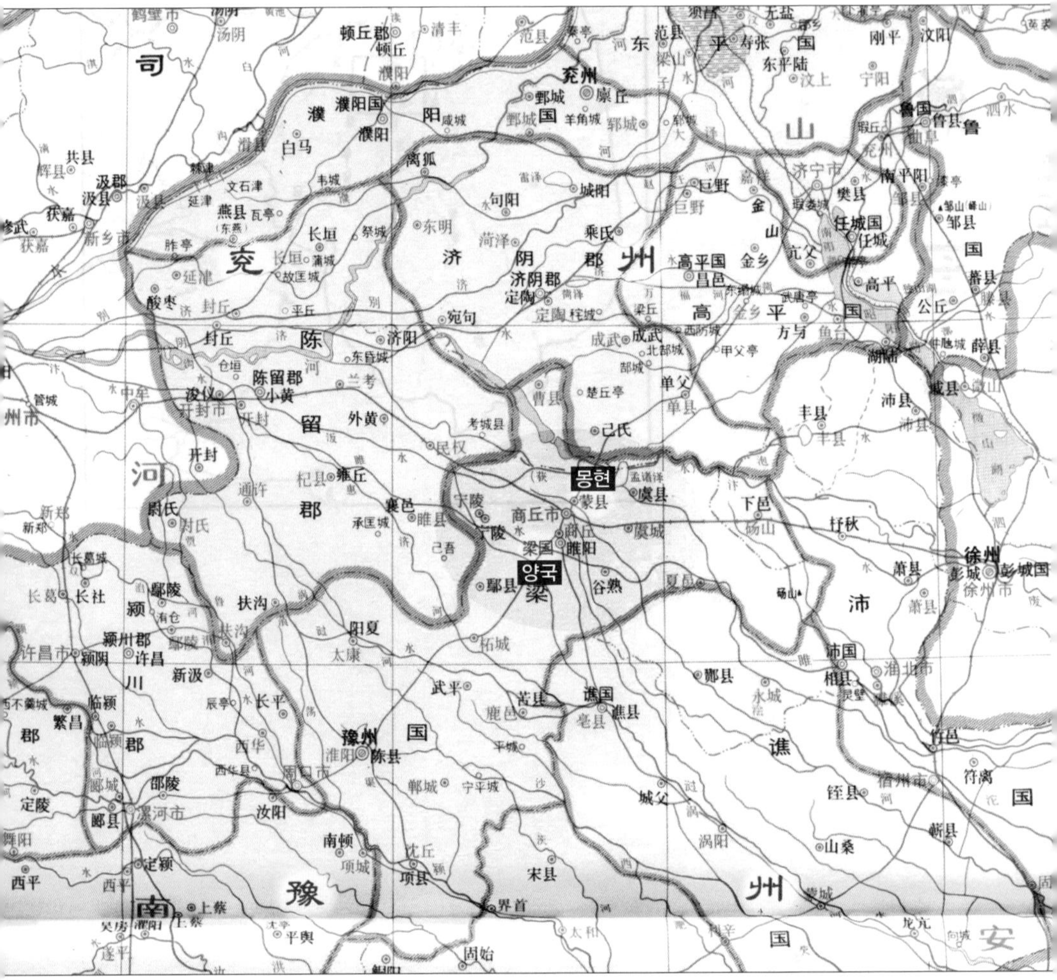

『사기』 주석에서 기자의 무덤이 있다고 말한 하남성 양국 몽현.

까? 중국 은나라에서 왔다는 기자를 인정하면 중국이 조선의 종주국이 된다고 생각했던 것이다. 다시 말해 일본인을 한국인의 조상으로 삼으려는 의도가 무산되기 때문이었다. 그래서 시라토리 구라키치, 나카 미치요, 이마니시 류 등 단군을 가공의 인물로 만들었던 식민사학 라인이 다시 가동해서 기자동래설을 부인했고, 이병도가 이런 일본인 스승들의 견해를 추종해 기자동래설을 부인했다. 이병도의 견해를 알아보는 것은 간단하다. 조선총독부 조선사편수회에서 무엇이라고 했는지를 보면 된다.

그런데 '전기 고조선 기원전 1000~281년'이라고 한 '전기'는 기자조선을 말하는 것인지 아닌지 아무 설명이 없다. 식민사학의 주장들을 살피다 보면 살해당한 사람은 있지만 살인범은 없는 희한한 현상이 드물지 않은데 이것도 그런 경우이다.

동북아역사재단은 대한민국의 제5열인가?

일제 식민사학에게 고조선은 지워버려야 할 역사였다. 그래서 단군을 가공의 인물로 만들고, 기자동래설을 부인했다. 그러니 자연히 위만조선만 남았는데, 기자동래설을 부인하면 위만조선은 만주 서쪽에 있어야 했다. 그러나 기자가 평양으로 왔다는 사실은 부인하면서도 위만조선의 수도는 평양으로 만들어 위만조선의 강역을 평안남도 일대로 국한시켰다. 해방 후에도 조선총독부 관점만을 추종했던 매국사학은 국사 교과서에서 위만조선만을 역사적 사실로 인정하면서 그 강역을 평안남도 일대로 국한시켜 서술해왔다. 고조선은 평안남도 일대에 있다가 그곳에서 망한 나라라는 반도사관의 논리였다. 물론 그때도 '연나라 진개가 고조선을 공격해서 2천 리 땅을 빼앗았다는 기사를 보면 고조선이 만주에도 있었던 것 아니냐'는 의문이 제기되었다. 만주 각지에서 출토되는 고조선 유물도 마찬가지 의문을 갖게 했다. 그러나 위만조선이 평안남도 일대에 있다가 망했다는 반도사관의 논리를 변경하지는 않았다.

그런데 해방 이후 내몽골과 하북성 일대를 포함한 만주 각지에서 고조선 관련 유적·유물이 쏟아져 나오자 매국사학은 고민에 빠지지 않을 수 없었다. 고조선이 만주 서쪽에도 있었다는 사실을 인정하지 않을 수 없게 된 것이다. 이 모순을 해결하기 위해 이른바 '고조선 중심지 이동설'이라는 것을 만들어냈다. 고조선 중심지, 즉 도읍지가 요동에 있다가 평양으로 이동해서 망했다는 것이었다. 『우리 안의 식민사관』에서도 말했듯이 식민사관은 이런 저런 변종이론을 만들어내지만 결론은 변하지 않는다. 식민사학의 결론은 고조선이 평양에서 망했고, 그 자리에 한사군이 들어섰다는 것이다. 역시 결론은 '식민사학은 영원'하며, '조선총독부는 영원히 우리의 정신세계를 지배하고 계신다'는 것이다.

그런데 식민사학의 논리 대부분이 그랬듯이 '고조선 중심지 이동설'도 아무런 1차 사료적 근거가 없다. 그저 이들의 머릿속에서 나온 가공의 상상일 뿐이다. 그러나 '고조선 중심지 이동설'이 아무런 가치도 없는 것은 아니다. '한때는 고조선이 요동에도 있었다'는 사실은 인정한 것이기 때문이다. '고조선 중심지 이동설' 자체는 개연성 없는 삼류 공상소설이지만 그 내용 중에는 고조선이 요동에 있었다는 역사적 사실을 일부 담고 있다. 식민사학도 그만큼 고조선 강역이 만주 서쪽에도 있었다는 사실을 인정하지 않을 수 없게 된 것이다. 「한반도와 만주의 청동기문화와 전기 고조선 기원전 1000~281년」 도엽[91쪽 지도 9]에서 만주 서쪽 일부까지 붉은 점선으로 표시해 놓은 것은 이 때문이다.

그러나 이 도엽 역시 식민사학의 이중성을 그대로 드러낸다. 이 도엽은 검은 실선과 붉은 점선으로 지역을 각각 구분해놓았다. 그런데 검은 실선과 붉은 점선을 왜 구분해놓았는지 설명이 없다. 지금의 요하 일대까지 검은 실선으로 표기해놓고 고조선이라고 쓴 것을 봐서 검은 실선을 고조선 강역이라고 그려놓은 듯하다. 그런데 붉은 점선은 '고조선 관련 문화'라고 모호하게 설명해놓았다. 과거 평안남도 일대에 국한시켜놓았던 고조선 강역을 요하 유역까지 넓힌 것이 그나마 다행이다. 그리고 요하 서쪽에도 모호한 용어이긴 하지만 '고조선 관련 문화'라고 '고조선'이라는 말이 들어간 것 자체가 다행이다. 이 일대에서 고조선 관련 유적·유물이 쏟아져 나오니 어쩔 수 없었던 것이다. 그런데 '고조선 관련 문화'라는 말은 무슨 뜻인가? 고조선 강역이라는 말인가 아니라는 말인가? '고조선 관련 문화'라고 표기한 지역은 연나라의 강역인가 고조선의 강역인가? 앞서 인용했듯이 단군조선을 배제했다는 비판에 대해 임기환은 이렇게 답변했다.

고조선 건국 2333년 기년 문제에 있어서 저희 지도에 반영하는 문제의 검토가 되어 있습니다. 이 지도 앞에 청동기시대에 대한 유적분포지도가 사실은 마련될 예정입니다. 청동기시대 자료 정리가 조금 불비한 부분이 있어서 현재 지도로 제공해 드리지 못했습니다. 곧 그것은 현재 데이터가 다 구비돼 가지고 지도 제작 점을 찍고 하는 작업을 진행 중에 있습니다.

임기환이 자신이 하는 말의 뜻을 얼마나 이해하고 있는지 모르겠지만, 사실은 이 붉은 점선의 '안팎'만 제대로 이해해도 이 문제는 자연히 해결된다. 그 붉은 점선 안에 홍산문화가 포함되어 있기 때문이다. 홍산문화란 넓게 보면 중국 내몽골 적봉시를 중심으로 그 주변 일대에 광범위하게 걸쳐 있는 여러 신석기문화와 청동기문화를 통칭하는 명칭이다. 홍산문화는 중국의 황하문명黃河文明과는 다른 동이족 문명이라는 점이 무엇보다 중요하다. 고조선사와 관련해 직접적으로 중요한 것은 적봉시 하가점 일대의 하가점문화다. 하가점문화는 상층上層문화와 하층下層문화로 구분된다. 하가점 상층 문화는 서기전 10세기~서기전 3세기 무렵의 유적으로서 비파형 동검을 비롯해 많은 청동 유물이 출토되었다. 송호정은 "요서는 산융이나 동호의 거주 지역으로 보아야 한다."라고 우겨대지만 지금의 요서 지역에 있는 하가점 상층 문화는 고조선의 유적·유물이라는 것이 고고학적으로도 입증되었다. 하가점 상층 문화의 유적·유물이 출토되는 지역은 의심할 바 없는 고조선 강역이라는 뜻이다.

필자를 비판하는 희한한 논리 중의 하나가 다른 사람의 영역까지 손댄다는 말이다. 조선총독부가 만들어 놓은 학제라는 칸막이를 왜 지키지 않느냐는 뜻이다. 이른바 학문 선진국들에서는 보통 전공이 두세 개씩이라는 사실은 접어두자. 문제는 학제라는 칸막이를 장악한 이들이 대부분 식민사학자들이다 보니 일단 이들의 연구 결과를 신뢰할 수가 없다는 데 있다. 국내 학자들이 '비파형 동검 등이 출토된 하가점 상층 문화 지역은 고조선 강역'이라고 정리해주었다면 필자도 고생하면서 국내외의 여러 책들과 논문들을 뒤적이지 않을 것이다. 그러나 송호정의 '요서는 산융, 동호의 거주 지역'이라는 말에서 알 수 있는 것처럼 이들은 무슨 수를 써서라도 한국사의 시공간을 축소하는 데 혈안이 되어 있다. 그러니 이에 맞서는 사람들은 여러 서적을 뒤지면서 진실을 알아갈 수밖에 없다. 그렇다고 근거도 없이 무조건 한국사의 강역으로 포함시키지는 않는다. 허술한 논리는 허술하게 무너지기 때문이다.

홍산문화의 하가점 상층 문화는 명백하게 고조선 문화이다. 그런데 『동북아역사지도』의 「한반도와 만주의 청동기문화와 전기 고조선 기원전 1000~281년」 도엽[91쪽 지도 9]은 '홍산문화'라는 말 자체를 누락시켰다. 대신 푸른 점 몇 군데를 표시하고 그 부분을 '하가점 상층 문화'라고 설명했다. 고조선 관련 문화라는 애매한 표현만 있을 뿐 하가점 상층 문화 지역이 고조선 강역이라는 말인지 아니라는 말인지 아무런 설명이 없다.

하가점 상층 문화의 분포 지역은 요령성 서쪽 조양시 경내의 노노아호산努魯兒虎山부터 서쪽으로는 내몽골 적봉시 동북쪽의 극십극등기克什克騰旗 지역까지 이른다. 남쪽으로는 갈석산이 위치한 하북성의 연산산맥燕山山脈에 접하고 북쪽은 내몽골 시라무렌 강에 이르는 광범위한 문화다[89쪽 지도 8 참조]. 이 지역에서는 고조선식 동검이라고도 불리는 비파형 동검이 두루 출토되었고, 또한 용범鎔范, 즉 거푸집도 다수 출토되었다. 거푸집이 다수 출토되었다는 것은 이 지역이 고조선 강역임은 말할 것도 없고 고조선의 변방이 아니라 중심지역 중 하나라는 뜻이다.

하가점 상층 문화는 동북공정을 진행하는 중국에게도 큰 고민거리였다. 그래서 중국에서 하가점 상층 문화를 고조선과 단절시키기 위해 만든 논리가 바로 '이 문화는 고조선이 아니라 동호나 산융 같은 유목민족의 것'이라는 논리다. 이런 유목민족들이 기록을 남기지도 못했고, 지금 그를 계승한 국가도 없다는 점을 이용해 고조선 역사에 덮어씌운 것이다. 그런데 『동북아역사지도』를 만드는 편찬위원회의 한국 고대사 전문위원으로 있는 송호정은 자신의 저서에서 이렇게 말했다.

> 나는 또 요서 지방이 고조선의 영역이 될 수 없음을 답사하는 과정에서 조금씩 알게 됐다. 그것은 요서 지역의 작은 현 박물관에 쌓여 있는 비파형 동검과 많은 청동기 유물이 고조선의 것이라기보다는 그 일대에서 활동하던 유목민족의 유물과 함께 출토된 것임을 확인했기 때문이다.
>
> _ 송호정, 『단군, 만들어진 신화』, 산처럼, 2004, 82쪽

송호정이 말하는 유목민족이란 물론 '산융과 동호'를 뜻한다. 한마디로 중국 동북공정 논리를 그대로 추종하는 것이다. 이들은 어

떻게 대한민국에 유리한 역사관은 기를 쓰고 부인하면서 한국사를 말살하려는 일본이나 중국의 역사관은 기를 쓰고 추종하는지 정상적인 사고방식으로는 이해할 수 없다. 『우리 안의 식민사관』에서 이미 언급했지만 지금의 요서 지역에서 출토된 비파형 동검들에서 '메이드 인 동호', '메이드 인 산융'이라고 양각이나 음각된 명문이라도 나왔는가? 한자로 '동호제조東胡製造', '산융제조山戎製造'라고 찍혀 있기라도 했나?

지금의 요서 지역까지 고조선의 강역이었다는 사실이 송호정을 비롯한 편찬위원회 학자들에게는 왜 그렇게 뼈아픈 것인가? '고조선사 죽이기'에 학문 인생을 걸었으면 일본이나 중국에다 예산을 신청해서 지도를 만들지 왜 대한민국 예산을 갖다 쓰면서 반反대한민국 역사지도 그리기에 여념이 없는가? 그러니 사방에서 '양심이 있는가'라는 질문이 나오는 것이다.

요동, 요서를 따질 것도 없이 비파형 동검이 출토되는 곳은 고조선 강역이다. 그러나 앞에서 인용했듯이 「재단수시설명회 자료」의 '사업목표 2'에 따르면 결과적으로 '중화주의적 관점을 추종한 동북아역사지도'를 제작해 한국사의 강역을 중국사의 강역으로 둔갑시키고, 이를 대한민국 정부의 공식 의견으로 삼아서 서구를 비롯한 국제 학계에서 공인받고 이용을 확대하자는 것이 매국사학자들의 속셈이다. '국내 매국사학=중국 동북공정=일본 극우파 침략사관'이라는 악의 삼각편대가 서구를 비롯한 국제 학계까지 끌어들여서 한국사의 마지막 숨통까지 끊어놓으려는 것이 편찬위원회의 속뜻인 것이다.

이것은 한·중·일 삼각편대에 국제 학계까지 가세시켜 매국사학에 대한 비판을 봉쇄하겠다는 전략이다. 대한민국 정부에서 대한민국 국민의 세금으로 만든 지도로 식민사관, 매국사관을 국제적으로 공인받게 하겠다는 전략이다. 한반도 북부는 중국의 식민지였고, 한반도 남부는 일본의 식민지였으며, 독도는 한국 땅이 아니라는 식민사관, 매국사관이 전 세계에서 통용되는데 필자를 비롯해 매국사학에 반대하는 국내 일부 논자들의 비판이 무슨 힘을 쓰겠느냐는 전략이다.

담기양의 『중국역사지도집』 서문에서도 말했듯이 중국은 '현재의 중화인민공화국 영토 내에서 발생했던 모든 역사는 중국사'라는 논리로 국가의 명운을 걸고 대대적인 역사 왜곡에 나서고 있다. 현재 중국의 강역 중 한족의 전통적인 역사 강역은 37퍼센트 정도뿐이고 나머지 63퍼센트는 55개 소수민족의 강역이다. 중국 공산당은 이 55개 소수민족을 '중화민족中華民族'이라는 하나의 민족으로 묶는 '통일적 다민족국가 이론'을 만들어서 55개 소수민족의 역사를 중국사로 편입하는 방안을 추진해오고 있다. 이 경우 조선족도 당연히 중화민족의 범주에 들어간다. 이것은 1996~2000년의 '하상주단대공정夏商周斷代工程'에서 비롯되어 2002~2007년의 '동북공정' 등으로 이어졌다. 또한 2003년에 시작되어 현재까지 계속되고 있는 '중화문명탐원공정中華文明探源工程'으로도 이어지고 있다. 편찬위원회에서 만든 『동북아역사지도』는 중국의 이런 사업팀에서 만들었다고 하면 납득이 될 지도다.

2012년에는 중국 사회과학원 고고연구소와 오한기敖漢旗 박물관이

홍산문화를 합동 발굴하는 도중 흥륭구興隆溝 유적에서 5,300여 년 전의 것으로 추정되는 흙으로 만든 '도소남신상陶塑男神像'을 발견했다. 물론 동이족 유물이지만 중국에서는 '중화조신(中華祖神: 중화조상신)을 찾았다'고 대대적으로 홍보하면서 중국문명으로 편입시켰다.

중국은 한국의 식민사학계가 자신들을 추종하는 것을 알고 난 후 잔뜩 자신감이 붙어 수 문제, 수 양제의 고구려 침공을 통일전쟁이라고 주장하는 판이다. 동북아역사재단은 이런 역사전쟁의 최전선에 서라고 만든 조직이다.

그러나 동북아역사재단은 이미 대한민국의 제5열第五列이 된 지 오래다. 『시사상식사전』을 비롯한 여러 사전들은 제5열을 '적국에 있으면서 외부세력과 연동해 각종 모략활동을 하는 조직적인 무력집단으로, 간첩을 의미하기도 한다'라고 설명하고 있다. 1936년 스페인 내란 당시 파시스트 쪽 장군으로 마드리드 공략작전을 이끌었던 에밀리오 몰라가 "마드리드는 마드리드 내부에 있는 나의 제5부대에 의해 점령될 것이다"라고 말한 데서 비롯되었다. 전시는 물론 평시에도 적국 내부에 잠입해서 모략공작을 하는 간첩에 대해서도 제5열이라고 한다. 동북아역사재단은 대한민국 정부의 제5열인가, 아닌가? 동북아역사재단은 하버드대 한국학연구소에 국고 10억 원을 상납해 '한국 고대사 프로젝트'를 진행하면서 북한 강역을 중국에 넘겼다. 이 매국사건에 대해서 이사장은 어떤 조치를 취했으며, 지금의 『동북아역사지도』 사태에 대해서는 어떤 조치를 취했나? 동북아역사재단이 최소한 겉으로는 대한민국 정부 소속이라는 사실을 알기는 하는가? 모르고 그런다면 무식해서 그렇다고 하겠지만 알고도 그런다면 그건 제5열임이 틀림없지 않은가.

김학준이 이끄는 동북아역사재단이 이처럼 반복적으로 매국 행위를 하는 데는 믿는 구석이 있기 때문이다. 2014년의 하버드대 사태에 분개한 한국 사회의 저명한 인사들과 시민들이 '식민사학 해체 국민운동본부'를 결성하고 2014년 4월 22일 감사원에 동북아역사재단에 대한 공익감사를 청구했다. 재단이 설립취지에 반反해서 대한민국의 국익을 지속적으로 해치는 행위를 감사해달라는 청구였다. 무려 9개월 만인 2015년 1월 22일 나온 감사 결과는 식민사학자들의 든든한 뒷배 중 하나가 감사원이라는 사실을 적나라하게 말해주었다.

감사원은 '감사 배경'에 "2006년 설립 이후 중국 동북공정의 핵심 논리가 잘못되었다는 논문이나 연구보고서를 내지 않았을 뿐 아니라 2013년에는 한강 이북이 중국의 식민지였다는 주제의 영문 책자(『The Han Commanderies in Early Korean History』)를 발간하는 등 재단의 설립 취지와 배치되는 활동으로 예산을 낭비하고 있다며 공익감사 청구를 제기함에 따라 감사원에서 이번 감사를 하였다."라고 썼다. 그래 놓고는 그다음 항목인 '감사 중점'에서는 "동북아역사재단에서 식민사관과 동북공정에 부응하는 활동을 하고 있다는 감사 청구 내용에 대해서는 역사학계 등에서 논의할 사항이고 감사 대상으로 하기에는 적절하지 않다고 보아 감사 중점에서 제외하였다."라고 면죄부를 주었다.

이때 동북아역사재단 안에서 대한민국 편에 서 있는 극소수 인사들은 극도로 위축된 반면 재단 안의 매국 세력들은 '드디어 감사원이 정의의 편에 섰다'며 환호했다는 이야기를 들었다. 이들은 매국을 정의로 생각하는 확신범들이다. 필자는 칼럼에서 이 사실을 들어 감사원을 비판했다.

> …… 이러니 감사원 공문의 표어인 '바른 감사, 바른 나라'가 헛웃음을 짓게 만드는 것이다. 9개월의 장구한 기간 동안 감사원은 단 한 번도 국민운동본부 측 학자들의 견해를 청취하려는 시늉도 한 적이 없었다. 국민운동본부는 감사원이 시일을 질질 끄는 것을 보고 이런 결론을 우려해서 "공익청구자들이 원하는 것은 정책감사이지 사소한 예산감사가 아니다."라는 공문을 두 번이나 보냈다. 그러나 감사원은 자신들의 소속이 중국인지 한국인지 알지 못한다는 듯이, 또는 국민운동본부에서 보낸 각종 공문과 서적은 읽지도 않았다는 듯이 식민사관의 수호신을 자처하고 나섰다. 대한민국 국민들의 세금이 대한민국의 국익에 반해서 사용된 것을 감사해 달라는 청구가 감사원에게는 그리도 과한 요구였는가? 매국노를 옹호하는 자체가 매국 행위가 아니고 무엇이겠는가? 동북아역사재단이 대놓고 매국·매사 행위를 자행하는 이유가 감사원은 자신들의 편이라는 믿음이 있었기 때문이 아니겠는가? 국민운동본부 또한 감사원의 이런 행태를 뻔히 예상했기에 "공익청구자들이 원하는 것은 정책감사이지 사소한 예산감사가 아니다."라는 공문을 두 번씩이나 보내지 않았겠는가? 동북아역사재단과 감사원은 자신들이 대한민국 정부 소

속인지 총독부 소속인지도 구분하지 못하는 기관이라고밖에 달리 무엇이라 표현하겠는가?

_이덕일, 「광복 70주년, 우리는 과연 해방되었는가」, 『책과 삶』, 2015년 3월호

감사원이 2014년에 동북아역사재단에 대한 대대적인 정책감사를 실시해서 잘못된 방향을 강하게 비판했다면 지금의 『동북아역사지도』 사태는 없었을까? 어쨌든 감사원이 식민사학, 매국사학의 수호신이라는 사실이 드러났으니 이제 매국사학을 비판하고 대한민국의 국익을 지키려는 학자들은 어디로 가야 할까? '대한민국은 더 이상 희망이 없다'고 선언하고 이민이라도 가야 하나? 식민사학 카르텔이 대한민국 정·관·재계 및 언론계에 깊게 뿌리를 내리고 있다는 말이 과장이 아니라는 사실을 감사원은 여실히 증명해보였다. 그리고 이제는 여기에 검찰이 가세할 채비를 갖추고 있다.

하가점 상층 문화는 고조선 문화다. 고조선식 동검이라고 불리는 비파형 동검이 출토되는 것으로 이는 명확해진다. 그러나 『동북아역사지도』는 하가점 상층 문화 지역을 고조선 강역으로 표기하지 않고 "고조선 관련 문화"라고 모호하게 표기했다. 임기환은 이 문제에 대해 동북아특위에서 이렇게 말했다.

영역과 경계로서 고조선 지도가 기원전 1000년 전으로 되어 있는 것은 고조선 국가가 현재 '고고학의 연구 결과 비파형 동검 문화를 기반으로 성립하고 있다.'라는 견해가 있습니다. 그 견해에 입각해서 경계와 영역을 구축할 수 있는 비파

형 동검문화의 시기를 경계로 해서 저희가 1000년 부분들을 제시한 것입니다.

임기환은 『동북아역사지도』를 어느 정도나 이해하고 동북아특위에 나온 것인지 알 수 없다. "고고학의 연구 결과 비파형 동검문화를 기반으로 성립하고 있다."라는 사실을 받아들여서 「한반도와 만주의 청동기문화와 전기 고조선 기원전 1000~281년」 도엽[91쪽 지도 9]을 작성했다면 붉은 점선은 '고조선 관련 문화'가 아니라 '고조선 강역'이 되어야 한다. 뿐만 아니라 붉은 점선의 강역은 더 크게 확대되어야 한다. 비파형 동검은 붉은 점선 밖에서도 많이 출토되기 때문이다.

실제로 이 도엽은 '하가점 유지遺址'를 붉은 점선 밖에 표기했다. 고조선 유물인 비파형 동검이 출토된 '12가자(家子: 마을)'도 붉은 점선 밖으로 표기했다. 고조선의 표지 유물인 비파형 동검이 출토된 지역들을 '고조선 관련 문화'에서도 배제시킨 것이다. 그래서 "그 견해에 입각해서 경계와 영역을 구축할 수 있는 비파형 동검문화의 시기를 경계로 해서 저희가 1000년 부분들을 제시한 것입니다."라는 임기환의 말은 그 자신도 무슨 뜻인지 모르고 말한 횡설수설에 불과하다.

더 큰 문제는 하가점 하층 문화를 제외시킨 점이다. 하가점 하층 문화에 대해서 중국에서는 대략 서기전 22세기~서기전 11세기 무렵의 청동문화라고 보고 있는데, 서기전 24세기까지 올려보는 견해도 있다. 하가점 하층 문화 지역에서는 서기전 2000년경에 축조된 석성石城 등이 등장한다. 필자도 내몽골에 있는 이런 석성들을 여러 곳 답사했는데, 중국에서 동북공정을 주도한 고고학자 소병기(蘇秉琦: 쑤빙치) 같은 인물도 이를 두고 하가점 하층 문화 시기에 이 지역에 이미 '방국(方國: 왕국의 의미)'이 등장한 증거라고 보고 있다. 이 당시 이 지역에 있는 방국(邦國: 국가)은 고조선일 수밖에 없다는 점에서 하가점 하층 문화 역시 고조선 문화이다. 중국 동북공정 차원도 아니고 일본 극우파의 역사침략 차원도 아니고, 대한민국 국민 세금으로 만드는 『동북아역사지도』라면 하가점 하층 문화를 배제할 이유가 전혀 없다.

이들이 대한민국의 정상적인 역사학자들이라면, 굳이 애국심이 투철할 필요도 없이 자신이 평범한 대한민국 사람이고, 『동북아역사지도』가 대한민국 국민의 혈세로 만들어진다는 정도만이라도 인식하고 있는 사람들이라면, 자신들에게 연구비를 지원하는 나라의 역사를 그 나라의 강역을 노리는 외국에 넘기지는 못했을 것이다. 아니 굳이 대한민국 사람과 혈세를 언급할 필요도 없다. 역사는 사료와 유물로 말한다는 역사학 방법론의 기초만 인정해도 이 따위 지도는 그릴 수가 없다.

역사사료를 가지고 그렸다면 이 도엽의 상·하한 연대가 '전기고조선 기원전 1000~281년'이 되어서는 안 된다. '전기 고조선'이라는 말을 사용했다면 '전기 고조선 서기전 24세기경'이라고 적고 하가점 하층 문화를 표기했어야 한다. 하가점 하층 문화를 서기전 22세기까지만 인정하는 중국 측의 견해를 따르더라도 '전기 고조선 서기전 22세기경'이라고 표기했어야 한다. 그러나 "고조선의 특별성을 약화시키자."고 결의한 사람들, "요서는 산융이나 동호의 거주 지역으로 보아야 한다."는 사람들이 그렇게 할 리는 만무하다. 서기전 24세기 또는 22세기 운운하면 단군조선 이야기가 나올 수밖에 없기 때문에 조선총독부의 교시에 따라 지워야 한다. 그래서 '전기 고조선'은 '기원전 1000~281년'밖에 될 수 없는 것이다.

서기전 281년이 왜 고조선의 하한년인가?

『동북아역사지도』를 만든 사람들은 '식민사학은 영원하다'는 명제 외에는 원칙이 없다. 시기를 특정하려면 기준이 있어야 하는데, 그런 것이 없다. '전기 고조선 기원전 1000~281년'의 하한년이 왜 281년인지 알 수 없다. 또한 281년이라고만 써서는 서기전 281년을 뜻하는 것인지, 서기 281년을 뜻하는 것인지도 알 수 없다. 반드시 서기전인지 서기인지, 즉 B.C.인지 A.D.인지를 구분해서 표기해주어야 하는데, 그런 기초 자체가 안 되어 있다. 이 지도를 보는 사람들은 전문가만이 아니다. 일반인들은 서기전인지 서기인지 헷갈릴 수도 있다. 여기서는 일단 서기전 281년을 뜻하는 것으로 보고 논의를 진행하자.

서기전 281년이 왜 '전기 고조선'의 하한년이 되어야 하는가? '서기전 3세기 말경'도 아니고 281년이라고 햇수를 정확하게 특정했다면 그 근거가 명확해야 한다. 위만조선의 건립 연도를 기준으로 삼은 것도 아니다. 위만이 망명하는 계기가 되었던 연왕燕王 노관盧綰

이 한 고조 유방에게 반기를 들고 흉노로 망명한 것은 서기전 195년의 일이다. 위만도 이 무렵 (고)조선으로 망명했을 것으로 추측하니 위만조선을 기준으로 전기와 후기를 나눈다면 서기전 2~3세기경으로 표기했어야 한다.

아마도 "진개의 동정이 획기가 되어야 한다."는 조법종의 말대로 연나라 장수 진개가 고조선을 침공한 것을 기준으로 삼았을 가능성이 크다. 진개는 식민사학자들이 아주 좋아하는 연나라 장수이다. 고조선 강역을 빼앗았기 때문이다. 진개에 대해 살펴보자. 서기전 3세기경의 상황을 적은 『사기』「흉노열전」에 이런 기록이 있다.

> 그 후 연나라의 현명한 장수 진개가 (동)호에 인질로 가 있었는데, (동)호는 그를 매우 신임했다. 진개는 연나라로 귀국하자 동호를 습격해 격파했고, 동호는 천여 리나 물러났다. …… 연나라도 장성을 쌓았는데, 조양造陽에서 양평襄平까지 이르렀다. 상곡上谷, 어양漁陽, 우북평右北平, 요서遼西, 요동군遼東郡을 두어 (동)호胡를 방어했다.
>
> _『사기』「흉노열전」

연나라 장수 진개가 동호에 인질로 가 있다가 뛰어난 교제술로 동호의 신임을 얻어 귀국을 허락받고는 거꾸로 동호를 공격했다는 내용이다. 진개는 동호의 강역 천여 리를 차지해서 다섯 군을 설치했는데, 그 마지막 군이 요동군이다. 그런데 『삼국지』「오환선비동이전」 '한韓'조에도 진개가 등장한다.

『위략魏略』에 이르기를, '…… 연나라에서 장군 진개를 보내 그 (고조선) 서쪽을 공격해서 2천여 리의 땅을 취하고 만·번한滿番汗에 이르러 경계를 삼았다. 조선이 비로소 약해졌다.'

_『삼국지』「오환선비동이전」'한'조 주석

앞의 『사기』「흉노열전」에서는 진개가 동호를 천여 리를 물리치고 다섯 군을 설치했는데, 그 마지막 군이 요동군이라고 설명하고 있다. 『삼국지』는 진개가 고조선을 2천여 리 물리치고 "만·번한에 이르러 경계를 삼았다."라고 했다. 그런데 『한서』「지리지」'요동군'조에 보면 요동군에 속한 18개의 속현 중에 번한番汗현이 있다. 『삼국지』에서 말하는 그 번한현이 요동군의 속현이라는 말이다. 그 바로 앞에는 문文현이 있는데, 『삼국지』의 '만·번한滿番汗'은 『한서』 요동군의 문·번한文番汗과 같은 지역을 말하는 것이다. 번한番汗은 한자까지 정확하게 같다는 점에서 이는 틀림없다.

앞에서도 말했듯이 단재 신채호는 『사기』「흉노열전」의 동호는 고조선이라고 갈파했고, 황순종도 『사기』「흉노열전」의 동호는 『삼국지』에서 말하는 고조선과 같다고 논증했다. 기존의 시각대로 동호가 연나라 북쪽에, 고조선은 연나라 서쪽에 있었다고 본다면 진개가 동호와 고조선을 침략하고 빼앗았다는 강역을 설명할 수가 없다. 빼앗은 땅의 끝부분을 『사기』는 요동군이라 했고, 『삼국지』는 요동군 만·번한이라 했다. 결국 같은 지역을 설명하는 것이다. 그래서 황순종은 "동호와 조선을 다른 나라로 보아서 연나라 진개가 북쪽으로 동호를 천 리 물리치고, 동쪽으로 조선을 2천 리 물리쳤다면 그 두 지점의 끝이 같은 요동군일 수는 없는 것"(『식민사관의 감춰진 맨얼굴』, 155쪽)이라고 갈파했다. 북쪽으로 천 리를 가서 요동군에 닿았는데 다시 동쪽으로 2천 리를 가서 요동군 만·번한에 닿을 수는 없는 것이다. 이처럼 1차 사료를 엄밀하게 검토하면 춘추전국시대 및 진·한秦漢 시대에 중국 동북방에 이름을 남겼던 동호, 숙신肅愼 같은 여러 기마민족 국가들은 사실상 고조선의 다른 호칭임을 알 수 있게 된다.

이는 신채호와 황순종, 그리고 필자만의 주장만이 아니라 중국 북경대 대리총장이자 국립대만대 총장을 역임한 중국학자 부사년(傅斯年: 푸스녠, 1896~1950)이 『이하동서설夷夏東西說』에서 주장한 말이기도 하다. 부사년은 "사마상여司馬相如의 「자허부子虛賦」에 '제나라는 동북쪽으로 숙신과 이웃하고 있다'고 한 것에 의하면, 옛 숙신은 당연히 한나라 때의 (고)조선"이라고 말했다. 숙신은 고조선의 다른 이름이라는 것이다. 부사년의 '숙신=고조선'이나 황순종의 '동호=고조선'은 모두 중국의 1차 사료를 근거로 북방 기마민족이 고조선의 다른 이름임을 밝혀낸 것이다. 그러나 대한민국에 유리한 사료나 연구 결과가 나오면 일제히 묵언수행에 들어가고 대한민국에 불리한 사료나 연구 결과가 나오면 일제히 환호하는 한국 식민사학계, 즉 매국사학계에서 이런 연구 결과를 받아들일 리 없다.

진개는 연나라의 전성시대라는 소왕昭王 때 인물로 추측되는데, 소왕은 서기전 311년~서기전 279년까지 왕위에 있었다. 그러니 이때를 기준으로 '전기 고조선'을 나눴다면 '서기전 4세기 초~3세기 말경'이라고 표기해야지 '서기전 281년'을 특정해서 하한년을 설정할 수 없다. 그저 진개가 고조선 강역 2천 리를 탈취했다는 기사에 흥분해서 별다른 근거 없이 '서기전 281년'을 하한년으로 특정한 것일 뿐이다.

「재단수시설명회 자료」의 가장 첫머리에는 '사업개요'가 나온다. 이들은 『동북아역사지도』 전체 프로젝트의 주제를 "동북아시아 역사에서 '경계와 영역'"이라고 설명해놓았다. 동북아시아 역사에서 각 나라의 경계와 영역이 어디인지를 밝히는 것이 전체 프로젝트의 주제라는 것이다. 주제 선정에는 문제가 없었다. 또한 '사업목표 1'에는 "국내외 역사분쟁 시 대응기반 마련"이라는 설명도 적혀 있었다. 사업목표 역시 문제가 없었다. 아니 반드시 필요한 사업목표였다. 이 프로젝트에 47억여 원의 비용을 대준 대한민국의 견지에서 제작하기만 한다면…….

그런데 「한반도와 만주의 청동기문화와 전기 고조선 기원전 1000~281년」 도엽은 동경 118도(118°E)를 서쪽 경계로 끊었다[91쪽 지도 9 참조]. 그 서쪽에 있었던 고조선은 그리고 싶어도 이 도엽에서는 그릴 수가 없다. 가장 첫 지도인 「한반도와 만주의 신석기문화」는 동경 120도(120°E)를 서쪽 경계로 끊었다. 그나마 신석기시대는 청동기 문명에서 국가가 성립된다는 식민사학의 논리와 충돌하지 않으므로 '동경 2도(2°E)'를 더 써준 셈이지만 마찬가지로 그 서쪽의 신석기문화는 누락시켰다. 이 지도를 가지고는 중국 산동성과 하북성과 산서성 일대에서 벌어졌던 고조선과 고구려의 역사는 기록 자체를 할 수가 없다.

또한 이 도엽은 만주 서쪽 일부를 마지못해 고조선 강역에 포함시켰지만 고조선의 동북쪽 강역은 상당 부분 지워버렸다. 그런데 그 근거가 불분명하다. 이 도엽은 고조선의 동북쪽 경계를 대략 지금의 길림성과 요령성의 경계로 자르고 동북쪽의 길림성 지역은 삭제해버렸다. 마치 현재의 요령성과 길림성의 성계省界가 고조선의 동북방 강역의 경계가 된다는 식의 도엽이다. 물론 아무런 근거도 없다. 이렇게 고조선 동북방 강역은 아무런 이유도, 설명도 없이 잘려나갔다. 식민사학자들의 고조선 역사 지우기, 강역 축소하기는 이토록 집요하다는 사실을 말해주는 도엽이다.

위만조선의 수도는 평양이었나?

다음 도엽을 보자. 「위만조선과 진국 기원전 194~109년」 도엽[오른쪽 지도 11]은 한사군을 한반도 서북부에 두기 위한 사전 정비작업으로 그린 도엽이다. 한나라가 위만조선을 멸망시키고 한반도 북부를 지배한다는, 식민사학이 고대해 마지않는 영광스러운 시기를 맞이하기 위해서 미리 융단을 깔아놓은 것이다.

앞 도엽인 「한반도와 만주의 청동기문화와 전기 고조선 기원전 1000~281년」[91쪽 지도 9]에서는 고조선 강역을 그나마 지금의 요동까지는 걸쳐 있는 것으로 그려놓더니 「위만조선과 진국 기원전 194~109년」 도엽[오른쪽 지도 11]에서는 위만조선을 느닷없이 평안남도 일대의 소국으로 그려놓았다. '고조선 중심지 이동설'이라는 공상소설을 지도로 옮겨놓은 것이다.

지도 11 『동북아역사지도』「위만조선과 진국 기원전 194~109년」

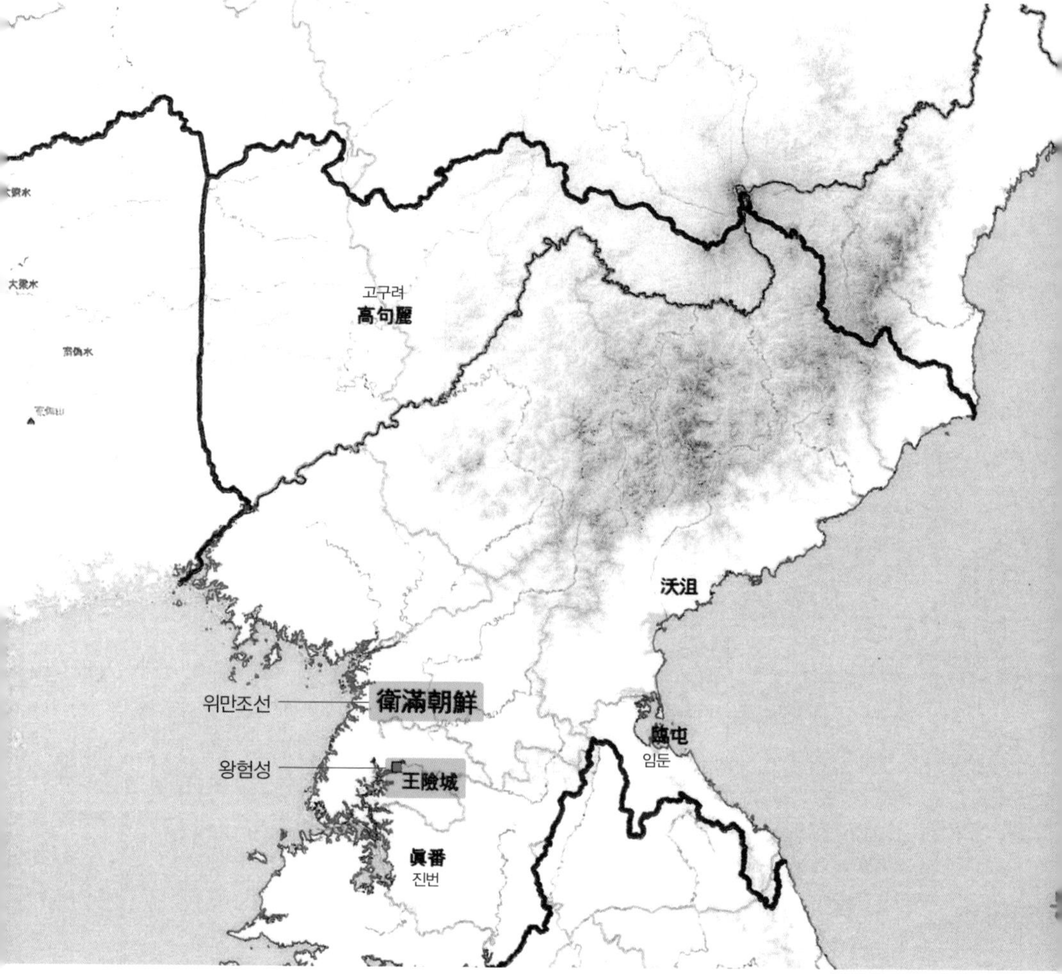

위만조선을 평안남도 일대의 소국으로 그려놓고 왕험성을 평양으로 설정해놓았다.

식민사학자들에게 '한사군'은 일종의 메시아다. 요즘은 한사군 대신에 한군현이라는 표현을 쓰면서 마치 자신들이 식민 지배 찬양 논리를 극복한 것처럼 말장난을 한다. 식민사학자들은 고대나 근대나 한국이 외국의 식민지가 되면서 한국사가 획기적으로 발전했다고 바라보고 있다. 고대판 한국사 정체성론이나 근대판 한국사 정체성론이나 마찬가지다. 한사군 한반도설은 한국사 정체성론의 고대판 버전이고, 식민지 근대화론은 한국사 정체성론의 현대판 버전이다. 한사군 때 한국 사회가 발전했으므로 중국 식민지 시절은 한국사의 축복이었다는 것이다. 그러니 무슨 일이 있어도 한사군은 한반도 북부에 있어야 한다. 한사군이 실제대로 하북성 일대에 있었다고 그리면 고대 한국인은 식민 지배의 축복을 받을 수 없기 때문이다. 그래서 '고조선 중심지 이동설'이라는 삼류 공상정치소설을 쓴 것이다.

'고조선 중심지 이동설'은 전 단국대 교수 서영수와 전 서울대 교수 노태돈이 쌍두마차로 앞서가면 한국교원대 교수 송호정이 뒤에서 밀면서 한국 고대사학계의 정설이라고 자화자찬하는 이론이다. 『우리 안의 식민사관』의 「4장 식민사관 생존비법」에서 식민사학의 '변형이론 만들기'를 비판하면서 이미 '고조선 중심지 이동설'이 사료적 근거가 전혀 없는 황당한 삼류소설임을 언급했다. 편찬위원회의 한국 고대사 전문위원회 위원인 노태돈의 '고조선 중심지 이동설'을 간단히 살펴보면 이런 내용이다.

> 왕검성은 낙랑군 조선현의 위치가 평양 지역인 만큼 역시 평

양 일대에 있었다고 보는 것이 순리이다. 평양 일대에 B.C. 3세기 이래의 유적이 연속적으로 많이 존재하고 있음은 이를 뒷받침한다. 조선현의 치소治所는 대동강 남안의 토성동土城洞 지역으로 보인다.

_ 노태돈, 「고조선 중심지 변천에 대한 연구」, 『한국사론』 23, 1990

이들의 학문 순서는 늘 거꾸로다. 개별 사료들을 여럿 분석한 뒤 결론을 내는 것이 아니라 먼저 결론을 내려놓고 나머지를 그에 꿰맞춘다. 노태돈은 "왕검성은 낙랑군 조선현의 위치가 평양 지역인 만큼"이라는 전제를 사용했다. 낙랑군 조선현의 위치가 평양 지역이 아니면 나머지 모든 하위 논리는 헛소리가 된다. 후술하겠지만 실제 낙랑군 조선현의 위치는 평양 지역이 아니라 하북성 노룡盧龍현 일대이다. 그래서 나머지 모든 논리는 헛소리가 되었다. 그러나 '조선총독부는 영원히 우리의 역사관을 지배하신다'는 교리와 '식민사학은 우리의 영원한 신앙'이라는 도그마에 따라 낙랑군 조선현을 평양이라는 둥 대동강 남쪽의 대동면 토성리라는 둥 우기는 것이다. 게다가 "조선현의 치소는 대동강 남안의 토성동 지역으로 보인다."라는 말은 조선사편수회 이나바 이와키치稻葉岩吉의 코미디 같은 논리를 그대로 추종한 것에 지나지 않는다. 그들에게 B.C. 3세기는 한사군 시절이 아니라 고조선 시절이라는 단순한 논리는 통하지 않는다. 위만조선의 도읍지가 평양 부근에 있어야 '자랑스러운' 중국 식민지 시기가 들어설 수 있기 때문이다. 「위만조선과 진국 기원전 194~109년」 도엽[127쪽 지도 11]은 그야말로 한국 고대사의 메시아인 한사군을 예비하기 위해 그린 지도이다.

그런데 앞 도엽에서 전기 고조선의 하한선을 서기전 281년으로 끊었으면 그 다음 도엽은 서기전 280년이나 그 가까운 시기에서 시작해야 하는데, 느닷없이 서기전 194년으로 시작한다. 이들이 한국사의 기준 연대를 특정하는 방법은 간단하다. 한국인의 관점에서 볼 때 가장 불리한 사건이 무엇인가를 계산해 특정하는 것이다.

서기전 281년은 연나라 장수 진개가 고조선 강역을 침범한 햇수를 나름대로 계산해서 특정한 것이다. 조법종이 "진개의 동정이 획기가 되어야 한다."라고 말한 것이 이를 말해준다. 서기전 194년은 위만이 연나라에서 고조선에 들어온 시점을 계산한 것이다. 그런데 애처로운 것은 두 시기 모두 그렇게 특정할 수 없다는 점이다. 진개가 고조선을 침공한 해를 서기전 281년으로 특정할 수 없는 것처럼 위만이 고조선에 들어온 해도 서기전 194년으로 특정할 수 없다. 『사기』「조선열전」에는 이 시기를 효혜孝惠·고후高后의 시대라고 기록해 놓았는데, 이때는 서기전 194년~서기전 180년이다. 이중 가장 이른 시기인 서기전 194년에 연나라 위만이 고조선에 들어왔다고 임의로 특정한 것이다.

그런데 「위만조선과 진국 기원전 194~109년」 도엽[127쪽 지도 11]에는 느닷없이 '고구려'가 들어가 있다. 편찬위원회의 속셈을 모르는 사람들은 막연하게 추모왕이 건국한 고구려를 그린 것으로 여길 것이다. 이것이 바로 식민사학의 오래된 사기술 중의 하나이다. 이 지도의 상한과 하한 연대는 '기원전 194~109년'으로 되어 있다. 『삼국사기』「고구려본기」는 고구려가 '한漢 효원제孝元帝 건소建昭 2년(서기전 37)'

에 건국했다고 말했다. 그런데 그보다 150~170여 년 앞서는 지도에서 고구려가 압록강 유역을 차지하고 있는 것으로 그렸다. 이 고구려의 정체는 무엇일까?

이들이 그려놓은 고구려는 추모왕이 건국한 고구려가 아니라 한나라의 군현인 고구려 '현縣'을 말하는 것이다. 이들은 고구려의 건국 연대를 끌어올린 것이 아니라 거꾸로 고조선의 강역을 한나라 강역으로 갖다 바친 것이다. 한나라 군현에서 고구려가 나왔으므로 고구려는 중국사의 영역이라는 동북공정 논리에 발맞춘 것이다. 필자가 「동북아역사지도의 문제점」에서 서기전 2세기에 고구려를 그려놓은 것을 두고 "한나라 군현에서 고구려가 나왔으므로 고구려사는 중국사라는 동북공정의 논리를 추종하는 것"이라고 비판하자 임기환은 동북아특위에서 이렇게 반론했다.

> 이 지도에서, 저희는 고구려를 위만조선 안에 있는 그런 존재로 그렸습니다, 위만조선 영역 안에 있는 존재. 그런데 이 지도를, 이 고구려를 고구려현이라고 갑자기 바꾸어서 이게 동북공정의 논리를 주장했다고 지적하는 것을 보고 '저희 지도를 제대로 보고 있지 않구나'라는 생각을 했습니다.

'『삼국사기』 초기 기록 불신론'에 따라서 삼국 초기의 역사를 부인하던 사람들이 느닷없이 서기전 2세기에 고구려를 그려놓고는 위만조선 영역 안에 있는 존재를 그린 것이라고 강변하고 있다. 그러면 무슨 사료적 근거가 있어야 할 텐데, 있을 턱이 없다. 아마도 신나라(서기 8~23) 왕망 때 등장하는 고구려를 끌어들일 개연성이 농후한데 그렇다고 해도 이때는 서기 1세기이므로 서기전 2세기에 끌어들일 수는 없다.

그럼 이 도엽은 어디에서 나왔을까? 이들은 담기양의 『중국역사지도집』 제2권 27~28쪽의 「서한 유주자사부」 도엽[36쪽 지도 1]을 여러 차례 베꼈는데 이번에도 마찬가지였다. 이 도엽뿐만 아니라 『동북아역사지도』의 상당수 도엽은 담기양의 지도를 베낀 것이다. 북경대, 청화대, 복단대 등의 교수를 지낸 담기양은 『중국역사지도집』뿐만 아니라 『중국고금지명대사전中國古今地名大辭典』 등에서도 한국사 관련 부분은 모두 왜곡시켜 놓았다. 담기양은 필사적으로 한국사의 역사지리를 왜곡했는데, 국내 식민사학자들은 이를 그대로 추종하고 있는 것이다.

앞서 설명했듯이 편찬위원회의 「재단수시설명회 자료」에서 '사업 추진의 배경'으로 '중국의 동북공정에 의한 한국 고대사 역사 왜곡'을 들었다. 담기양이 제작한 지도를 중국의 역사 왜곡 사례로 들면서 대한민국이 이에 맞서기 위해 예산을 지원해야 한다고 주장했다. 대부분의 도엽에서 담기양의 도엽을 베꼈으면서도 「재단수시설명회 자료」에서는 담기양의 지도를 버젓이 중국 동북공정의 역사 왜곡 사례로 들고 있는 것이다. 대한민국의 공적 시스템을 얼마나 우습게 봤으면 이럴까 싶다. 하긴 필자 같은 사람이나 국회 동북아 특위가 없었다면 아마도 동북아역사재단과 대한민국 교육부의 후원 아래 매국 지도를 만들어놓고 실증적인 지도를 만들었다고 성대한 완간 기념 파티를 열었을 테니 우습게 볼 만하다는 생각도 든다. 대한민국이라는 나라에는 과연 역사관이 있고, 이 나라의 공적 시스템에는 과연 영혼이 있는가?

「재단수시설명회 자료」의 '사업목표 2'에는 "중화주의적 관점을 극복한 동북아역사지도 제작→서구를 비롯한 국제 학계에서의 공인과 이용 확대"라고 적혀 있다. 또한 사업목표의 결론으로 "동북아역사지도의 저본을 구축/ 역사분쟁에서 국제적 동조를 구축"하겠다고 제시했다. 이는 '역사분쟁에서 (중국의 주장에 대한) 국제적 동조를 구축'하겠다는 뜻으로 읽으면 맞는 말이 된다.

임기환의 횡설수설은 「위만조선과 진국 기원전 194~109년」 도엽에서 검은 선으로 그린 위만조선의 북방 경계가 어디인지 알 수 없다는 점에서도 드러난다. 담기양의 『중국역사지도집』은 한나라 소속인 고구려현을 만주와 평안북도 일대로 표시했고, 『동북아역사지도』는 이것을 베꼈다. 그런데 담기양의 『중국역사지도집』은 우습게도 서한(서기전 202년~서기 8년) 때의 지도라고 설명해놓고 고구려 '군郡'이라고 표기했다. 『한서』 「지리지」에는 고구려군이 없다. 한사군의 하나인 현도군에 고구려현이 있을 뿐이다. 담기양의 『중국역사지도집』은 왜 『한서』 「지리지」에 있지도 않은 고구려군을 만주와 평안북도 일대로 그려놓은 것일까?

고구려사를 중국사로 둔갑시키려는 동북공정의 일환이다. 고구려가 처음부터 한나라 소속의 군이었던 것으로 설명해야 고구려의 전 역사를 중국사로 포함시킬 수 있기 때문이다. 대한민국 국민 세금으로 만든 『동북아역사지도』는 동북공정의 이 관점을 그대로 베껴서 「위만조선과 진국 기원전 194~109년」 도엽[127쪽 지도 11]에서 고구려를 만주와 평안북도 일대로 그려놓고, 중국 동북공정의 만리장성선을 경계로 그려 넣었다. 이들이 말하는 고구려는 추모왕의 고구려가 아니라 중국 한나라의 군현을 의미하는 것이다. 이 지도에서 검은 수직선을 압록강에서 끊고 더 내려가지 않은 것은 이 지도 제작자들이 이것이 만리장성선이라는 사실을 알고 있었다는 뜻이다. 그 선을 압록강 이남까지 내리면 그 속내가 너무 드러나니까 일단 압록강에서 끊은 것이다. 그러니 한나라 소속이라는 고구려군의 남쪽 강역, 즉 위만조선의 북쪽 강역이 어디까지인지 그 경계선도 표시하지 못했다. 그래서 고구려현의 동쪽 경계선은 백두산에서 함경도 성진 조금 북쪽까지 비스듬하게 그렸지만 남쪽 경계선은 표시하지도 못한 것이다.

경계도 제대로 그리지 못한 지도를 지도라고 할 수 있을까? 「재단수시설명회 자료」에는 『동북아역사지도』 사업의 가장 큰 주제를 "동북아시아 역사에서 '경계와 영역'"이라고 명기해놓았으면서 경계 자체를 그리지도 못한 도엽은 왜 그려놓았나? 이 도엽뿐만 아니라 『동북아역사지도』 거의 대부분의 도엽은 경계가 비뚤배뚤하다. 비스듬히 그려 넣은 고구려군의 동북쪽 경계선의 기준도 모호하다. 산으로 나눈 것도 아니고 강으로 나눈 것도 아니다. 마찬가지로 위만조선의 남쪽 강역도 이해가 가지 않는다. 지금의 서울 북쪽 부근에서 강원도 최북단 북한 강역까지 올라갔다가 다시 강원도 고성 방면으로 내려왔는데, 이렇게 들쭉날쭉하게 그릴 때는 합당한 근거가 있어야 한다. 그러나 합당한 근거가 없다는 사실은 이런 경계선을 그린 편찬위원회에서 더 잘 알고 있을 것이다.

3장

한사군이 한국사의 **축복**이라는 사람들

賣國歷史學

위만조선의 수도는 대동강 남쪽이었다?

『동북아역사지도』의 고구려 세로 국경선이 나온 논리는 간단하다. 한반도 북부에 한국사의 축복이었던 한사군이 있었던 것으로 그려야 하는데, 고구려가 요동반도 전체를 장악하고 있으면 한나라와 교통로가 끊어져서 한사군이 존속할 수 없기 때문에 공상소설에나 나올 법한 '고구려 세로 국경선'을 고안한 것이었다.

'고구려 세로 국경선'의 생산과 그 유통경로를 추적하면 재미있다. '고구려 세로 국경선'은 조선총독부 소속의 식민사학자들이 만들어냈다. 조선총독부의 이나바 이와키치가 1913년경 「진나라 장성의 동쪽 끝 및 왕험성에 대한 논고秦長城東端及王險城考」라는 논문을 쓰는데, 이때 낙랑군 수성현遂城縣이 황해도 수안遂安군에 있었다면서 그 증거의 하나로 진秦나라 만리장성을 황해도 수안까지 끌어들였다. 이 용감하지만 무식한 주장을 해방 후 국사학계의 태두로 군림한 이병도가 한국 사학계의 정설로 만들어 진나라 만리장성이 황해도 수안까지 왔다고 주장했다. 이를 담기양이 가져다 『중국역사지도집』에 실은 것을 『동북아역사지도』 제작진이 표절한 것이다[61쪽 지도 2-1 참조]. 이쯤 되면 누가 창작자이고 누가 표절자인지 헷갈리는 지경이다. 이는 한·중·일을 막론하고 식민사학자들은 공통적으로 공부를 하지 않는다는 것을 입증하는 좋은 사례이기도 하다. 문제는 한국의 매국사학계가 이에 동조하고 나서면서 현재 이런 논리가 동북아를 넘어 미국과 유럽으로 확산되어 나가는 중이라는 점이다. 『동북아역사지도』가 간행되었다면 대한민국 국민 세금으로 이런 매국 논리가 국제적으로 공인되게 되었을 것이다.

『동북아역사지도』의 「위만조선과 진국 기원전 194~109년」 도엽[127쪽 지도 11]과 다음의 「고구려, 부여와 중국군현 기원전 108~서기 119년」 도엽[오른쪽 지도 12]의 평양 부근을 자세히 보면 작은 차이를 발견할 수 있다. 앞의 '기원전 194~109년' 도엽[127쪽 지도 11]은 위만조선의 수도 왕험성을 대동강 북안의 평양으로 설정해놓았는데, '기원전 108~서기 119년' 도엽[오른쪽 지도 12]은 낙랑군 조선현을 대동강 남안으로 설정해놓았다. 그동안 일제 식민사학은 위만조선의 수도 왕험성 자리에 낙랑군 조선현이 들어섰다고 주장해왔는데, 두 지도는 그 위치를 대동강 북쪽과 남쪽으로 서로 다르게 그린 것이다. '기원전 194~109년' 도엽[127쪽 지도 11]은 서기전이라는 말을 또 빼놓았지만 서기전 109년을 뜻하는 것일 게다. 이해가 바로 위만조선이 망한 해이기 때문에 이들이 이 기념비적인 사건을 빼놓을 리 없다.

지도 12 『동북아역사지도』 「고구려, 부여와 중국군현 기원전 108~서기 119년」

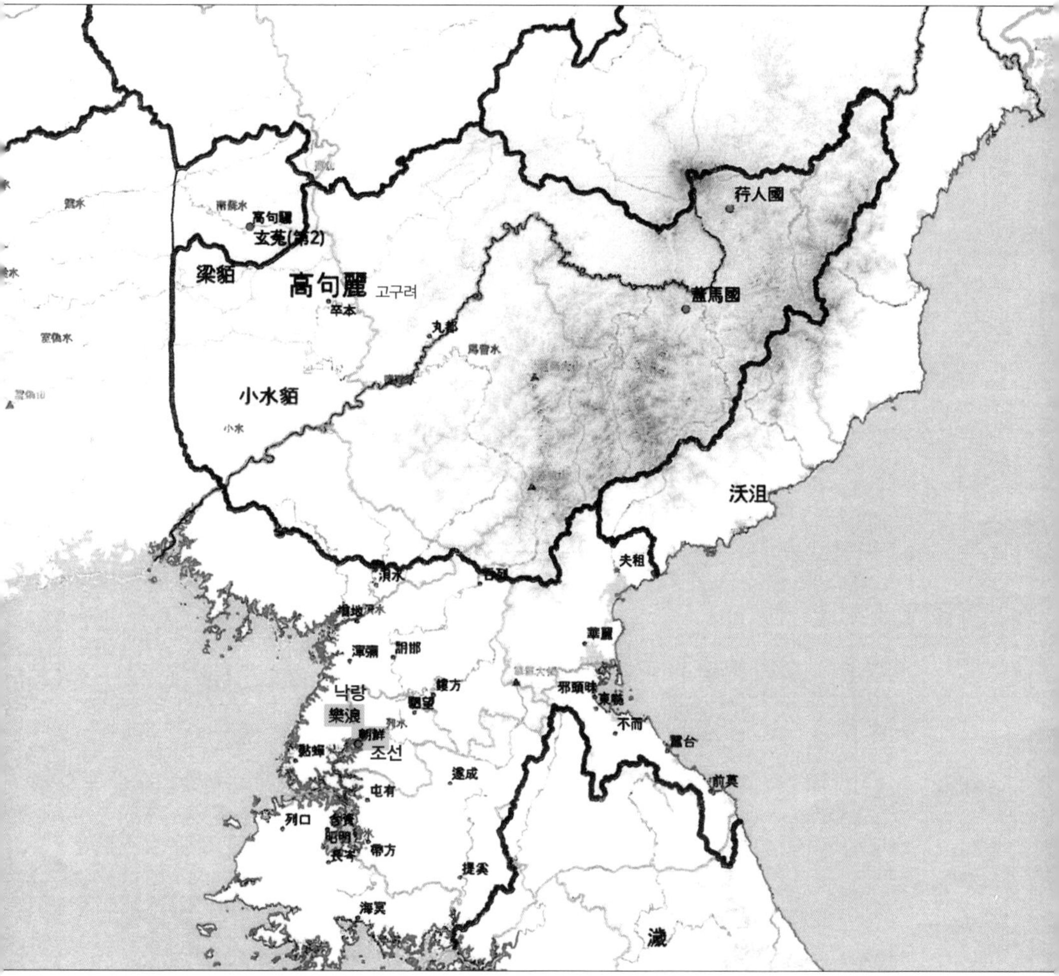

한반도 북부를 중국이 점령한 것으로 그리다 보니 고구려의 강역을 크게 축소시켜 소국으로 표기했다. 또한 낙랑군 조선현을 대동강 남안으로 설정해놓았다.

왕험성과 조선현의 위치가 다른 문제에 들어가기 전에 짚어볼 게 있다. 「위만조선과 진국 기원전 194~109년」 도엽[127쪽 지도 11]의 상한년은 서기전 194년이고 하한년은 서기전 109년이니 위만조선이 멸망하기 전인데, 이미 한사군이 대부분 그려져 있다. 진번은 황해도에, 임둔은 함경남도와 강원 북부에 그려놓았다. 위만조선의 수도 자리에 낙랑군이 들어서고, 고구려현 자리에 현도군이 들어선다는 것이니 위만조선이 망하기도 전에 한사군이 다 자리 잡고 있는 것이다. 편찬위원회가 한사군의 도래를 얼마나 학수고대하는지 여실히 드러나는 도엽이다. 중국의 식민통치를 갈구하는 마음이 이 도엽에 고스란히 담겨 있다. 외국의 식민 지배를 받는 것이 한민족에게는 축복이라는 조선총독부의 논리가 그대로 살아 있는 것이다.

「위만조선과 진국 기원전 194~109년」 도엽[127쪽 지도 11]과 「고구려, 부여와 중국군현 기원전 108~서기 119년」 도엽[139쪽 지도 12]은 왜 왕험성과 조선현의 위치를 각각 달리 그려놓았을까? 앞 도엽은 위만조선의 수도 왕험성을 대동강 북안으로 그려놓았는데, 뒤의 도엽은 같은 자리에 세웠다는 낙랑군 조선현을 왜 대동강 남안으로 그려놓았을까? 그 이유를 좇다 보면 해방 후 70여 년이 되도록 일제 식민사학을 추종하는 한국 식민사학계의 슬픈 코미디가 담겨 있다. 이런 드라마의 총 연출은 늘 그렇듯이 조선총독부이다. 원래 전국 단위의 역사학 전통이라는 것이 없던 일본은 이 약점을 보완하기 위해 유럽의 실증주의를 끌어들여 한국사를 난도질했다. 이 과정에서 일본인 식민사학자들은 랑케(L. von. Ranke)의 20대 제자 리스(Ludwig Riess: 1861~1928)를 선생님으로 떠받들었는데, 리스에게 배운 실증주의라는 잣대를 '위만조선의 수도 왕험성'에 갖다댄 결과 같아야 할 장소의 위치가 서로 달라진 코미디를 낳은 것이다. 이 사건의 전말을 추적해보면 혼선이 생긴 첫 번째 이유는 사마천의 『사기』에 있었다.

> 연왕燕王 노관盧綰이 (한나라를) 배반하고 흉노로 들어가자 위만도 망명했다. 무리 1천여 명을 모아서 북상투에 만이蠻夷 복장을 하고 동쪽으로 달아나 요새塞를 나와서 패수浿水를 건너 진秦의 옛 빈 땅인 상하장上下鄣에 살았다. 점차 진번, 조선의 만이蠻夷 및 옛 연燕·제齊나라의 망명자들을 복속시켜 왕이 되었는데, 왕험에 도읍했다.
>
> _『사기』「조선열전」

연왕 노관은 한 고조 유방과 같은 날, 같은 시에 태어난 동향(同鄕) 인물이라는 기묘한 인연을 갖고 있었다. 유방에 의해 연나라 왕에 봉해졌지만 의심 많은 유방에게 제거될 것을 우려해서 서기전 195년에 흉노로 망명했다. 그러자 노관 밑에 있던 위만도 (고)조선으로 망명한 것이다. 위의 『사기』「조선열전」에서 중요한 것은 위만이 '패수를 건너 왕험성에 도읍했다'는 구절이다.

이나바 이와키치는 패수를 대동강으로 보았다. 그런데 패수를 대동강으로 비정해놓고 『사기』「조선열전」을 다시 보니 문제가 생겼다. 위만이 패수를 건너 왕험성에 도읍했다고 했으므로 대동강 북쪽의 평양을 왕험성으로 비정할 수 없게 된 것이다. 독일의 '리스 선생님'에게 배운 실증주의의 잣대를 들이대보니 '왕험성=낙랑군 조선현'

이라는 기존 등식을 그대로 사용할 수 없었다. 또한 『사기』 「조선열전」에서 위만의 손자 우거왕右渠王이 한나라와 갈등을 겪는 사건을 기록한 내용도 마찬가지였다. 우거왕은 세력이 커진 후 고조선의 제후국인 여러 소국들이 한나라로 조공하러 가는 길을 막았다. 한 무제는 섭하涉何를 사신으로 보내 우거왕에게 소국들의 조공길을 막지 말라고 요구했지만 우거왕은 거부했다. 『사기』 「조선열전」은 이 상황을 이렇게 말하고 있다.

> 한나라에서 사신 섭하를 보내서 우거를 꾸짖고 타일렀으나 끝내 조서를 즐거이 받아들이지 않았다. 섭하가 돌아가면서 국경인 패수에 이르러 마부를 시켜 전송 나온 조선의 비왕裨王 장長을 찔러 죽이고 패수를 건너서 요새로 달려 들어갔다.
>
> _『사기』 「조선열전」

한나라 사신 섭하와 우거왕의 협상은 결렬되었다. 그러나 우거왕은 비왕 장에게 섭하를 국경인 패수까지 배웅하게 했는데 왕험성에서 나온 섭하가 갑자기 고조선의 비왕 장을 찔러죽이고 패수를 건너 도망갔다. 이 역시 왕험성의 위치는 대동강 북쪽의 평양이 아니라는 증거라고 이나바 이와키치는 생각했다. 패수는 대동강 남쪽에 있어야 '리스 선생님'이 가르쳐주신 실증주의에 맞는 것이다.

그러나 패수 남쪽을 왕험성이라고 생각한 것 자체가 틀렸다. 왜냐하면 『한서』 「지리지」 '요동군遼東郡 험독현險瀆縣'조의 주석에 "왕험성은 낙랑군 패수의 동쪽에 있는데, 이것이 험독현이다."라고 설명하고 있기 때문이다. 요동군 험독현이 옛 위만조선의 왕험성 자리라는 것이다. 험독현이 낙랑군이 아니라 요동군에 속한 현이라는 점에서 이미 왕험성과 낙랑군 조선현의 위치를 대동강 남북에서 찾는 것은 사리에 맞지 않는다. 더구나 『한서』「지리지」는 왕험성이 패수의 남쪽이 아니라 동쪽에 있다고 말하고 있다. 그러나 식민사학은 자신들이 미리 정해놓은 결론과 맞는 사료만 인용하므로 그냥 넘어가자.

이나바 이와키치는 대동강 남쪽에서 왕험성의 위치를 찾기 위해 대동강 남쪽 여기저기를 헤맸다. 그러나 부산에서 광화문을 찾으니 있을 턱이 없다. 이나바 이와키치의 「진나라 장성의 동쪽 끝 및 왕험성에 대한 논고」가 별다른 내용 없이 장황한 것은 '부산에서 광화문을 찾기 위해 얼마나 고생했는가'를 써놓았기 때문이다. 왕험성은 대동강 북쪽이든 남쪽이든 그곳에 존재하지 않았다. 그래서 이나바 이와키치는 헛수고만 했다. 그런데 이나바 이와키치는 "왕험성은 평양이 아니므로 대동강 남쪽에서 왕험성을 찾는 것은 지당하다."라고 썼다. 아무런 물증은 찾지 못했지만 왕험성은 대동강 남쪽에 있어야 한다고 우기는 것이다.

그러면서 왕험성의 위치에 대해 "대동강 동남쪽과 황해도 수안의 서북쪽에 있을 것이라는 것 외에 정확한 위치는 비정하기 어렵다."라고 덧붙였다. 대동강 남쪽에서 왕험성이라고 비정할 수 있는 지역을 찾지 못했다는 뜻이다. 이나바 이와키치가 '낙랑군 조선현의 위치를 대동강 남쪽에서 찾는 것은 실패했다'고 결론짓고 그 위치를 원점에서 다시 검토했으면 그나마 양심은 살아 있는 역사학자가 되었을 것이다. 그러나 미리 결론을 정해놓고 나머지 논리를 꿰맞추는 방법으로 학문을 하는 식민사학자가 그럴 리는 만무했다. 이나바 이와키치는 오늘날 한국 식민사학이 고고학을 끌어들인 것처럼 고고학을 끌어들였다.

> 다만 지난 선달[昨臘] 중 세키노關野貞 공학박사 등이 발견한 대동강면(大同江面: 대동강 남쪽)의 유분(遺墳: 무덤)에서 몇 개의 한나라 거울, 칼, 창, 동전 등이 출토되었는데 …… 어쩐지 낙랑 치소治所의 유허(遺墟: 남은 터전)에 닿을 때가 멀지 않았다는 생각이 들었다.
>
> _이나바 이와키치, 「진나라 장성의 동쪽 끝 및 왕험성에 대한 논고」

도쿄대 공대 교수 세키노 다다시(關野貞: 1868~1935)는 대한제국 점령 이전부터 한국을 여러 차례 들락거리면서 고고학을 악용해 한국사 왜곡에 앞장섰던 인물이다. 그는 도쿄대 공학부 건축학과를 졸업하고, 1910년 조선총독부의 위촉으로 한반도 안의 여러 유적들을 조사하면서 가는 곳마다 중국계 유적·유물들을 발굴했다. 그래서 이마니시 류와 함께 '신의 손'으로 명성을 떨쳤다. 다만 세키노 다다시는 보고서에서 한사군이 한반도 안에 있었다는 여러 고고학 유물들을 모두 '우연히' 발견했다고 반복해서 서술함으로써 스스로 의문을 남겼다. 일종의 '세키노 다다시 코드'이다.

대동강 남쪽에서 왕험성의 자취를 찾지 못해 고민하던 이나바 이와키치에게 대동강 남쪽의 대동면 토성리에서 중국계 유적·유물을 찾았다는 세키노 다다시의 발표는 복음이었다. 세키노 다다시의 발굴 자체가 의도적 조작설에 휘말린 것은 말할 것도 없고 설사 중국계 유적·유물이 나왔더라도 '왕험성'이나 '조선현'이라고 특정할 수 있는 것은 아무 것도 없었다. 그러나 이나바 이와키치에게 필요한 것은 '대동강 남쪽의 왕험성=낙랑군 조선현'이라는 결론에 꿰맞추는 것이지 학문적 진실이 아니었다.

이렇게 사대주의 유학자들이 평양이라고 생각했던 왕험성은 이나바 이와키치에 의해 대동강 남쪽의 대동면 토성리로 수정되었고, 낙랑군을 다스리는 치소라는 조선현으로 둔갑했다. 그런데 문제가 있었다. 이 토성이 협소한 구릉에 얕게 쌓아져 있는 데다 사면이 확 트여서 방어에 지극히 불리했으므로 전쟁이 빈번하던 고대국가의 도읍지 자리로는 적당하지 않았던 것이다. 심지어 식민사학자들 사이에서도 여기는 아니지 않느냐는 말이 나왔다. 그러나 조선총독부는 이나바 이와키치의 추측에 세키노 다다시의 발굴 결과를 덧붙여 대동면 토성리를 왕험성으로 밀어붙이기로 결정했다. 그렇게 대동강 남쪽의 대동면 토성리가 위만조선 멸망 2천여 년 만에 위만조선의 도읍지 왕험성으로 부활했고, 낙랑군을 다스리는 조선현으로 재탄생했다. 조선총독부는 1927년 간행한 『낙랑군시대의 유적樂浪郡時代の遺蹟』에서 대동면 토성리를 '낙랑군 조선현'으로 비정했다. 물론 이 지역에서 왕험의 '왕' 자나 '험' 자, 조선현의 '조' 자나 '선' 자 하나 나온 것은 없었다.

둘로 나뉜 왕험성과 조선현

그런데 이나바 이와키치의 이 엄밀한 실증주의는 해방 후에도 여러 사건을 낳았다. 먼저 국사학계의 태두 이병도는 이나바 이와키치의 주장대로 대동면 토성리를 낙랑군 조선현이라고 비정하고 나섰다. 이병도는 「낙랑군고」에서 이렇게 썼다.

> 조선현은 낙랑군의 치소治所로 그 중심지를 이루고 있었던 만큼 중요한 현縣이거니와, 흔히 이 현명(縣名: 현의 이름)으로 보아 위씨조선의 수도인 왕험성, 즉 지금의 평양이었다는 설이 유행되었다. 그러나 다른 유력한 문헌과 더불어 일제 초기로부터 일인日人 조사단에 의해서 대동강 남안인 (대동면) 토성리 일대가 낙랑군치(樂浪郡治: 낙랑군을 다스리던 지역)인 동시에 조선현치朝鮮縣治임이 그 유적·유물을 통하여 판명되었다.
>
> _이병도, 『한국고대사연구』, 박영사, 1976, 140쪽

과거에는 '위만조선 왕험성=낙랑군 조선현'을 지금의 평양으로 봤지만 이제는 이나바 이와키치의 주장대로 대동면 토성리가 낙랑군 조선현이라는 것이다. 딱한 것은 이나바 이와키치는 패수를 대동강으로 비정했기 때문에 왕험성을 대동강 아래에서 찾은 것인데, 이병도는 패수를 대동강 북쪽의 청천강으로 보고 있었다는 점이다. 그래서 자신의 견해를 세우고 싶었던 이병도는 왕험성은 기존 사대주의 유학자들의 견해대로 평양으로 보았다. 그러나 감히 식

민사학의 대가이자 조선사편수회의 간사였던 '이나바 이와키치 선생님'의 말씀에 토를 달고 싶지도 않았기에 낙랑군 조선현은 대동면 토성리라고 추종했다. 패수의 위치는 지금껏 정설이 없다. 이나바 이와키치는 패수를 대동강으로 보았지만 쓰다 소키치는 압록강으로 보았다. 이병도는 청천강으로 보았기에 왕험성은 청천강 남쪽의 평양이라고 주장할 수 있었다. 그러나 청천강은 평안북도 희천군 석립산 북서쪽 산록에서 발원하므로 요동 새외에서 발원한다는 패수와는 상관이 없다. 패수를 대동강으로 본 것이 억지인 것과 마찬가지로 청천강으로 본 것 역시 근거 없는 주장이다. 패수를 압록강으로 본 쓰다 소키치나 노태돈의 견해도 마찬가지다. 압록강설은 대동강이나 청천강설보다는 조금 낫지만 오십보백보다. 압록강은 백두산 천지 남쪽에서 발원하는데, 함경남도 풍산군(현 양강도 김형권군)과 신흥군 경계에 있는 명당봉(明堂峰: 1,809미터)에서 발원하는 지류와도 합류한다.

『사기』「조선열전」의 주석서인 『사기정의』는 "패수는 요동遼東 새외塞外에서 나온다."라고 설명하고 있다. 패수가 대동강이니 청천강이니 압록강이니 하는 이야기들은 이 주석 하나로 모두 도루묵이 되었다. 요동 새외란 요동에 쌓은 요새 바깥이라는 뜻이다. 대동강, 청천강, 압록강이 패수라면 한반도 북부에 진나라나 한나라가 쌓은 요새가 있어야만 한다. 이러한 정황은 패수를 한반도 안에서 찾는 것은 모두 말도 안 된다는 것을 보여준다.

북한의 리지린은 고조선이 연나라 장수 진개에게 서쪽 강역 1~2천여 리를 빼앗긴 이후의 패수를 만주 서쪽의 대릉하大凌河라고 보왔고, 지금의 난하灤河로 보는 학자들도 있다. 조선시대의 박지원(朴趾源: 1737~1805)이나 조선 순조 때 김경선(金景善: 1788~1853)이 패수의 위치를 가지고 한사군을 압록강 안쪽으로 비정하는 견해를 비판했던 것도 이런 까닭이다.

> 우리나라 선비들은 다만 지금의 평양만 알아서 기자箕子가 평양에 도읍했다고 하면 이를 믿고, 평양에 기자의 정전井田이 있다고 하면 이를 믿고, 평양에 기자묘箕子墓가 있다고 하면 이를 믿으니 만일 (만주의) 봉황성이 곧 평양이라고 하면 크게 놀란다. 만약 요동에도 또 평양이 있었다고 하면 해괴한 말이라고 꾸짖을 것이다. 요동이 원래 (고)조선 땅이고, 숙신肅愼·예맥濊貊, 동이東彝 여러 나라가 모두 위만衛滿조선에 복속하고 예속되었던 것을 알지 못하고, 또 오랄烏剌·영고탑寧古塔·후춘後春 등지가 원래 고구려 땅임을 알지 못한다. 아, 후세에 이런 땅의 경계에 밝지 못해서 한사군漢四郡을 망령되게 모두 압록강 안쪽에 국한시켜 억지로 사실에 끌어다가 맞춰서 구구하게 분배했다. 이에 다시 패수浿水를 그중에서 찾으니 혹은 압록강을 패수라고 지목하고, 혹은 청천강淸川江을 패수라고 지목하고, 혹은 대동강을 패수라고 지목한다. 이는 (고)조선의 옛 강토를 싸우지도 않고 줄어들게 한 것이다.
>
> _박지원, 「도강록」, 『열하일기』

박지원보다 조금 뒤에 북경에 사신으로 다녀왔던 김경선도 『연원

직지燕轅直指』에서 박지원이 『열하일기』에서 펼친 이런 견해를 거의 그대로 인용했다. 『동북아역사지도』 편찬자들은 선조들의 이런 글은 보지도 못했다는 듯이 일제 식민사학과 중국 동북공정을 추종해서 위만조선의 왕험성은 대동강 북쪽의 평양에, 낙랑군 조선현은 대동강 남쪽의 대동면 토성리에 갖다 놓은 것이다. 식민사학자들의 논리대로라면 왕험성과 조선현은 한반도 어느 곳도 될 수 있고, 중국 땅 어느 곳도 될 수 있다. 강이 있고 그 위아래에 도시만 있으면 되는 것이다.

그러나 적어도 왕험성이 한반도 안에 있지 않았다는 점은 확실하다. 앞서 말한대로 『한서』 「지리지」 '요동군'조에 '험독현'이 있기 때문이다. 험독현에 대한 주석은 "조선왕 위만의 도읍이다. 물이 험한데 의지했으므로 험독險瀆이라고 불렀다."라고 설명해주고 있다. 즉 위만조선의 왕험성 자리에 세운 험독현은 요동군에 있었다는 것이다. 평택시가 경기도에 있는 것처럼, 요동군이 만주에 있으므로 험독현도 만주에 있어야 한다. 평양이고 대동면 토성리고 모두 말도 안 되는 이야기라는 뜻이다. 한나라 때 요동은 지금의 북경 부근이었지만 지금의 요동이라고 쳐도 평양이나 대동면 토성리는 아니다. 그런데도 『동북아역사지도』는 「위만조선과 진국 기원전 194~109년」 도엽[127쪽 지도 11]에서 위만조선을 평안남도로 가둬두고 왕험성은 평양에, 낙랑군 조선현은 대동강 남쪽 대동면에 그려놓았다.

이 지도를 발주한 동북아역사재단은 누리집의 '올바른 역사'(2009)라는 항목에서 위만조선에 대해 이렇게 게재하고 있다.

> 위만조선은 그 왕성인 왕험성王險城이 현재의 평양시 대동강 북안에 있었는데, 이는 위만조선과 한의 경계 역할을 한 패수浿水가 지금의 압록강이라는 점, 위만조선의 도읍 부근에 설치된 낙랑군 조선현의 치소가 지금의 평양시 대동강 남안의 토성동 토성이라는 점, 왕험성 및 조선현과 깊은 관련이 있는 것으로 알려져 있는 열수列水가 지금의 대동강으로 비정되고 있다든지 하는 점을 통해서 입증된다.
>
> _ 동북아역사재단, 누리집, '고조선'조

식민사학에서 '입증된다'처럼 확신에 찬 표현을 쓸 경우 '아무런 근거가 없다'라고 해석하면 정확하다. 동북아역사재단은 이병도의 '왕험성=평양설'과 이나바 이와키치의 '낙랑군 조선현=대동면 토성동설'을 동시에 추종해서 왕험성은 현재의 평양이라고 보면서도 낙랑군 조선현의 치소는 대동면 토성리라고 주장하고 있다. 동북아역사재단은 '왕험성이 현재의 평양시 대동강 북안에 있었다'는 증거로 ① "위만조선과 한의 경계 역할을 한 패수가 지금의 압록강이다."라고 주장했다.

그러나 이 기술은 왕험성이 현재의 평양시 대동강 북안에 있었다는 주장을 입증하는 하등의 논거가 될 수 없다. 그나마도 이나바 이와키치는 패수를 대동강으로 보았고, 이병도는 청천강으로 보았다. 또한 ② "위만조선의 도읍 부근에 설치된 낙랑군 조선현의 치소가 지금의 평양시 대동강 남안의 토성동 토성이다."라고 했다. 이는 이나바 이와키치의 억지일 뿐 아무런 사료적 근거가 없다. 이 주장이 왕험성을 현재의 평양시 대동강 북안으로 비정하는 데 무슨 근거가 된단 말인가? 마찬가지로 ③ "왕험성 및 조선현과 깊은 관련이 있는 것으로 알려져 있는 열수가 지금의 대동강이다."라고 썼지만 이 주장도 왕험성을 현재의 평양시 대동강 북안으로 비정하는 것과는 아무런 관련이 없다. 『후한서』 「군국지」에서 "열列은 강이름이다. 열수列水는 요동에 있다."라고 말하고 있어 열수가 대동강이라는 것은 말이 안 된다는 게 드러났다. 하지만 '대한민국의 제5열' 동북아역사재단은 열수를 대동강으로 그려놓았다.

이처럼 왕험성이 '현재의 평양시 대동강 북안에 있었다'는 내용을 뒷받침한다는 ①, ②, ③ 어느 하나도 왕험성이 평양시 대동강 북안에 있었다는 증거가 될 수 없다. 일체의 논리적 근거가 없는 주장을 하려다 보니까 아무 상관도 없는 이야기를 잔뜩 끌어들여서 억지 주장을 펴는 것이다. 동북아역사재단의 주장은 이런 것이다. 어떤 사람이 자신이 부자라고 주장했다. 그러면서 그 근거로 든 것이 '① 자신은 부자다, ② 강남구 논현동은 땅값이 비싸다, ③ 그러니 나는 부자다'였다. 논현동에 수많은 땅이 있다는 사실을 입증하지 못하는 한 ①, ②, ③ 어느 하나도 그 사람이 부자라는 사실을 말해주지 못하는 것과 마찬가지다.

이나바 이와키치는 대동강이라고 주장하고, 이병도는 청천강이라고 주장한 패수가 왜 압록강이 되었는지에 대해서도 아무런 설명이 없다. 단지 쓰다 소키치의 설을 추종한 노태돈의 설을 따른 것뿐이다. 이유가 무엇인가? 쓰다 소키치가 이병도의 와세다대 스승이기 때문에 한국 식민사학계는 이병도와 쓰다 소키치의 설이 다를 때는 쓰다 소키치의 설을 추종한다. 그러면 왜 쓰다 소키치의 설을 추종하게 되었는가?

이병도는 생각지도 않게 국사학계의 태두가 된 후 조금은 자신의 설을 세우고 싶어서 몇몇 부분에서는 조금 전향적인 견해를 나타낸 적이 있었다. 예를 들면 '『삼국사기』 초기 기록 불신론'을 주창한 쓰다 소키치는 백제가 13대 근초고왕(近肖古王: 재위 346~375) 때 건국했다고 우겼는데, 이병도는 이를 100여 년 끌어올려 8대 고이왕(古爾王: 재위 234~286) 때 건국했다고 주장했다. 그런데 후술하겠지만 편찬위원회의 '한국 고대사 전문위원'인 홍익대 교수 김태식은 '한일역사공동연구위원회'에서 발간한 「한일역사공동연구보고서」(2005)에서 "(고이왕 때 백제가 건국되었다는 것은) 후세 백제인들의 고이왕 중시 관념에 의하여 조작된 것이다. 이 시기 백제의 발전 정도는 좀 더 낮추어 보아야 할 것이다."라고 주장했다. 이병도의 설이 틀렸고 '쓰다 소키치 선생님'의 설이 맞다는 것이다. 한국 식민사학의 비조는 '쓰다 소키치 선생님'이지 이병도가 아니라는 이야기인데, 이 문제는 『동북아역사지도』에서 이른바 '『삼국사기』 초기 기록 불신론'을 표기한 부분에서 다시 설명하겠다.

낙랑군 조선현은 어디에 있었는가?

「위만조선과 진국 기원전 194~109년」 도엽[127쪽 지도 11]에서 진번을 황해도로 비정한 것은 조선사편수회의 이마니시 류의 주장을 추종한 것이다. 같은 식민사학자인 쓰다 소키치는 진번을 압록강변으로 비정했다. 따라서 이 도엽은 진번에 대해서는 쓰다 소키치의 설을 버리고 이마니시 류의 설을 따른 것이다. 그러나 임둔을 함경남도 부근으로 비정한 것은 쓰다 소키치의 설을 추종한 것이다. 막대한 대한민국 국민 세금으로 만든 『동북아역사지도』는 식민사학자들의 이 설 저 설에 따라서 술 취한 듯 이리저리 흔들리며 여기저기 깃발을 꽂아 넣는 것이다. 진국의 위치를 경기도로 본 것도 위만조선의 위치를 평안남도에 갖다 놓다 보니까 생긴 아전인수에 불과하다. 물론 일제 식민사학의 논리를 추종한 것이다.

그럼 낙랑군 조선현은 어디에 있었을까? 청나라 때 편찬된 『독사방여기요讀史方輿紀要』라는 지리지에 그 정확한 위치가 실려 있다. 그런데 『독사방여기요』를 이해하려면 중국의 지리지 편찬 전통에 대해서 알아야 한다. 중국은 강역이 넓기 때문에 예부터 지리지가 발달했다. 지리 지식뿐만 아니라 인문 지식에 관한 여러 사항도 다 담은 지리지를 여지輿地라고 하는데, '수레 여轝' 자를 쓰는 이유는 수레처럼 온갖 만물을 다 실었다는 의미이다. 『일통지一統志』가 대표적인데, 『대일통지大一統志』라고도 불리는 『대원일통지大元一統志』는 원나라 성종成宗 대덕大德 7년(1303)에 완성된 것으로 600책 1,300권에 이르는 방대한 지리지이다.

원나라 때 만들어졌다고 해서 그때 처음으로 작성된 것이 아니라 『서경書經』 같은 경서經書와 『사기』, 『한서』, 『후한서』 등의 사서史書, 그리고 수나라 때의 『구역도지區域圖志』, 당나라 때의 『원화군현도지元和郡縣圖志』, 송나라 때의 『태평환우기太平寰宇記』 같은 역대 지리지들을 모두 참고해서 만든 종합적 역사지리지이다. 이후 중국에서는 새 왕조가 들어설 때마다 일통지를 제작하는 것이 전통이 되었다. 그래서 명나라도 영종英宗 천순天順 5년(1461)에 『대명일통지大明一統志』를 완성했고, 청나라도 그 뒤를 이어 『대청일통지大淸一統志』를 제작했다.

『대청일통지』는 청나라 강희제 25년(1686)부터 시작해 도광제 22년(1842)까지 무려 2세기에 걸쳐 제작한 방대한 지리지이다. 이러한 『대청일통지』 제작에도 참여했던 고조우(顧祖禹: 1631~1692)가 바로 『독사방여기요』의 편찬자이다. 강소성江蘇省 무석無錫 출신의 고조우는 고조부 고대동顧大棟이 『구변도설九邊圖說』을 편찬한 것을 비롯해서 조부와 부친까지 지리서 편찬의 맥을 이은 지리학자 집안 출신이었다. 그는 순치順治 16년(1659)에 각종 사서 및 역대 지리지를 연구하면서 『독사방여기요』를 편찬하기 시작해서 강희 31년(1692)까지 36년에 걸쳐 130권짜리 역사지리지를 완성했다. 방여方輿는 여지輿地와 같은 뜻인데, 글자 그대로 수많은 역사서를 토대로 만든 지리지라는 뜻이다. 『독사방여기요』 권17 북직北直 8의 '영평부永平府'조는 청나라 때 영평부에 대한 설명인데, 지금의 하북성 노룡현 일대다. 고조우는 영평부(하북성 노룡현)에 대한 변천과정을 설명하면서 이렇게 말했다.

> 후위後魏에서 잠시 이 지역을 북평군에 소속시켰고, 후제後齊에서는 군치郡治로 삼았다. 수나라에서 노룡현으로 개칭했다. 또 조선성朝鮮城이 영평부 북쪽 40리에 있는데, 한나라 낙랑군의 속현이다.
>
> _『독사방여기요』 권17 '영평부'조

여기서 말하는 낙랑군의 속현인 조선성이 바로 낙랑군 조선현을 말하는 것이다. 노룡현 아래 있는 창려현에 『회남자』에서 고조선과 한나라의 경계라고 말한 갈석산도 있다. 이 갈석산은 고대 고조선 및 한사군 위치 비정에 중요한 지명이다. 중국의 담기양은 한사군을 한반도 북부로 비정해놓기는 했지만 지금의 하북성 창려현 북쪽, 즉 노룡현 남쪽에 갈석산도 그대로 표기했다. 그만큼 유명한 산이기 때문에 뺄 수 없었던 것이다. 그러나 담기양의 『중국역사지도집』을 베낀 『동북아역사지도』 중국편에는 갈석산이 없다. 갈석산이 고조선의 강역 및 중국 만리장성의 동쪽 끝을 의미하는 주요한 지명으로 떠오르자 일부러 빼버린 것이다. 중국인들보다 동북공정을 더 적극적으로 추종하고 있는 것이다.

『독사방여기요』에 낙랑군 조선현이 지금의 하북성 노룡현으로 나온다고 설명하자 임기환은 동북아특위에서 이렇게 반박했다.

> 두 번째, 이덕일 소장께서 『독사방여기요』에 근거한 '낙랑군 조선현=하북성 노룡현' 주장을 하고 있습니다. 『독사방여기요』는 사실은 1차 자료라기보다는 청대에 저술한 역사지리적 연구서의 성격이 굉장히 큰 것입니다. 따라서 이런 자료보다는 1차 자료를, 아까 이덕일 소장께서 1차 자료의 중요성을 강조했는데, 1차 자료에 의거해서 논리를 전개하는 게 무엇보다 중요하다고 생각이 됩니다.
>
> 그렇다고 하더라도, 『독사방여기요』가 2차 자료라고 하더라도 발표문을 보면 그중의 일부 자료만 따서 문제를 제기하고 계

십니다. 그래서 저희는 이 부분에 대한 전문을 지금 제시해 드렸고 그다음에 번역문까지 제시해드렸습니다. '한대 낙랑군 속현인데 지금 조선의 경내에 있다.'고 되어 있습니다. 이것은 『독사방여기요』에서 낙랑군 속현, 이것이 지금의 조선이지요, 이 책을 만들 당시, 한반도에 있다는 얘기를 한 것이고요. 그 뒤에 여러 가지 설명을 하고 있습니다. 따라서 이것은 한대 비여현이 설치된 곳이라는 점을 알 수가 있고요.

이것은 분문에서 분명히 얘기하듯이 교군입니다. 교군과 교현은 중국 남북조시대 영역이 다른 국가에 넘어갔을 때 그곳의 지방기구를 다른 내지에 임시로 존속케 하는 방식입니다.

따라서 『독사방여기요』에서 얘기하듯이 여기의, 북위시대의 조선현은 교현으로서 이것이 본래 조선현의 자리가 아님을 보여주는 자료입니다. 그런데 이덕일 소장께서는 이것을 반대로 사용하고 계십니다. 즉 '사료 비판을 제대로 하고 계시지 않다'는 뜻이 되겠습니다.

식민사학자들의 이야기는 일단 장황하다. 웬만한 사람들은 무슨 말인지 이해하기 힘들게 말한다. 이해하기 힘든 것이 정상이다. 보통 사람들은 이 사람들이 말하는 실제 내용을 알면 안 되는 것이다. 몰라야 자신들끼리만 전문가라는 타이틀을 달고 계속 학문권력을 유지하면서 나랏돈을 독점할 수 있기 때문이다.

임기환은 『독사방여기요』가 청나라 시대에 편찬된 책이기 때문에 1차 사료가 아니라고 주장했다. 편찬위원회는 한사군의 위치를 비

지도 13

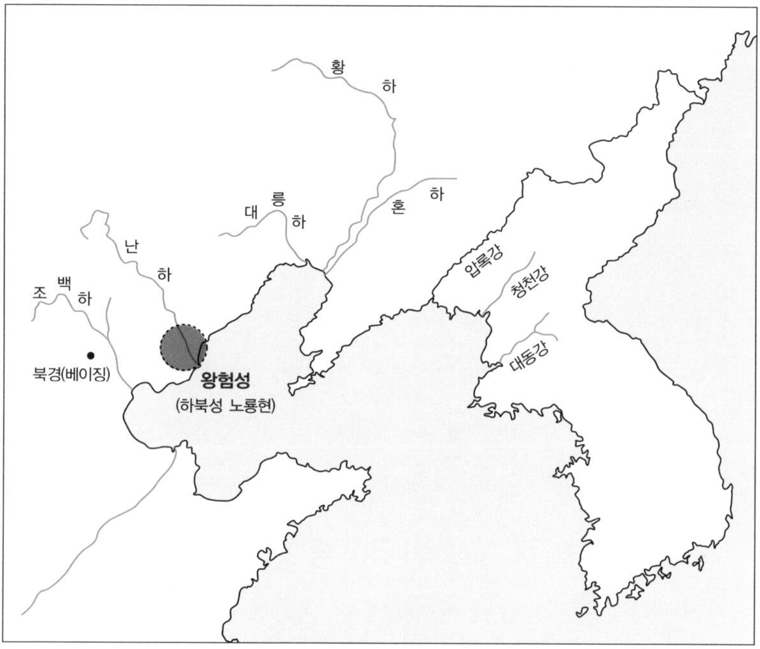

『독사방여기요』에 나오는 왕험성의 위치(하북성 노룡현).

정하는 근거 사료 64개 중에서 34개를 이병도의 책에서 제시했다. 20세기에 편찬한 이병도의 책은 1차 사료이고 17세기에 편찬한 『독사방여기요』는 2차 사료인가? 식민사학자들은 늘 사료를 거꾸로 본다. 『독사방여기요』는 중국의 고대 역사서와 지리서를 바탕으로 중국 각지의 역사를 설명한 역사지리서이다. 이런 책에 낙랑군 조선현이 지금의 하북성 노룡현이라고 나온다[위 지도 13]. 『독사방여기요』는 늦어도 강희 31년(1692)에는 완성된 책이니까 이나바 이와키치나 조선총독부에서 낙랑군 조선현을 대동면 토성리라고 주장하기 200여 년 전에 이미 하북성 노룡현이라고 썼다는 이야기다. 그래서 필자는 이렇게 반박했다.

> 그다음에 『독사방여기요』도 말씀하셨는데, 『독사방여기요』가 청나라 때 나왔다고 해서 청나라 때 것만 쓴 게 아니라 『한서』를 비롯한 온갖 지리 지식을 다 참고해서 쓴 겁니다. 중국은 원래 『대원일통지』, 『대명일통지』, 『대청일통지』 등 지리지 작성이 아주 발달한 나라예요.
> 이것을 작성한 고조우라는 분은 할아버지 대부터 『일통지』를 계속 작성한 집안이고 이분이 『대청일통지』 작성에 직접 참여했던 분입니다. 이분이 만든 사료에서 노룡현 그쪽에 조선성이 있다고 했는데, '조선성이 있고 거기가 한나라 낙랑군 조선현'이라고 했으면 우리 대한민국 입장에서는 믿으면 되는 거지요. 우리가 중국인입니까, 일본인입니까?

한중 역사전쟁을 치르는 상황에서 낙랑군 조선현이 지금의 하북성 노룡현이라는 『독사방여기요』의 기술은 동북공정을 추진하는 중국에 불리하고 대한민국에 유리하다. 그러나 『동북아역사지도』는 대한민국에 유리한 자료는 빼버리고 아무런 근거도 없는 이나바 이와키치와 이병도의 주장만 실어놓았다. 대한민국에 유리한 자료가 나오면 일제히 묵언수행에 들어가거나 가치를 폄하하고, 대한민국에 불리한 자료가 나오면 일제히 환호하는 식민사학의 전형적 행태이다. 임기환은 또 이렇게 말했다.

'한대 낙랑군 속현인데 지금 조선의 경내에 있다'고 되어 있습니다. 이것은 『독사방여기요』에서 낙랑군 속현, 이것이 지금의 조선이지요, 이 책을 만들 당시, 한반도에 있다는 얘기를 한 것이고요.

앞뒤가 안 맞는 말을 하니 횡설수설하는 것이다. 먼저 이 모든 설명은 청나라 때 영평부, 즉 지금의 하북성 노룡현에 대한 설명이다. 이곳이 한나라 낙랑군 조선현이었다는 이야기를 하는 것이다. 그런데 고조우가 여기에 한마디 덧붙였다.

또 조선성朝鮮城이 영평부 북쪽 40리에 있는데, 한나라 낙랑군의 속현이다. 지금은 조선 경내에 있다(在今朝鮮境內).

_『독사방여기요』 권17 '영평부'조

고조우는 하북성 노룡현에 대해 역대 사서와 지리지를 연구하다가 한나라 때 낙랑군 조선현이라고 나와 있는 것을 보고 그대로 썼다. 그런데 조선의 사대주의 유학자들이 평양 일대를 낙랑군으로 기술하고 있다는 사실도 알고 있었기에 "지금은 조선 경내에 있다."라고 덧붙인 것이다. 한나라 때 낙랑군 조선현이라고 쓴 것은 낙랑군 설치 당시의 시각이다. "지금은 조선 경내에 있다."라는 말은 청나라 때 유학자들의 시각이다. 당연히 낙랑군 설치 당시의 시각을 담은 앞의 이야기가 맞고, 뒤의 이야기는 사족에 불과하다. 그러나 대한민국에 불리한 자료가 나오면 일제히 환호하는 식민사학의 전통에 따라 "낙랑군 속현, 이것이 지금의 조선이지요."라고 우기며 한반도 북부를 기어이 중국의 식민지로 만드는 것이다.

낙랑군을 한반도 북부로 끌어들인 식민사학에게 『독사방여기요』는 골칫거리였다. 그래서 임기환은 교군僑郡, 교현僑縣이라는 용어를 끌어들였다. 임기환은 이렇게 말했다.

> 이것은 분문에서 분명히 얘기하듯이 교군입니다. 교군과 교현은 중국 남북조시대 영역이 다른 국가에 넘어갔을 때 그곳의 지방기구를 다른 내지에 임시로 존속케 하는 방식입니다.

하북성 노룡현이 교군, 교현이라는 말을 한 것이다. 교군, 교현은 교치僑置라고도 하는데 중국의 남북조 때 여러 나라들이 자주 명멸하다 보니까 이를 설명하기 위해 생겨난 용어이다. 예를 들어 진晉나라 연주兗州는 당초 산동성 경내에 있었는데 진나라가 남쪽으로 쫓겨가면서 강소성 양주揚州 부근의 광릉廣陵으로 이주하고 남연주南兗州를 설치한 것을 말한다. 또 서주徐州를 옮기고 나서 남서주南徐州를 설치한 것도 마찬가지다.

그런데 여기서 임기환이 말한 교군, 교현은 하북성 노룡현이 낙랑군 조선현이라는 사실과 아무런 상관이 없는 이야기다. 임기환이 동북아특위에서 배포한 「'동북아역사지도의 문제점' 발표에 대한 편찬위원회의 입장」에서 "번역문까지 제시"했다고 하는 그 번역문이 잘못되었다는 이야기다. 그 원문에 대해 편찬위원회의 번역과 필자의 번역을 비교해보자. 지금의 하북성 노룡현을 설명하는 그 원문의 내용은 아래와 같다.

> 신창성즉금부치 한치신창현 속요동군 후한인지 진속요동국
> 新昌城卽今府治。漢置新昌縣，屬遼東郡。後漢因之。晉屬遼東國，
>
> 재금요동해주위경 후위교치어차 속북평군
> 在今遼東海州衛境。後魏僑置於此，屬北平郡。
>
> _『독사방여기요』 권17 '영평부'조

임기환은 「'동북아역사지도의 문제점' 발표에 대한 편찬위원회의 입장」이라는 자료에서 이를 이렇게 번역했다. 역시 한글을 병기하지 않은 것을 필자가 한글을 병기했다.

> 신창성: 지금의 부치府治이다. 한대漢代 신창현이 설치되었는데, 요동군遼東郡에 속하였고, 후한後漢에 계속되었고 진대晋代에는 요동국에 속하였는데, 지금 요동의 해주위海州衛 경내에 있었다. 후위(後魏: 북위北魏) 시기에 이곳(영평부 노룡현)에 교치僑置하여 북평군에 속하였다.

식민사학자들의 말은 하여간 알아듣기 어려운 것이 특징이다. 무슨 말을 하고 있는지 알기 힘든 번역이다. 이렇게 번역해놓고, 교군이니 교현이니 장황한 이야기를 늘어놓아 마치 내용이 있는 것처럼 호도하는 것이다. 필자의 번역은 다음과 같다.

> 신창성은 지금의 영평부를 다스리는 곳이다. 한나라 때 신창현을 설치해서 요동군에 소속시켰는데, 후한 때도 이를 따랐

다. 진晉나라 때는 요동국에 소속시켰는데, 지금의 요동 해주 위 경내이다. 후위에서 잠시 이곳을 교치시켜 북평군에 소속시켰다.

'교교僑' 자와 관련해서 문제의 핵심은 지금의 하북성 노룡현을 후위後魏 때 잠시 북평군에 소속시켰다는 이야기다. 즉 북경 부근에 있던 북평군에 소속시켰다는 것으로, 평양이든 대동면 토성리든 이것들과는 아무런 상관이 없는 이야기다. 그래서 임기환에게 이렇게 반론했다.

(낙랑군 조선현이 하북성 노룡현이라는 이야기를) 대한민국 입장에서는 믿으면 되는데 여기에 교군, 교현, 복잡한 이야기, 이게 해석도 안 돼요. 교치라는 것은 그런 뜻이 아니라 잠시 이전했다는 뜻이에요. 한문 공부를 어디서 하셨는지 모르겠는데요.

한나라 때 낙랑군 조선현이 있던 곳은 지금의 하북성 노룡현이라는 것이 핵심이다. 즉 낙랑군 조선현은 한반도 북부와는 아무런 상관이 없다는 이야기다.

임기환이 "따라서 이것은 한대 비여현이 설치된 곳이라는 점을 알 수가 있고요."라고 했으니 『독사방여기요』의 비여가 왜 나오는지 뒷부분 내용을 조금 더 보자.

> 북위北魏의 탁발도 연화延和 초에 조선 백성을 비여肥如로 옮겨서 조선현을 설치하고, 북평군의 치소를 겸하게 했다. 고제高齊 때 군의 치소를 신창으로 옮기고 조선현을 병합시켰다.
>
> _『독사방여기요』 권17 '영평부' 조

북위 태무제 탁발도의 연호인 연화는 432년부터 435년까지이다. 이때 이 지역에 살고 있던 옛 조선 백성들을 비여로 옮기고 조선현을 설치했다는 것이다. 이때의 조선 백성이란 옛 낙랑군 조선현 백성들을 말한다. 비여현은 한나라 때 요서군에 속하는 곳이었는데, 이곳으로 조선현 백성들을 옮겼다는 뜻이다. 중국에서는 비여현을 지금의 하북성 천안遷安시 동쪽 부근으로 비정한다. 하북성 노룡현이든 하북성 천안시든 역시 한반도와는 아무런 상관이 없다.

낙랑군 조선현은 대동강 북쪽인 평양도, 대동강 남쪽인 대동면도 아닌 하북성 노룡현에 있었다. 그리고 5세기 중엽에 노룡현에서 조금 서북쪽인 지금의 하북성 천안시 동쪽의 비여현으로 옮겼다. 중국의 정세가 어지러워지고 고구려가 강성해지는 것과 관련이 있을 것이다. 고구려의 국시였던 다물多勿은 단군조선의 강역을 회복하는 것이었고, 이에 따라 고구려는 지금의 요하를 건너 여러 차례 지금의 하북성 일대에 있던 낙랑군을 공격했다. 거기다 중국 정세가 어지러워지면서 낙랑군을 하북성에서 조금씩 서쪽으로 옮겼던 것이다.

『위서魏書』「세조 태무제世祖太武帝 본기」에 "연화延和 원년(432) 9월 을묘에 거가車駕가 서쪽으로 귀환하면서 영주營丘, 성주成周, 요동遼東,

낙랑樂浪, 대방帶方, 현도玄菟 6군郡 사람 3만 가家를 유주幽州로 이주시키고 창고를 열어 진휼하게 했다."라고 기록하고 있듯이 서쪽으로 다시 옮겼다. 유주는 지금의 북경 부근이다.

최근에 북경시 천안문 남쪽의 대흥大興구 황춘진黃村鎮 삼합장촌三合莊村 일대의 고대 무덤군에서 한사군 유물이 출토되었다. 〈중국신문망中國新聞網〉 등에 따르면 이 일대에는 후한後漢, 북조北朝, 당唐, 요遼 나라의 묘 등 129기의 고분이 있는데, 이중 북조北朝 무덤에서 동위東魏 원상元象 2년(539)에 사망한 '한현도韓顯度'가 '낙랑군樂浪郡 조선현朝鮮縣' 출신이라는 벽돌묘비가 발견된 것이다.

이처럼 문헌사료도, 고고학 유적·유물도 마찬가지 이야기를 전하고 있다. 낙랑군 조선현은 하북성 노룡현에 있다가 더 서쪽으로 옮겼던 것이다. 낙랑군 조선현은 처음부터 한반도에 있지 않았다. 물론 다른 삼군도 한반도에 있지 않았다.

4장

이병도의 위치 비정이 **1차 사료**라는 사람들

賣國歷史學

1차 사료에 대한 서로 다른 해석

역사학에서 1차 사료가 갖는 중요성은 말할 필요가 없을 것이다. 다만 객관적인 기준을 무시하고 자의적으로 1차 사료를 규정할 때 생기는 문제의 심각성에 대해서는 짚어봐야 한다. 무엇을 1차 사료로 보는가에 따라 역사의 진실이 훼손되거나 왜곡될 수 있기 때문이다. 동북아특위에서 필자와 임기환은 1차 사료에 대해서 서로 다른 주장을 했다. 필자는 이렇게 말했다.

> 역사학이라는 것은 1차 사료를 해석하고, 1차 사료에 대한 해석이 우선이 되는데 …… (『동북아역사지도』에서) 패수를 청천강으로 그려놨는데 아무런 1차 사료적 근거가 없습니다.

그러자 임기환은 필자가 1차 사료의 개념을 잘못 이해하고 있는 것이라며 이렇게 비판했다.

> 낙랑 등 한군현의 위치에 대한 대안으로 제시한 주장은 1차 사료에 대한 이해와 분석에서 오류를 범하고 있다고 생각을 합니다. ……『독사방여기요』는 사실은 1차 자료라기보다는 청대에 저술한 역사지리적 연구서의 성격이 굉장히 큰 것입니다. 따라서 이런 자료보다는 1차 자료를, 아까 이덕일 소장께서 1차 자료의 중요성을 강조하셨는데 1차 자료에 의거해 논리를 전개하는 게 무엇보다 중요하다고 생각됩니다.

1차 사료에 의거해 논리를 전개하는 것이 무엇보다도 중요하다는 말이었다. 전적으로 맞는 말이다. 역사학은 1차 사료에 근거해서 논리를 전개해야 한다. 1차 사료란 당대에 쓰인 사료를 말한다. 임기환이 낙랑군 조선현의 위치를 지금의 하북성 노룡현이라고 쓰고 있는『독사방여기요』를 1차 사료가 아니라고 한 것은 당대인 한나라 때가 아니라 청나라 때 작성된 것이기 때문이라는 말이다.『독사방여기요』는 자료집 성격이 강하기 때문에 1차 사료로 분류해도 무방하지만 어쨌든 청나라 때 작성된 것이라는 임기환의 말도 틀린 말만은 아니다. 낙랑군의 위치를 비정하려면 낙랑군이 실제로 존속하고 있었을 때 작성된 사료들이 1차 사료가 된다. 그러면 1차 사료를 강조한 임기환이 주도해서 만든『동북아역사지도』는 과연 어떤 1차 사료를 가지고 만들었을까?

동북아특위 위원들이 한사군을 한반도 내로 비정한 근거 사료를 제시해달라고 요구하자 편찬위원회는 한문으로 된 자료를 보내왔는데 모두 64곳에 대한 위치 비정의 근거 사료였다. 그중 『한서』「지리지」가 39번, 이병도 설이 34번 반복되고 있었다. 『한서』「지리지」는 한나라의 정사인 『한서』에서 한나라 각 지방에 대해 서술한 「지리지」이므로 한사군의 위치에 대한 1차 사료가 맞다. 그런데 과연 『한서』「지리지」에 낙랑군이 평안남도에 있었다고 나올까? 필자는 여기에 대해 이런 설명을 덧붙였다.

> 『한서』「지리지」에는 낙랑군이나 한사군을 한반도 내로 비정할 수 있는 근거가 전혀 없어요. 위원님들 원하시면 제가 컴퓨터 가지고 왔는데 『한서』「지리지」 원문을 직접 보여드리면서 설명드릴 수 있습니다. 『한서』「지리지」에는 단 하나도 …… 『한서』「지리지」 자체는 한반도에 관한 지식 자체가 없습니다. …… 다 자의적으로 한 것이지 모두 그러한 근거가 전혀 없는 소설이라는 이야기지요.

필자가 그 자리에 없었다면 임기환은 『한서』「지리지」에 다 나온다고 우겼을지도 모른다. 『한서』「지리지」에 '한사군이 한반도 내에 있었다'라고 나온다고 우긴 것은 편찬위원회가 처음이 아니었다. 식민사학 교주 중의 한 명인 이나바 이와키치는 「진나라 장성의 동쪽 끝 및 왕험성에 대한 논고」에서 "진 장성의 동쪽 끝이 황해도 수안의 강역에서 일어나서 대동강 상원으로 나와서 청천강을 끊고

…… 개원 동북 지역으로 나온다는 사실은 『한서』 「지리지」에 의해서 의심할 바 없다."라고 말했다. 마치 『한서』 「지리지」에 '진 장성의 동쪽 끝이 황해도 수안에서 시작해서 대동강과 청천강을 지난다'고 기록되어 있는 것처럼 말한 것이다. 말한 정도가 아니라 '의심할 바 없다'고까지 했다. 과연 사실일까? 그렇지 않다. 『한서』 「지리지」에는 수안도, 대동강도, 청천강도 나오지 않는다. 아니 『한서』 「지리지」에는 한반도 자체에 대한 언급이 단 하나도 없다. 그래서 필자가 "원하시면 …… 『한서』 「지리지」 원문을 직접 보여드리면서 설명드릴 수 있습니다."라고 말한 것이다.

『동북아역사지도』는 64개 위치 비정 중에서 39개의 위치가 『한서』 「지리지」에 나온다고 말했다. 누구의 말이 옳은지 가리는 방법은 간단하다. 필자의 말이 틀렸으면 임기환이 "그럼 컴퓨터에 『한서』 「지리지」를 띄워서 보여드리겠습니다."라고 나서면 된다. 그래서 실제로 『한서』 「지리지」에 낙랑군이 한반도 내에 있었다는 구절이 나오면 필자는 "제가 잘못했습니다. 오늘부로 학계를 떠나 다른 일을 해서 먹고살겠습니다."라고 말하고 역사학계를 떠날 것이다. 그러나 임기환은 그렇게 하지 못했다. 아니, 할 수 없었다. 『한서』 「지리지」에는 한반도 자체에 대한 언급이 단 하나도 없기 때문이다.

사실 식민사학의 논리를 반박하기는 아주 쉽다. 조금이라도 그럴듯한 근거가 있어야 반박하기 어려운데 이들에게는 '식민사학은 영원하다'는 비합리적 교리 외에 아무 근거도 없기 때문이다. 이들의 한사군 위치 비정은 담기양의 『중국역사지도집』 제2권 「서한 유주자사부」 도엽을 그대로 베낀 것이다. 두 지도 모두 패수를 청천강으로, 열수는 대동강으로 비정했다. 낙랑군에는 모두 25개 속현이 있었는데, 그중 조선·패수·증지·점제·열구·누방·사망·둔유·대방·해명·제해 현 등 거의 모든 현의 위치가 같다[36, 37쪽 지도 1, 2 참조]. 한마디로 베꼈다는 이야기다. 이중 몇 개의 사례만 제시해도 이들이 얼마나 근거 없는 공상소설을 써왔는지 알 수 있다.

먼저 낙랑군 패수현의 위치를 찾아보자. 담기양의 『중국역사지도집』이나 윤병남·임기환·노태돈·송호정의 『동북아역사지도』는 낙랑군 패수현을 평안남도 영변으로 비정했다. 김소월이 "영변에 약산 진달래꽃, 아름 따다 가실 길에 뿌리오리다."라고 읊었던 영변이 옛날 낙랑군 패수현이었다는 주장이다. 『동북아역사지도』는 그 근거 사료로 두 가지를 제시했다. 하나는 『한서』「지리지」이고, 다른 하나는 이병도의 『한국고대사연구』이다. 청나라 고조우가 17세기에 편찬한 『독사방여기요』를 두고 1차 사료가 아니라고 주장하던 사람들이 고조우보다 300여 년 후의 자료인 20세기 이병도의 저서는 1차 사료라고 주장하는 것이다.

우선 『한서』「지리지」에 '낙랑군 패수현은 평안도 영변'이라고 나오는지 한번 살펴보자. 『한서』「지리지」 '낙랑군 패수현'조에 "패수현, 패수가 서쪽으로 증지增地현에 이르러 바다로 들어간다. 왕망은 낙선정이라고 말했다(浿水, 水西至增地 入海. 莽曰樂鮮亭)."라고 기술한 것이 패수현에 대한 내용의 전부다. '패수가 서쪽으로 증지현이라는 곳에 이르러 바다로 들어간다'는 것이 어떻게 낙랑군 패수현이 평안남도 영변이라는 근거가 되는가? '증지현에 이르러 바다로 들어간다'고 했으니 그럼 증지현이라는 곳에 답이 있는가? 『한서』「지리지」 '낙랑군 증지현'조에는 "증지현, 왕망은 증토현이라고 했다(增地, 莽曰增土)."라는 것이 전부다. 『한서』「지리지」가 낙랑군 패수현을 평안도 영변이라고 말하고 있는 것처럼 주장하는 것은 한마디로 말해 질 나쁜 사기다.

그러면 이들이 1차 사료로 34차례나 떠받들고 있는 식민사학의 교주 '이병도 선생님'의 『한국고대사연구』에는 낙랑군 패수현을 평안남도 영변으로 비정할 수 있는 근거가 있을까? 그들의 '이병도 선생님'이 쓰신 1차 사료의 내용을 직접 읽어보자.

> 패수현은 史上(사상)에 저명한 패수(청천강) 유역에 위치하였기 때문에 그 이름을 취하게 된 것이다. 『한서』「지리지」 패수현 조를 보면 패수가 패수의 상류처에 위치한 것을 말하여 주거니와 그러면 본류의 상류처냐 또는 북지류의 그것이냐가 문제인데, 고래로 교통상 요지요 또 웅주雄州로 이름난 곳을 든다면, 북지류의 영변(평안남도)을 꼽지 아니할 수 없다.
>
> 평안남도 영변이라 하면 유명한 묘향산의 보현사와 낙산의 철옹성을 연상케 한다. 이곳이 평안북도의 태천, 귀성 등지와 연결되고 평안남도의 개천 또는 안주와 연결되는 요지인 만큼, 고려 성종 때에는 방어사防禦使가 되고, 근조선近朝鮮 세종 때에는 대도호부大都護府로 승격되어 내려오던 곳이다. 그래서 나는 패수현의 위치를 영변 일대로 비정하여왔다.
>
> _이병도, 『한국고대사연구』, 박영사, 1976, 145쪽

이병도는 다시 태어나면 역사학을 하지 말고 공상소설 작가가 되는 게 낫겠다는 생각이 드는 내용이다. 이병도는 "『한서』「지리지」 패수현 조를 보면 패수가 패수의 상류처에 위치한 것을 말하여"준다고 했다. 『한서』「지리지」'패수현'조는 앞서 본 "패수가 서쪽으로 증지현에 이르러 바다로 들어간다. 왕망은 낙선정이라고 말했다."라는 내용이 전부이다. 여기에 무슨 상류처 하류처가 있고, "본류의 상류처냐 또는 북지류의 그것이냐"를 고민할 구절이 있는가? 이는 이병도가 패수를 청천강으로 비정해놓고는 패수현을 청천강 상류에 갖다 붙이기 위해 공상소설을 쓰는 것이라고밖에 볼 수 없다.

그리고 영변에 묘향산 보현사와 낙산 철옹성이 있는 것이 낙랑군 패수현과 무슨 상관이 있나? 영변이 평안북도 태천, 귀성과 평안남도 개천, 안주와 연결되는 교통의 요지라는 것이 낙랑군 패수현과 무슨 상관이 있단 말인가? 고려 성종 때 방어사가 있었고, 조선 세종 때 대도호부로 승격된 것과 낙랑군 패수현이 대체 무슨 상관이 있는 것인가? 아무 상관도 없는 이야기를 잔뜩 나열해놓고 "그래서 나는 패수현의 위치를 영변 일대로 비정하여왔다."라고 결론을 내린 것이다.

학자로서 참담한 일인데 더 놀라운 사실은 『동북아역사지도』에 관련된 60여 명의 학자들이 이따위 공상소설을 1차 사료랍시고 버젓이 제시했다는 점이다. 편찬위원회의 한국 고대사 전문위원인 전 서울대 교수 노태돈은 패수를 압록강으로 비정했다. 그러면 적어도 노태돈은 낙랑군 패수현을 압록강변의 만포나 고산, 중강진, 자성 등지로 비정해야 논리에 맞는다. 하지만 패수는 압록강인데 패수현은 청천강변의 영변에 있다. 노태돈은 이 모순을 어떻게 설명할 것인가? 이들의 논리라는 것이 이런 식이다.

'이병도 맘대로 한 위치 비정'이 1차 사료?

그러면 『동북아역사지도』에서 낙랑군 증지현을 어디로 비정하고 있는지 알아보자.

『동북아역사지도』는 낙랑군 증지현을 평안남도 안주安州시로 비정했다. 편찬위원회는 그 근거로 앞에서 인용한 『한서』「지리지」'낙랑군 패수현'조를 들었다. 앞에서 살펴보았듯이 『한서』의 '낙랑군 패수현'조가 평안남도 영변은 물론 평안남도 안주와도 아무 상관이 없다는 것은 더 이상 설명할 필요도 없다. 그들은 『사기』「조선열전」의 일부 구절도 낙랑군 증지현이 평안남도 안주시라는 증거라고 제시했다. 이번에도 예외 없이 한문 원문을 그대로 제시했는데, 해석하면 이런 내용이다.

> 누선장군(樓船將軍: 양복)은 제齊나라 병사 7천 명을 거느리고 먼저 왕험성에 도착했다. 우거왕이 성을 지키면서 살펴보니 누선장군의 군사가 적은 것을 알고 즉시 성을 나와서 누선장군을 습격했다. 누선장군은 패배했고 흩어져 도주했다. 장군 양복楊僕은 그 무리를 잃고 산중에 십여 일을 숨어 있다가 차차 흩어진 군졸들을 구해서 다시 모았다. 좌장군(순체)은 조

선 패수서군浿水西軍을 습격했지만 이기지 못해서 앞으로 나갈 수 없었다.

_『사기』「조선열전」

이 구절이 '낙랑군 증지현이 평안도 안주라는 근거'라고 제시했는데, 도대체 무슨 증거가 된다는 것일까? 세상 사람들을 다 바보로 여기고, 자기들 마음대로 원문을 갖다 붙이면 그렇게 된다는 것일까? 그나마도 국회의원들이 한문을 어떻게 알겠냐는 생각에 원문도 직접 대조하지 않고 인터넷에 뜬 사료를 드래그로 긁어다 제시했다. 그래서 "장군 양복은 그 무리를 잃고"라는 구절의 원문은 "將軍楊僕失其衆(장군양복실기중)"인데, '중衆' 자를 빼놓고 제시했다. 이들이 드래그로 긁은 원문에 '중衆' 자가 빠져 있기 때문이다. 편찬위원회가 제시한 원문 그대로 '중衆' 자를 빼고 해석하면, '양복은 잃고 산중에 십여 일을 숨어 있다가 차차 흩어진 군졸들을 구해서 다시 모았다'라고 해석해야 한다. 양복이 무엇을 잃었다는 말인지 알 수 없다. 대만과 한국의 한문 호환 방식이 달라서 한국의 컴퓨터가 '중衆' 자를 인식하지 못하는 것을 모른 탓이다. 나랏돈 가지고 학문하는 사람들의 자세가 이렇다.

'중衆' 자를 빼고 해석하든, 넣어서 해석하든 이 사료가 평안남도 안주와는 아무런 관련이 없다는 사실은 삼척동자도 알 수 있다. 따라서 편찬위원회에서 '낙랑군 증지현이 평안남도 안주라는 근거'라고 제시한 두 개의 1차 사료, 즉 『한서』「지리지」와 『사기』「조선열전」은 평안남도 안주와는 아무런 관련이 없다는 사실이 밝혀졌다.

그러면 편찬위원회에서 제시한 20세기 1차 사료의 창시자 '이병도 선생님'은 뭐라고 교시했는지 살펴보자.

> 위의 패수현조에서 '水西至增地入海(패수가 서쪽으로 증지현에 이르러 바다로 들어간다. 해석 필자)'라고 한 것을 보아, 증지현의 소재는 자명하게 된다. 즉 청천강의 하류에 있는 종래의 웅주거목雄州巨牧인 안주가 틀림없다고 믿는다. 안주는 고려 태조 14년에는 안북부安北府, 성종 때에는 영주안북대도호부, 현종 9년에는 안북대도호부, 근조선 세조 때에는 목사牧使, 인조 6년에는 병마절도사와 목사를 겸직한 요진要鎭이었다.
>
> _이병도, 『한국고대사연구』, 박영사, 1976, 145~146쪽

이병도는 무슨 말을 하려고 한 걸까. 『한서』「지리지」'패수현'조에서 "패수가 서쪽으로 증지현에 이르러 바다로 들어간다."라고 한 것을 보아 증지현의 소재는 자명하게 된다고? 이 구절이 청천강 하류에 있는 종래의 웅주거목인 안주를 뜻하는 것이라고? 이게 어떻게 그런 뜻이 되는지 자못 궁금할 뿐이다.

또한 평안남도 안주가 고려 태조 때 안북부가 되었고, 성종 때에는 영주안북대도호부가 되었고, 현종 9년에는 안북대도호부가 된 것이 낙랑군 증지현이 평안남도 안주라는 것과 무슨 상관이 있단 말인가? 조선 세조 때에는 목사가 있었고, 인조 때에는 병마절도사와 목사를 겸직한 요진要鎭이었던 것이 낙랑군 증지현이 평안남도 안주라는 것과는 또 무슨 상관이 있냐는 말이다.

이병도가 낙랑군의 위치를 비정한 기준은 패수가 청천강이라는 것이다. 따라서 패수현을 청천강 북쪽으로 비정했으니 증지현은 청천강 남쪽의 안주로 비정하겠다는 논리다. 그 논리대로라면 노태돈은 패수를 압록강으로 비정했으니 증지현은 압록강 하류의 의주 등지에 비정해야 맞는 게 아닌가? 그런데 패수를 청천강에 비정한 이병도나 압록강에 비정한 노태돈이나 똑같이 패수현은 영변이고 증지현은 안주다. 서로 갖고 있는 자는 다른데 길이를 재면 같다. 희한한 노릇이다. 식민사학의 지명 비정이라는 것이 죄다 이런 식이다. 이런 실력으로 나랏돈 47억여 원을 받아내고 30여억 원을 더 받아내려고 하다가 일단 제동이 걸린 것이다.

황당한 에피소드 하나만 더 열거하자. 『한국사, 그들이 숨긴 진실』에서 이미 밝힌 이야기이기도 하다. 『동북아역사지도』는 낙랑군 둔유현을 황해도 황주로 비정했다. 근거 사료로는 『고려사』 「지리지」 '황주목黃州牧'조, 『삼국지』 「위지동이전魏書東夷傳」 '한韓'조, 이병도의 『한국고대사연구』를 제시했다. 먼저 『삼국지』 '한'조가 낙랑군 둔유현을 황해도 황주라고 말하고 있는지 살펴보자.

> (후한의) 환제桓帝·영제靈帝 말년에 한韓·예濊가 강성해서 군현이 통제할 수 없자 백성들이 다수 한국韓國으로 유입되었다. 건안建安 연간(서기 196~220)에 공손강公孫康이 둔유현屯有縣 남쪽 지역 황지(荒地: 황무지)를 대방군帶方郡으로 삼고, 공손모公孫模와 장창張敞 등을 파견해 유민들을 수습하고 군사를 일으켜 한韓과 예濊를 정벌하니 옛 백성들이 점차 나타났다. 이후에 왜倭

와 한韓이 비로소 대방군에 속하게 되었다.

_『삼국지』「위지동이전」'한'조

먼저 이 사료에는 황해도 황주는커녕 한반도 자체에 대한 내용이 하나도 나오지 않는다. 문제가 되는 것은 "후한의 환제, 영제 말년에 한·예가 강성해서 군현이 통제할 수 없자 백성들이 다수 한국으로 유입되었다."라는 구절인데, 여기에서 말하는 한국의 위치는 한반도 남부의 삼한三韓이 아니다. 서기 2세기 말에서 3세기 초에 낙랑군 둔유현 남쪽에 공손강이라는 인물이 설치했다는 대방군도 황해도와 아무런 상관이 없다. 공손강은 앞서 살펴본 대로 지금의 북경 부근을 뜻하는 고대 요동에서 줄곧 활동했던 인물로 황해도에는 태어나서 죽을 때까지 단 한 번도 오지 않았다. 따라서 『삼국지』「위지동이전」은 낙랑군 둔유현을 황해도 황주로 비정하는 근거가 될 수 없다.

편찬위원회는 위치 비정에 오랜만에 한국 측 사료를 인용했다. 『고려사』「지리지」'황주목'조가 낙랑군 둔유현이 황해도 황주라는 사실을 말해준다는 것이다. 한번 살펴보자. 『동북아역사지도』에서 제시한 『고려사』「지리지」의 내용은 "황주목은 본래 고구려 동홀이다(黃州牧, 本高句麗冬忽)."라는 기술이 전부다. 황주를 고구려 때는 동홀冬忽이라고 불렀다는 것이다. 황주를 고구려 때 동홀이라고 부른 것과 낙랑군 둔유현이 황해도 황주라는 것이 무슨 상관이 있다는 것인가? 아무 상관이 없다. 이것이 필자에게 "1차 사료에 대한 이해와 분석에서 오류를 범하고 있다고 생각을 합니다."라고 말한 임기환의

1차 사료 사용법이다.

그러면 20세기의 1차 사료인 '이병도 선생님'의 가르침에는 과연 낙랑군 둔유현을 황해도 황주로 비정할 수 있는 근거가 있을까? 이병도의 글을 읽어보자.

『고려사』「지리지」'황주목黃州牧'조를 보면 '황주목, 본 고구려 동홀冬忽'이라고 하고 그 밑의 분주分註에 '일운一云 우동어홀于冬於忽'이라고 하였다. 여기 '우동어홀'의 동어冬於와 둔유屯有의 음이 서로 근사한데 우리의 주의를 끈다. 속히 말하면 '둔유'와 '동어'는 즉 같은 말의 이사異寫가 아닌가 생각된다. …… 하여튼 둔유현이 지금의 황주에 해당하리라고 생각되는 점은 비단 지명상으로뿐만 아니라 또한 (아래에 말할) 실제 지리상으로 보더라도 적중하다고 믿는 바이다.

_이병도, 『한국고대사연구』, 박영사, 1976, 118~119쪽

이병도가 제시한 근거는 이렇다. 『고려사』「지리지」'황주목'조 주석 중에 황주를 다른 말로는 '우동어홀'이라고 했다는 구절이 있다. 여기에서 앞의 '우' 자와 뒤의 '홀' 자를 이병도 마음대로 빼버리니 동어가 남는다. 그 '동어'가 '둔유'와 발음이 유사하니 낙랑군 둔유가 황해도 황주라는 것이다. 그야말로 기발하고 깜찍하다고밖에 할 말이 없다. 위치 비정을 이런 식으로 하는 이병도가 문제인가, 아니면 이런 식으로 해놓은 위치 비정을 1차 사료라고 떠받들면서 『동북아역사지도』에 그대로 추종하는 편찬위원회가 문제인가? 둘 다

문제지만 누구의 문제가 더 큰가?

『후한서』「군국지」 '낙랑군'조를 보면 18개 현이 나오는데, "…… 열구列口, 장금長岑, 둔유屯有, ……" 순서로 되어 있다. 서로 멀지 않은 곳에 있다는 이야기다. 그중 열구현에만 주석이 붙어 있는데, 이런 내용이다. "곽박郭璞은 『산해경山海經』에 주석하기를 '열은 강 이름이다. 열수는 요동에 있다(列, 水名. 列水在遼東).'라고 말했다." 둔유현에 가까운 열구에 열수가 흐르는데 그 열수는 요동에 있다는 말이다.

동북아역사재단에서 아무런 사료적 근거 없이 열수를 대동강이라고 주장한다는 사실은 이미 말했다. 그러나 『후한서』「군국지」는 이처럼 열구, 장금, 둔유가 모두 고대 요동에 있었다고 명확히 말하고 있다. '우동어홀'에서 '우' 자와 '홀' 자를 마음대로 빼버리고 나니 남는 '동어'를 '동어=둔유'라고 해석하는 식의 코미디는 이제 그만둘 때가 되었다. 필자는 동북아특위에서 이렇게 말했다.

> (낙랑군 둔유현을 황해도 황주라고 본) 근거라고는 『고려사』 '황주목'조에 황주목은 본래는 고구려의 동홀인데 그 밑의 분주에 우동어홀이라고 했다는 걸 두고 이병도 씨가 마음대로 '우' 자하고 '홀' 자를 빼버리고 나서 '동어'라고 쓴 게 '둔유'하고 음이 같기 때문에 황해도 황주가 낙랑군 둔유라고 주장하는 게 다예요. 이건 공상소설에서나 가능한 이야기지 역사에서 이런 이야기 했다가는 다른 나라 같으면 벌써 옛날에 다 매장되고 끝났을 일인데, 동북아역사지도편찬위원회 수십 분이 이걸 그대로 추종하고 있는 겁니다, 지금.

열수는 대동강이 아니라 요동에 있다고 말한 곽박은 누구인가? 곽박(郭璞: 276~324)은 식민사학에서 낙랑군이 평안남도에 있었다고 주장하던 시기(서기전 108~서기 313)에 살았던 진晉나라 학자다. 특히 훈고학자로 유명하다. 그가 열수는 요동에 있다고 말했다. 물론 그가 말하는 요동은 지금의 요동이 아니라 서쪽으로 몇 백 킬로미터 더 가야 하는 고대 요동이지만 지금의 요동이라고 쳐도 황해도는 아니다. 그런데 『동북아역사지도』는 3세기 때 학자인 곽박이 요동에 있다고 말한 열수를 대동강이라고 우긴다. 그러면서 필자에게 "1차 사료에 대한 이해와 분석에서 오류를 범하고 있다."고 뒤집어씌운다. 그래서 그날 동북아특위 자리가 아주 소중했던 것이다. 1차 사료에 대한 이해와 분석에서 오류를 범하고 있는 것이 누구인지 직접 목도할 수 있었던 자리였기 때문이다.

지금까지 낙랑군 속현을 한반도 북부로 비정하는 논리를 몇 개 살펴보았지만 그 근거는 단 하나도 찾을 수 없었다. 편찬위원회의 실력이면 광화문을 부산에 있다고 비정할 수도 있다. 부산에 광복동이 있지 않은가? 광화문과 광복동은 '광光' 자 하나가 같지 않은가? 과장이 아니다. 실제로 그런 예가 있다. 낙랑군 수성현을 황해도 수안에 비정한 것이 그 예이다.

『태강지리지』를 위서로 몬 간 큰 사람들

낙랑군의 위치를 비정하는 데 가장 중요한 것이 갈석산이다. 한·

중·일 식민사학 삼각편대에게는 아킬레스건인 반면 1차 사료를 중심으로 낙랑군의 위치를 찾으려는 사람들에게는 문헌사료를 뒷받침해주는 물적 증거이다. 이 갈석산이 있는 낙랑군 수성현을 『동북아역사지도』는 황해도 수안으로 비정했다. 그 관련 근거로 제시한 것은 20세기의 1차 사료인 '이병도 선생님'의 『한국고대사연구』뿐이었다. 그나마 억지로 끌어대던 『한서』「지리지」나 『삼국지』「위지동이전」'한'조조차도 끌어들이지 못했다. 그러면 '이병도 선생님'의 1차 사료를 읽어보자.

> (낙랑군) 수성현, 자세하지 아니하나, 지금 황해도 북단에 있는 수안에 비정하고 싶다. 수안에는 『승람』 산천조에 요동산遼東山이라는 산명이 보이고, 관방조關防條에 후대 소축所築의 성이지만 방원진防垣鎭의 동서행성의 석성石城이 있고, 또 『진지晋志』의 이 '수성현'조에는-맹랑한 설이지만-「진대장성지소기秦代長城之所起」라는 기재도 있다. 이 진장성설은 터무니없는 말이지만 아마 당시에도 요동산이라는 명칭과 어떠한 장성지長城址가 있어서 그러한 부회가 생긴 것이 아닌가 생각된다. 그릇된 기사에도 어떠한 꼬투리가 있는 까닭이다.
>
> _이병도, 『한국고대사연구』, 박영사, 1976, 148쪽

이것이 20세기에 1차 사료 작성자로 추앙받는 '이병도 선생님'께서 낙랑군 수성현을 황해도 수안군으로 비정한 논리이다. 『한국사, 그들이 숨긴 진실』에서 이미 낱낱이 밝힌 내용이다. 이병도의 말 중

에 『승람』이란 『동국여지승람』을 뜻한다. 이들은 보통 사람들이 쉽게 알아볼 수 있는 용어는 절대 쓰지 않는다. 보통 사람들이 자신들의 실체를 알아버리면 틀린 사실도 모호하게 넘어가며 우기는 것이 곤란해지기 때문에 『동국여지승람』이라고 써야 할 것을 그냥 『승람』이라고만 쓴다. '요동산'과 '방원진 석성' 등의 이야기도 마찬가지다. 『동국여지승람』 황해도 수안군 항목에 보면 '산천'조에 요동산이라는 이름이 나오고 방원진 석성이 나온다는 것이다. 이병도가 요동산과 석성을 언급한 데는 이유가 있다.

낙랑군 수성현에 대해서는 『사기』 「하본기夏本紀」에 위치가 비교적 자세하게 나와 있다. "오이鳥夷의 피복皮服은 옆으로 갈석을 끼고 바다로 들어간다."라는 말이 있는데, 이 갈석이라는 용어의 주석에 낙랑군 수성현의 위치를 비정할 수 있는 말이 있다.

> 『태강지리지太康地理志』에서 말하기를 '낙랑군 수성현에는 갈석산이 있는데, 만리장성이 시작되는 기점이다(太康地理志 云, '樂浪遂城縣有碣石山, 長城所起').
>
> _『사기』 「하본기」 주석

『태강지리지』 기록은 낙랑군의 위치에 대해 세 가지 정보를 알려준다. ① 낙랑군에는 수성현이 있다, ② 수성현에는 갈석산이 있다, ③ 수성현에는 만리장성의 동쪽 끝이 있다. 따라서 이 세 가지 정보를 만족시키는 위치가 낙랑군 수성현 지역이 된다. 담기양의 『중국역사지도집』이나 『동북아역사지도』에서 만리장성선을 고구려 세로 국경선의 근거로 삼은 이유도 여기에 있다.

이병도는 낙랑군 수성현을 황해도 수안군이라고 주장하고 싶었다. 그런데 수안에는 갈석산도 없고 만리장성도 없다. 그러나 이병도가 누군가, 국사학계의 태두 아닌가! 자신이 주장하면 곧 역사가 된다. 그래서 요동산과 방원진 석성을 언급한 것인데, 요동산이 갈석산이고 방원진 석성이 만리장성이라는 것이다. 이병도의 주장은 그 근거를 찾아보면 모두 일본인 식민사학자들의 주장을 추종한 것이다. 이 역시 이나바 이와키치의 주장을 무조건 따른 것이다.

그런데 임기환을 비롯해 수십 명의 한국 역사학자들이 이나바 이와키치와 이병도의 '낙랑군 수성현=황해도 수안군설'을 추종해서 『동북아역사지도』에 그대로 실었다. 그리고는 낙랑군 수성현이 황해도 수안군이라는 1차 사료적 근거로 앞의 "자세하지 아니하나……" 운운한 이병도의 이야기를 든 것이다.

하지만 실제 갈석산이 하북성 창려현에 있다는 사실은 이제 한국사에 관심이 있는 사람이면 웬만해서는 다 안다. 동북아특위에서도 도종환, 이상일, 최봉홍 위원 등이 갈석산에 대해 언급했다. 이미 갈석산이 어디에 있는지 다 안다는 이야기다. 『수서隋書』에 지금의 하북성 창려가 옛 수성현이라고 나온다. 창려 북쪽에 만리장성 유지(遺址: 남은 유적)가 있고, 지금도 창려 동쪽에 명나라 때 쌓은 만리장성 동쪽 끝인 산해관山海關이 있다. 『태강지리지』에서 말하는 낙랑군 수성현은 지금의 하북성 창려현이라는 뜻이다.

필자는 몇 년 전 갈석산에 오른 적이 있다. 한가람역사문화연구소 연구진들은 자비로 모두 몇 번씩 가봤던 곳이다. 산을 오르는데 한국인들의 말소리가 들렸다. "이 산이 어떤 산인지 아세요?"라고 물어보니 뜻밖에도 "『태강지리지』에 '낙랑군 수성현에는 갈석산이 있고 만리장성이 시작되는 기점이다'라고 나오지요."라는 대답이 나왔다. 무슨 일을 하는 분들인지 묻자 천진天津에서 사업하는 한국인들이라고 했다. 그때 우리는 '식민사학은 끝났다'고 생각했다. 역사를 전공하지 않은 일반 국민들 입에서 1차 사료의 내용이 줄줄 나오는데 학문적 진실은 하나도 없이 그저 카르텔로 유지하고 있는 식민사학이 어찌 버티겠는가?

그러나 어쨌든 편찬위원회는 『태강지리지』에 대해 답을 해야 했다. 역시 식민사학 특유의 답을 내놨다. 임기환은 이렇게 답했다.

> 낙랑군 수성현 기사 관련 문제입니다. …… 낙랑 수성현과 장성을 연결시키는 것은 『태강지리지』 자료입니다. 이 자료에 의해서 여러 진서자료나 통전자료들이 만들어지게 됩니다. 『태강지리지』가 보여주고 있는 '수성현에서 장성이 시작됐다.' 라는 자료는 엄밀한 사료 비판을 거쳐서 문제가 많다라는 것이 이미 학계에서 충분히 논의가 되었습니다. 그 논증 과정은 굉장히 길기 때문에 제가 이 자리에서 다 말씀드리기도 어렵습니다. 그것은 이미 학계에 발표되어 있는 논문을 충분히 참고하시면 됩니다.

『태강지리지』가 위서僞書라는 이야기다. 식민사학에 불리한 자료, 즉 대한민국에 유리하고 중국 동북공정이나 일본 극우파에게 불리한 자료가 나오면 위서로 모는 것이 국내 매국사학의 주특기 중 하나이다. 이와 관련된 이야기는 『우리 안의 식민사관』의 「4장 식민사관 생존 비법」 중 '사료 가치 폄하하기'라는 항목에서 이미 서술했다. 『우리 안의 식민사관』에서 필자는 '갈석산에서 만난 교포들과 서울대 노태돈', '진나라 통일을 기념해서 제작한 『태강지리지』'라는 소제목으로 『태강지리지』를 위서로 모는 노태돈의 논리를 비판하고 『태강지리지』에 대해 자세하게 설명했다.

식민사학의 도그마와 어긋나면 고대 1차 사료도 위서로 모는 것이 특기인 사람들이 필자가 쓴 책을 부인하는 것은 당연한 일일 것이다. 그래도 『태강지리지』까지 위서로 본 것은 심했다는 생각이 든다. 임기환은 동북아특위에 배포한 「'동북아역사지도의 문제점' 발표에 대한 편찬위원회의 입장」에서 이렇게 주장했다.

> (낙랑군) 수성현과 연결한 『태강지리지』의 내용은 관련 문헌을 검토한 결과 오류임이 이미 학계에서 검토되었음.

이들이 학계라고 말할 때는 (식민사)학계라고 읽으면 정확하다고 이미 말했다. 식민사학자들은 머리만 수풀 속에 디밀어 자신의 시야가 어두우면 세상이 모두 어두워서 안전하리라 믿는 꿩 같은 존재들이다. "『태강지리지』의 내용은 관련 문헌을 검토한 결과 오류"라니 이게 무슨 말인가? 노태돈이나 임기환이 동북공정을 진행하는 중국에 가서 이런 주장을 하면 겉으로는 반색해도 속으로는 제정신이 아니라고 생각할 것이다. 『우리 안의 식민사관』에서 『태강지리지』에 대해 설명한 한 대목을 보자.

> 『태강지리지』는 진晉나라 태강太康 연간에 작성한 지리지이다. 태강은 서진西晉 무제武帝 사마염司馬炎 재위 시의 세 번째 연호로서 서기 280년~289년까지이다. 진晉 무제 함녕咸寧 6년(280) 3월 오나라 손호孫皓가 항복함으로써 드디어 진晉나라는 중원을 통일할 수 있었다. 후한이 몰락하고 위·촉·오魏蜀吳가 다투었던 삼국시대의 혼란은 서기 280년 위나라를 계승한 진나라의 승리로 끝났다. 진 무제 사마염이 크게 기뻐했을 것은 두말할 나위가 없다. 그래서 통일 기념으로 크게 편안하다는 뜻의 '태강太康'으로 연호를 고쳤다. 그리고 중원 통일을 기념해 전국의 모든 행정구역을 재조사해서 『태강지리지』를 편찬한 것이다. 『진서』 「지리지」는 총서總敍에서 "진晉 무제武帝 태강太康 원년(280) 이미 손씨(孫氏: 오나라)를 평정하고 무릇 군국郡國 23개를 증설해서 설치했다."라고 쓰고 있는데, 본문에서 『태강지리지』를 참고했음을 언급하고 있다. 이때가 서기 280년이라는 점을 주목해야 한다.
>
> _이덕일, 『우리 안의 식민사관』, 만권당, 2014, 315~316쪽

『태강지리지』는 진나라 무제 사마염이 서기 280년에 중원을 통일한 기념으로 편찬한 지리지다. 즉 오나라를 굴복시키고 중원을 통일했으니 그동안 오나라 영토였던 지역까지 진나라의 강역으로 포함시키는 제국의 지리지가 필요해졌다. 그래서 진나라가 국가 차원

에서 만든 지리지이다. 이를 위서로 모는 식민사학자들은 간이 배 밖으로 나온 것이지만, 이는 그만큼 한국 식민사학계가 역사학의 가나다도 무시하는 폭력 집단이라는 뜻이기도 하다. 『우리 안의 식민사관』에서 이 문제에 대해 이렇게 썼다.

> 노태돈이 정상적인 학자라면 『태강지리지』에 나온 대로 지금의 '하북성 창려현이 옛 낙랑군 지역이었다.'는 사고로 전환해야 했다. 그러나 노태돈에게 이런 노선 전환을 바란다면 필자가 너무 순진한 것이다. 역시 노태돈은 식민사학 특유의 '사료 가치 폄하하기', 즉 '1차 사료 지우기'를 동원했다.
>
> _ 이덕일, 『우리 안의 식민사관』, 만권당, 2014, 313~314쪽

임기환이 『우리 안의 식민사관』을 못 보고 동북아특위에 나왔다면 모를까 만약 보고도 이런 주장을 했다면 이를 어떻게 해석해야 할까? 임기환은 동북아특위에서 "(『태강지리지』를 위서로 몬) 그 논증 과정은 굉장히 길기 때문에 제가 이 자리에서 다 말씀드리기도 어렵습니다."라고 말했다. 논증? 무슨 논증을 말하는 것인가? 논증이라는 단어를 이런 경우에 사용하나? 임기환이 동북아특위에서 『태강지리지』를 위서로 몬 데 대해 필자는 이렇게 반박했다.

> 또 이제 (임기환의 자료) 4쪽을 보시면 '『태강지리지』의 내용은 오류임이 학계에서 검토되었음.'(이라고 해놨는데) 누가 검토했어요?

왜 이 이야기가 나오느냐 하면 『태강지리지』에 '낙랑군 수성현에 갈석산이 있고 장성이 시작된다.'라고 나오지 않습니까? 이 세 개를 다 입증하는 곳은 지금 하북성 창려현입니다. …… 그러다 보니까 지금까지 식민사학계에서 낙랑군 수성현을 황해도 수안으로 주장해왔는데 그게 안 맞는단 말이지요. …… 태강이라는 연호는 280년에서 289년까지인데 식민사학계에서는 '313년에 평양에 있던 낙랑군이 고구려에 무너졌고 314년에 그 아래에 있던 대방군이 무너졌다'라고 했는데 280년 내지 289년에 만든 『태강지리지』에 '낙랑군 수성현이 지금의 하북성 창려에 있다'고 나온단 말이지요. 그러니까 이 사람들 하던 수법대로 '아, 이 사료가 잘못됐다', '『태강지리지』가 잘못됐다' …… 『태강지리지』가 틀렸다는 얘기를 다른 나라에 가서 해보세요, 통하나. 이 『태강지리지』는 여기에만 나오는 게 아니라 『사기』 주석에 보면 수십 번 나옵니다.

임기환은 "그 논증 과정은 굉장히 길기 때문에 제가 이 자리에서 다 말씀드리기도 어렵습니다."라고 말했다. 논증 과정은 전혀 길지 않다.

① 낙랑군 수성현이 황해도 수안이라는 것은 식민사학의 교리다,
② 그런데 『태강지리지』는 낙랑군 수성현을 하북성 창려현이라고 말한다,
③ 그러므로 『태강지리지』는 위서다.

이것이 『태강지리지』를 위서로 본 "굉장히 긴 논증"의 전부이다.

결론은 '④ 조선총독부 사관은 영원히 우리와 함께 살아 계신다'는 것이다.

역사학은 사료를 검토하고 해석하는 것이 기본인 학문이다. 그 사료의 의미를 해석하는 학문이다. 그러나 한국 식민사학계는 1차 사료가 자신들의 교리나 도그마에 맞지 않으면 사료가 틀렸다고 주장한다. 학생이 시험을 보다가 모르는 문제가 나오면 문제가 틀렸다고 주장하는 격이다. 그래서 자체 채점한 결과 백 점으로 매긴다. 객관적으로는 빵점인데도 말이다.

진晉 무제가 통일기념으로 만든 지리지는 『태강지리지』와 『태강지기太康地記』 두 종류가 있는데, 진 태강 3년(282) 무렵에 작성된 것으로 추측된다. 두 사료 모두 1차 사료인 것은 말할 것도 없다. 진나라가 오랜 전쟁을 끝내고 통일 기념으로 국가 차원에서 작성한 지리지가 위서라면 위서 아닌 것이 없을 것이다.

문제는 정확한 근거도 없이 『태강지리지』를 위서로 모는 이런 사람들이 대한민국 국민의 세금으로 운영되는 서울대, 서울교육대, 한국교원대에서 학생들을 가르치고 있다는 점이다. 한국 대학들이 우물 안 개구리요, 국제 순위 조사를 하면 바닥인 이유가 여기에 있다. 한 나라의 학문 수준은 그 나라의 역사학 수준을 넘을 수 없다. 역사학은 다른 학문까지도 왜 그 학문을 해야 하는지 당위성을 설명해주는 학문이기 때문이다. 즉 학문의 목적을 말해주는 학문이 역사학이다. 자연과학도에게도 왜 자연과학을 해야 하는지를 말해주는 학문이 역사학이다. 그런데 자신들의 머릿속 도그마, 그것도 반反대한민국적인 도그마를 가지고 식민사학에 불리한 사료가 나오면 그 사료를 가짜로 모는 사람들이 역사학자라고 국민 세금을 독식하고 있다. 이런 사람들이 국민 세금으로 운영되는 대학, 그것도 미래의 선생님들을 교육시키는 대학에 자리 잡고 앉아서 자국사 테러에 여념이 없는데 어찌 대이 발전할 수 있고, 대한민국의 정신이 바로 설 수 있겠는가?

『태강지리지』가 위서라니까 이 위서를 사료로 사용했거나 주석으로 사용한 역사서를 몇 개 예로 들어보면 『사기』를 필두로 『진서晋書』, 『자치통감資治通鑑』, 『송서宋書』 등이 있다. 『태강지기』를 사용했거나 주석으로 사용한 책들을 보면 『사기』를 필두로 식민사학에서 칭송해 마지않는 『수경주』도 여러 번 사료로 인용했다. 『송서』, 『남제서南齊書』 는 물론이고 북송에서 임금에게 올린 『태평어람太平御覽』, 『예문유취藝文類聚』 등도 셀 수 없이 인용하고 있다.

또한 식민사학에서 『삼국사기』를 가짜로 몰기 위해 아주 애용하는 사료가 진수陳壽의 『삼국지』 「위지동이전」 '한'조인데, 그 『삼국지』에 대한 가장 저명한 주석이 '배송지주裴松之注' 혹은 '배주裴注'라고 불리는 주석이다. 배송지(裴松之: 372~451)가 4~5세기 무렵 『삼국지』에 주석을 달면서 즐겨 인용한 서적이 『태강지기』다.

그런데 임기환이 앞에서 교군僑郡 운운하면서 『태강지리지』를 위서로 본 것은 서울대 명예교수인 이성규의 논리를 그대로 따라한 것이다. 이성규는 「4세기 이후의 낙랑교군과 낙랑유민」(『최소자 교수 정년기념 논총』, 서해문집, 2005)에서 여러 복잡한 논리를 전개하다가 『태강지리지』에 대해 이렇게 말했다.

> 『태강지리지』는 태강 연간(280~289) 서진의 지리를 소개한 것이며, 당시 낙랑군이 한반도 평양 부근에 있었던 것은 의문의 여지가 없다.

이 사람들이 한결같이 논리의 파탄을 겪고 있음은 찬탄스러울 정도다. 이나바 이와키치부터 시작해 이병도로 계보가 이어지는 논법, 즉 서로 앞뒤 안 맞는 문장을 무조건 연결시키는 재주는 타의 추종을 불허한다. "『태강지리지』는 태강 연간 서진西晉의 지리를 소개한 것"이라는 말은 맞는 말이다. 그런데 그 『태강지리지』가 낙랑군 수성현에는 갈석산이 있고, 만리장성이 시작되는 기점이라고 말했다. 당연히 낙랑군은 서진에 있는 것이다. 그런데 이성규는 뜬금없이 "당시 낙랑군이 한반도 평양 부근에 있었던 것은 의문의 여지가 없다."고 연결시켰다.

이를 쉬운 예로 들면 이런 이야기가 된다. '오바마 대통령 때 미국 수도는 워싱턴이며, 당시 워싱턴이 한반도 평양 부근에 있었던 것은 의문의 여지가 없다.'

이성규는 앞 문장의 뒤를 이렇게 잇는다.

> 그러므로 상기 기사는 오히려 갈석의 소재가 한반도이며, 따라서 진 장성의 동단東端을 평양 부근으로 주장할 수 있는 유력한 근거가 되었다. 대부분의 역대 중국학자들이 진 장성을 한반도 북부로 주장했고, 담기양의 『중국역사지도집』 제2책 「진시기전도秦時期全圖」(pp. 3~4)가 진 장성의 동쪽 기점을 평양

부근으로 표시한 것도 모두 상기 『태강지리지』의 구절이 유력 한 근거라고 해도 과언이 아니다.

_이성규, 『최소자 교수 정년기념 논총』, 서해문집, 2005

이 사람들은 학부와 대학원을 거치면서 논리학이라는 말을 한 번이라도 들어봤는지 의심이 갈 정도로 앞뒤 안 맞는 말만 반복하고 있다. 사료에 낙랑군 수성현에 갈석산이 있고, 만리장성의 기점이라는 구절이 나와 있으면, 갈석산이 실제로 어디 있는지 찾아보고, 만리장성의 동쪽 끝이 어디인지 찾아보면 된다. 그런데 이성규는 "상기 기사는 오히려 갈석의 소재가 한반도이며, 따라서 진 장성의 동단東端을 평양 부근으로 주장할 수 있는 유력한 근거가 되었다."라고 덮어씌우고 있다. 이 말은 '마더 테레사는 노벨 평화상 수상자이다. 그런데 이는 마더 테레사를 연쇄 살인범으로 몰 수 있는 유력한 근거가 되었다'라고 말하는 것과 마찬가지다.

『태강지리지』의 해당 기사를 황해도 수안으로 끌어들인 것은 조선총독부의 이나바 이와키치이고, 이를 추종한 것은 이병도이며, '이게 웬 떡이냐' 하고 『중국역사지도집』에 실은 것은 담기양이다. 『태강지리지』가 아니라 이나바 이와키치가 문제고, 이병도가, 담기양이, 이성규가 문제다. 아니, 이나바 이와키치나 담기양은 옳지는 않지만 자국을 위해서 한 일인데 비해 이병도와 이성규는 자국의 역사와 강역을 빼앗으려는 타국을 위해서 이를 추종하는 것이므로 두 사람이 더 문제다.

중국 동북공정을 추종하고, 일본 극우파를 추종하면서 자국사

테러에 여념이 없는 것도 개인의 자유에 속하는지는 모르겠지만 자국사를 폄하하려면 논리학의 가나다도 좀 배우고, 공부도 좀 해가면서 할 일이다. 모든 사람들이 1차 사료에 접근할 수 있는 시대에 억지 주장이라도 좀 그럴듯하게 펼쳐야 되지 않겠나.

『사기색은』이 2차 사료라고?

임기환은 동북아특위에서 놀랄 만한 이야기를 여러 번 했다. 그중 하나가 『사기』 주석서 『사기색은史記索隱』을 2차 사료로 본 것이다.

> 특히 『사기』 「하본기」에 나오는 『사기색은』 주어에 보면, 이것도 2차 자료입니다. 그렇지만 거기도 보면 '낙랑 수성현에 갈석산이 있다'는 내용이 나옵니다. 그래서 장성이 소기所起한다는 뜻입니다.
> 그런데 이어지는 내용을 보면 갈석이 두 개가 있다고 지적하고 있습니다. 그러면서 '요서에 있는 갈석산 그것은 북평에 있는 그것이다.'라고 지적하고 있습니다.
> 다시 말해서 갈석이 여러 개가 있는 것이고 이 여러 개 있는 갈석의 오해 과정에서 '장성이 수성현에 있다'라는 그런 잘못된 기록이 전해지게 된 것입니다. 이런 사료 비판의 과정이 있습니다.

임기환은 필자의 「동북아역사지도의 문제점」을 반박하는 자료를 밤새워 작성했기 때문에 자신이 무슨 말을 하는 것인지 모르는 경우가 더러 있었는데, 이 말도 마찬가지다. 그의 말처럼 『태강지리지』에 "낙랑 수성현에 갈석산이 있고, 장성이 시작된다."라는 말이 나오고, 『사기색은』에도 "낙랑 수성현에 갈석산이 있다."라는 내용이 나오는 것이 아니다. 『사기색은』이 『태강지리지』를 인용한 것이다.

그럼 『사기색은』이란 어떤 책인가? 『사기』는 사마천이 편찬한 본문도 중요하지만 그 주석도 본문 못지않게 중요하다. 특히 세 명의 주석자가 설명한 삼가주석三家註釋은 『사기』를 이해하고 해석하는 데 없어서는 안 되는 중요한 주석서이다.

삼가주석이란 남북조시대 남조 송(宋: 420~479)나라의 배인裵駰이 주석한 『사기집해史記集解』, 당나라 측천무후(則天武后, 재위: 690~705) 때 인물인 장수절張守節의 『사기정의史記正義』, 당나라 현종(玄宗, 재위: 712~756) 때 인물인 사마정司馬貞의 『사기색은』을 말하는데, 세 대가의 주석이라는 뜻에서 삼가주석이라고 한다. 삼가주석에서는 주석자가 살던 때를 정점으로 그 이전까지 수많은 학자들이 『사기』에 대해 설명한 내용을 검토하고 자신들의 견해를 표명할 때에는 '안案' 자 등을 써서 구별했다. 원 사료를 인용하면서 자신들의 견해를 덧붙일 때만 '필자가 연구해보니'라는 뜻에서 '안' 자를 써서 구별한 것이다. 그래서 삼가주석에 나와 있는 내용들은 역대로 모두 1차 사료 대접을 받았다.

그런데 한국 식민사학자들은 『태강지리지』를 위서로 몰다가 나중에는 『사기색은』까지 위서로 몰고 있는 것이다. 한국 식민사학계가 해방 후 지금까지 학문권력을 차지할 수 있었던 배경이 바로 이 마녀사냥권權이었다. 매국사학의 도그마와 다른 내용이 담겨 있는 사료는 1차 사료, 2차 사료 할 것 없이 모두 위서로 모는 마녀사냥으로 자신들의 학문적 지위를 지켜온 것이다.

임기환은 『사기색은』에서 '갈석이 두 개가 있다고 지적하고' 있고 "요서에 있는 갈석산 그것은 북평에 있는 그것이다."라고 지적하고 있다고 말했다. 그러면서 "다시 말해서 갈석이 여러 개가 있는 것이고 이 여러 개 있는 갈석의 오해 과정에서 '장성이 수성현에 있다'라는 그런 잘못된 기록이 전해지게 된 것입니다."라고 말했다. 임기환의 말뜻을 이해하기는 쉽지 않다. 그러니 핵심을 파악해야 한다. 핵심은 낙랑군 수성현이 과연 황해도 수안군이냐는 점이다.

임기환은 식민사학에 불리한 사료는 『태강지리지』든 『사기색은』이든 가짜로 몰면 살아남을 수 있다고 생각하는 듯하다. 그러면서 갈석산이 여러 개 있는데, 그런 과정에서 수성현에 장성이 있다는 잘못된 기록이 전한 것이라고 우겼다. 『사기색은』 본문은 이렇다.

> 『지리지』에서 말하기를 '갈석산은 북평北平 여성현驪城縣 서남쪽에 있다'고 했다. 『태강지리지』는 '낙랑 수성현에 갈석산이 있는데, 만리장성이 일어나는 기점이다'라고 했다. 또 『수경水經』에서 말하기를 '요서 임유臨渝현 남쪽 수중에 있다'고 했다. 대개 갈석산은 두 개가 있는데, 여기서 '오른쪽으로 갈석을 끼고 바다로 들어간다'라고 말한 것은 당연히 북평의 갈석이다.
>
> _『사기』「하본기」, '오른쪽으로 갈석을 끼고(夾右碣石)' 주석

『사기색은』의 이 주석은 복잡한 것 같지만 사실 간단한 내용이다. 갈석산이 두 개 있는데 하나는 '북평에 있다는 것'이고 또 하나는 '요서 임유현 수중에 있다는 것'이다. 그런데 여기서 말하는 갈석산은 북평에 있는 갈석산이라는 말이다. 북평이란 지금의 북경 부근이다. 중요한 것은 그 어느 갈석산이든 황해도 수안군과는 아무런 관련이 없다는 점이다. 그런데 임기환은 여러 개 있는 갈석의 오해 과정에서 '장성이 수성현에 있다'는 잘못된 기록이 전해지게 된 것이라고 말하며 이 말 저 말을 장황하게 끌어들여서 물타기 하다가 『태강지리지』를 다시 위서로 본 것이다. 그러면서 1차 사료에 기반한 필자 등의 견해를 일부 견해라고 폄하했다. 그래서 필자는 이렇게 반박했다.

> 자꾸 일부 견해라고 하시는데 일부 견해가 아니라 1차 사료를 가지고 질문하는 거예요, '왜 1차 사료를 반영 안 했느냐?' …… 예를 들어 갈석산이 어디 있습니까? 황해도에 갈석산이 있어요? 황해도에 없는 갈석산을 여기서는 황해도 수안군에다 그려놨어요. 『태강지리지』에 '낙랑군 수성현에는 갈석산이 있고 장성이 있다'(고 나와 있으면) 거기에 따라서 창려현에 그려야 될 것 아닙니까, 1차 사료에 따라서. 그런데 1차 사료는 일체 반영 안 하고, 거기다 식민사학에 맞지 않는 주장을 하면 일부 견해라는 식으로 (매도하면서) 완전히 중국 동북공정 관점에 맞춰서 그린 지도입니다.

그날 임기환의 말 중에 이치에 부합되는 것이 하나라도 있었을까 궁금하다. 그러나 죽은 사람도 벌떡 일어날 만한 주장은 있었다. 그야말로 살해당한 사람을 살인자로 둔갑시키고 살인자를 의인으로 둔갑시키는 말이었다.

> 그런데 중국 지도를 보면, 이덕일 소장께서 걱정하시는 바와 같이 중국 지도를 보면 장성이 한반도의 낙랑 수성현까지 이어지게 그려져 있습니다. 중국 지도가 장성을 한반도 내까지 잇게 그리는 가장 결정적인 근거가 바로 『태강지리지』의 바로 이 문장입니다. 따라서 이 문장을 절대적으로 신뢰하게 되면 중국 측의 논리를 추종하게 되는 결과가 됩니다. 오히려 이덕일 소장님께서 걱정하는 것을 따라가게 되는 겁니다.

무고한 사람을 범인으로 만드는 것도 식민사학의 특징이기는 하다. 『태강지리지』는 "낙랑군 수성현에는 갈석산이 있고 만리장성이 시작되는 기점이다."라고 말했다. 여기는 현재 하북성 창려현 일대이다. 그런데 이를 이나바 이와키치가 황해도 수안이라고 우겼고 이병도가 이를 추종해서 따라갔다. 담기양이 만든 『중국역사지도집』이 이를 받아서 만리장성을 황해도 수안까지 연결했다. 그리고 임기환은 『동북아역사지도』에서 담기양의 『중국역사지도집』을 표절해서 '고구려 세로 국경선'을 그려놓았다.

그런데 임기환이 "중국 지도가 장성을 한반도 내까지 잇게 그리는 가장 결정적인 근거가 바로 『태강지리지』의 이 문장입니다."라고 말하는 것이 아닌가. 『태강지리지』는 분명히 낙랑군 수성현을 지금의 하북성 창려현이라고 말하고 있다. 필자 역시 『한국사, 그들이 숨긴 진실』과 『우리 안의 식민사관』에서 『태강지리지』에서 말하는 낙랑군 수성현은 지금의 하북성 창려현이라고 거듭해서 말했다.

『태강지리지』가 아니라 임기환이 식민사학을 추종해서 만리장성을 황해도 수안으로 끌어다놓고는 역으로 『태강지리지』를 추종하면 그렇게 된다고 억지를 쓰며 우기는 것이다. '적반하장賊反荷杖도 유분수'라는 말이 있다. 도둑이 매를 들어도 분수가 있어야 한다는 말이다. 임기환의 이 말은 역사학자로서가 아니라 양심을 갖고 살아야 하는 한 인간의 문제로 귀결될 수밖에 없다.

임기환은 『동북아역사지도』 자문위원회에서 1박 2일 동안 13차례의 합숙을 했다고 말했다. 그때 합숙하면서 자료로 삼았던 논문 중의 하나가 「고조선의 강역과 중심지」이다. 이 논문도 『태강지리지』 때문에 중국이 만리장성을 수안까지 연결했다는 임기환의 말이 거짓임을 말해주고 있다. 「고조선의 강역과 중심지」는 낙랑군 수성현을 황해도 수안으로 끌어들인 이나바 이와키치를 이렇게 극찬하고 있다.

> 이나바 이와키치稻葉岩吉는 (문헌상으로) 진秦 장성의 동단(東端: 동쪽 끝)을 고증함으로써 왕검성의 위치를 고증하였는데, 『진서晉書』 진晉 태강太康 3년조의 기록에 근거하여 낙랑군 수성현이 지금의 황해도 수안군에 있었다고 보아, 진 장성의 동단이 황해도 수안군-대동강 상류-청천강-압록강 및 동가강佟佳

江 상류-개원開原 동북을 잇는 선에 있었다고 보았다. 따라서 자연히 왕검성의 위치는 그 바깥쪽 지역인 수안 이서북以西北, 대동강 이동남以東南 쪽 지역이 위만조선의 중심지가 된다. 또한『사기』「조선열전」에 나오는 연왕 노관의 기사와『수경水經』소요책疏要册에서『사기史記』와『한서漢書』의 패수浿水가 현재의 대동강이라고 한 점을 들어 패수는 현재의 대동강이라고 보았다.

_ 동북아역사지도편찬위원회, 「고조선의 강역과 중심지」

식민사학자들의 말에는 거짓이 많다. 이 논문은 "이나바 이와키치는 (문헌상으로) 진 장성의 동단을 고증함으로써 왕검성의 위치를 고증"했다고 '고증'이라는 말을 두 번씩이나 써가면서 서술했다. 그러면서 이나바 이와키치가 근거로 삼은 "『진서』 '태강 3년'조의 기록에 근거하여 낙랑군 수성현이 지금의 황해도 수안군에 있었다."라고 서술했다. 마치 『진서』 '태강 3년(282)'조에 낙랑군 수성현의 위치를 황해도 수안군으로 비정한 것처럼 말하고 있는 것이다.

조선사편수회의 이나바 이와키치를 스승으로 섬겨도 무사한 나라, 불이익을 받기는커녕 학자로서 편안한 미래가 보장되는 나라. 이런 거짓과 왜곡이 오래 통하다 보니까 이제 사료를 마구잡이로 갖다 대면서 거짓말을 하는 것이 습성이 된 나라…….

그들의 주장이 왜 거짓인지 살펴보자. 먼저 『진서』 '태강 3년'조에 '낙랑군 수성현이 황해도 수안군에 있었다'고 기록되어 있다는 것은 사실인가? 그렇지 않다. 『진서』 '태강 3년'조에는 황해도 수안군은커녕 낙랑군 수성현도 나오지 않는다. 또한 『수경』에는 「소요책」이라는 부분 자체가 없다. 그리고 "자연히 왕검성의 위치는 그 바깥쪽 지역인 수안 이서북, 대동강 이동남 쪽 지역이 위만조선의 중심지가 된다."라는 말은 맞는가? 아니다. 이것은 이나바 이와키치가 우긴 내용일 뿐이다. 구체적인 사료를 가지고 따져들어가면 거짓과 왜곡이 드러나기 때문에 식민사학자들은 '종합적으로 검토', '학자들끼리 합의' 같은 수사에 의존한다. 임기환은 동북아특위에서 이렇게 말했다.

> 사실 낙랑이 어디 있느냐, 낙랑 수성현이 어디 있느냐의 문제는 이 하나의 문장을 가지고 따지는 것이 아니라 많은 문헌자료, 고고자료를 통해서 종합적으로 검증해야 될 문제입니다. 단지 '낙랑 수성현에 갈석이 있고 여기서 장성이 소기한다.'라는 이 문장 하나 가지고 낙랑군 수성현의 위치를 규정하는 것은 옳지 않은 방법입니다.

그러면 "자세하지 아니하나 ……" 운운한 이병도의 공상소설 하나를 가지고 낙랑군 수성현의 위치를 황해도 수안으로 비정한 편찬위원회의 위치 규정은 옳은 방법인가?

『태강지리지』라는 문헌사료와 창려현 북쪽의 만리장성 유지 그리고 지금도 창려현 북부에 우뚝 서 있는 신악神岳 갈석은 낙랑군 수성현의 위치를 지금의 하북성 창려현이라고 말하고 있다. 또한 낙랑군 조선현은 대동면 토성리가 아니라 지금의 하북성 노룡현이라고 말하고 있다. 대한민국 국민의 세금으로 『동북아역사지도』를 만드는 것이라면 지금의 하북성 일대에 낙랑군이 있었다고 말하면 된다, 제5열 같은 소리는 그만하고!

5장

고고학과 『수경주』

고고 유물은 말이 없다?

무려 41명으로 구성된 '한국 고대사 전문위원회'가 있었고, 그중 19명으로 추려진 '자문위원회'가 있었다. 그런데 여기에서 13차에 걸친 1박 2일의 자문회의를 거쳐서 내린 결정은 '한사군=한반도설'과 낙랑군은 대동강 유역에 있었다는 것이었다. 임기환은 이런 결론을 내린 경위를 이렇게 설명했다.

> 아까 말씀하셨다시피 기본적으로 낙랑군의 위치에 대해서는 대동강설, 요동설, 난하 및 대릉하 인근설 등이 제기되고 있습니다. 이와 관련된 문헌사료와 고고자료, 논리적인 정합성들을 세밀히 검토하여 현재 지도와 같이 대동강 일대에 후기 고조선과 낙랑군을 위치시키는 것이 가장 합리적인 결론이

라고 판단을 했습니다. 이는 많은 고고자료와 깊이 연관되어 있습니다.
또 최근에는 정백동 364호 목곽묘에서 초원 4년의 낙랑 25개 현 호구부가 출토되어 알려지게 되었습니다. 이런 부분들도 낙랑군 위치에 대한 분명한 물적 자료라고 생각합니다.

식민사학자들은 논리가 궁할수록 정확한 근거가 있는 것처럼 위장한다. '문헌사료, 고고자료, 논리적 정합성, 합리적 결론, 물적 자료' 같은 말을 들으면 위만조선과 낙랑군이 지금의 대동강 유역에 있었다는 사실이 마치 타임머신에 의해서 입증된 것처럼 여겨진다. 과연 그럴까?

임기환이 말한 것처럼 "낙랑군의 위치에 대해서는 대동강설, 요동설, 난하 및 대릉하 인근설" 등 여러 설이 있었다. 여러 논란이 있다는 이야기다. 사실이 무엇인가는 잠시 접어두고 이런 생각을 해보자. 지금 한중 역사전쟁이 벌어지고 있다. 동북공정을 추진하는 중국이 가장 좋아할 설은 무엇이고, 가장 싫어할 설은 무엇일까? 가장 좋아할 설은 위만조선과 낙랑군이 대동강 유역에 있었다는 대동강설이다. 나머지 설은 모두 싫어한다. 모두 현재의 중국 강역이 위만조선의 위치이자 낙랑군의 위치라는 주장이기 때문이다.

그런데 임기환은 "문헌사료와 고고자료, 논리적인 정합성들을 세밀히 검토하여 현재 지도와 같이 대동강 일대에 후기 고조선과 낙랑군을 위치시키는 것이 가장 합리적인 결론이라고 판단"했다며 중국이 가장 좋아하는 대동강설을 채택했다. 그것도 이런 견해도 있다면서 다른 설도 함께 그려준 것도 아니고 달랑 대동강설 하나만 채택해서 그렸다. 그러면서 그는 "이는 많은 고고자료와 깊이 연관되어 있습니다."라고 말했다. 식민사학에서 확신에 차서 말하거나 고고학을 들고 나올 때는 근거가 없다고 생각하면 된다고 이미 말했다.

한사군은 서기전 108년 한 무제가 위만조선을 무너뜨리고 그 자리에 세웠다는 '낙랑·임둔·진번·현도'의 네 개 군郡이다. 낙랑군이 가장 중요하다. 위만조선의 도읍과 그 주변에 설치한 사군의 핵심이기 때문이다. 낙랑군의 위치만 찾으면 나머지는 그 부근에 있었던 것으로 비정할 수 있다.

식민사학의 가장 큰 약점은 1차 사료적 근거가 없다는 점이다. 과거에는 1차 사료가 그렇게 말하고 있는 것처럼 위장하는 것이 가능했다. 조선총독부 시절 『사기』·『한서』·『후한서』·『삼국지』·『진서晋書』 같은 중국 고대 1차 사료를 누가 갖고 있었겠는가? 그래서 이런 사료에 '다 나온다'라고 말하면 그런 사료를 갖고 있지 못한 이상 맞다 틀리다 반박할 수가 없었다.

그래서 조선총독부의 이나바 이와키치는 낙랑군 수성현이 황해도 수안군이고, 진나라 만리장성이 황해도 수안에서 시작한다면서 이런 내용은 "『한서』「지리지」에 의해서 의심할 바 없다."라고 단정지었다. 그러나 모두 거짓이다. 『한서』「지리지」에는 그런 내용이 전혀 나오지 않는다. 필자가 식민사학을 사학史學이 아니라 사학詐學이라고 비판하는 것은 결코 과장이 아니다. 『한서』「지리지」에는 황해도 수안군은커녕 한반도에 대한 내용 자체가 단 한 자도 나오지 않는다. 모두 낙랑군 수성현을 황해도 수안군이라고 우기기 위한 억지일 뿐이다.

중화민국中華民國, 즉 대만에 중앙연구원이 있다. 대만으로 쫓겨간 장개석(蔣介石: 장제스) 정권의 자존심이 담겨 있는 연구원이다. 중국 사회과학원보다 규모는 작을지 몰라도 내실은 훨씬 충실하다고 생각한다. 이 연구원 산하의 '역사어언연구소歷史語言研究所'에서 제공하는 인터넷 자료 중에 「한적전문자료고漢籍全文資料庫」라는 것이 있다. 『사기』부터 『청사고淸史稿』까지 중국 25사의 원문과 주석을 모두 제공하고 있다. 여기에서 『한서』 「지리지」를 한번 찾아보라. 어디서 이나바 이와키치가 말한 대로 낙랑군 수성현을 황해도 수안군이라고 말하고 있는지. 『삼국지』를 찾아보라. 어디에 임기환이 말한 대로 고구려 국경선이 세로로 그려져 있는지. 모두 거짓이다.

필자는 중국 25사만 주석까지 제대로 번역되면 한·중·일 악의 삼각편대가 합동으로 펼치는 역사 왜곡은 끝난다고 자주 말해왔다. 25사 모두를 번역하기 어려우면 『사기』·『한서』·『후한서』·『삼국지』의 중국 고대 사사(四史: 네 역사서)에 『진서晋書』까지 다섯 종류만 제대로 번역해도 식민사학은 끝난다고 말해왔다. 그러나 하버드대에 국민 세금 10억 원을 상납해서 북한 강역을 중국에게 갖다 바치는 '한국 고대사 프로젝트'를 할 돈은 있고, 47억여 원을 들여서 한반도 북부는 중국에, 한반도 남부와 독도는 일본에 갖다 바치는 『동북아역사지도』를 만들 돈은 있지만 식민사학을 끝장내고 대한민국의 역사관을 바로 세우는 이런 애국사업에는 국고가 너무 멀다. 매국은 국고로 하고 애국은 사비私備로 하는 것이 광복 70주년을 맞는 대한민국의 현실이다.

그러나 민족사학도 이제는 동북아역사재단 같은 제5열 기관이 그토록 매국사학을 비호해도 『동북아역사지도』 같은 매국사업이 중도에 제동이 걸릴 정도로는 발전했다. 필자뿐만 아니라 한가람역사문화연구소에는 번역 안 된 1차 사료를 볼 줄 아는 학자들이 여러 명 있다. 그렇다 보니 이제 필자처럼 문헌사료를 볼 줄 아는 사람이 나타나면 식민사학은 말을 돌려야 한다.

그것이 바로 고고학이다. 고고학 사료 자체는 말이 없으니까 해석하기 나름이라는 것이다. 재미있는 것은 식민사학의 교주 '이병도 선생님'께서 이미 역사학계의 고고학 경도에 뼈아픈 일침을 놨다는 사실이다.

> (이병도는) 또 한 가지 고대사 연구에서 주의할 일이 있어요. 선사시대는 고고·인류학이 주가 되겠지만 역사시대의 역사는 원래 문헌을 주로 하는 것이고 고고학·인류학·언어학 등은 보조과학인데 요즘은 역사시대에 있어서도 으레 고고학이 앞장서는 경향이 있는 듯해요. 고고학이 주체인지 문헌이 주체인지 모를 지경이야.
>
> 가령 주종관계로 따진다면 사학은 문헌을 주로 하고 고고학·인류학·언어학은 종으로 해야 하는데 이것이 거꾸로 되는 경향이 있어요. 고대의 유물이란 항시 굴러다니는 것이어서 꼭 그 유물이 어디에서 출토되었다는 것만 가지고, 그 사실이 역사를 지배하고 역사를 규정한다고 생각하는 것은 잘못

이지 …… 역사는 역시 문헌을 중심으로 하고 다음에 고고·인류·언어학 등을 보조과학으로 해야 할 것이라고 거듭 말하여 둡니다.

_ 진단학회, 『역사가의 유향』, 일조각, 1991, 230~231쪽

1975년 5월 『서울평론』에서 이기백과 나눈 대화 내용이다. 이병도는 왜 이런 말을 한 것일까? 고고학적 발굴 결과 '『삼국사기』 초기 기록 불신론'을 부정하는 발굴 결과가 나왔기 때문일 것이다. 1964년 당시 서울대 교수 김원룡은 풍납토성을 시굴 조사하고는 풍납토성의 초축初築을 1세기로 비정했다. 그리고 475년 백제가 공주로 천도할 때까지 전후 약 5세기 간의 유적으로 추정했다. 『삼국사기』 초기 기록이 맞다는 이야기다.

만약 고고학자 김원룡이 이 발굴 결과를 그대로 유지했다면 그는 식민고고학자라는 꼬리표를 떼고 민족사학을 바로 세운 훌륭한 학자로 대접받았을 것이다. 그러나 김원룡은 여러 압력을 받은 결과 자신의 발굴 결과를 뒤집고 『삼국사기』 초기 기록을 부인했다. 그래서 그는 잘못된 길을 선택했으며, 나아가 원삼국시기라는 용어를 만들어서 서기 300년경까지 삼국은 존재하지 않았다는 원삼국론을 주창했다.

이병도는 '『삼국사기』 초기 기록 불신론'을 부정하는 발굴 결과를 부인하기 위해서 "고대의 유물이란 항시 굴러다니는 것이어서 꼭 그 유물이 어디에서 출토되었다는 것만 가지고, 그 사실이 역사를 지배하고 역사를 규정한다고 생각하는 것은 잘못이지."라고 말

한 것이지만 이를 현재 고고학으로 도망간 국내 식민사학에게 돌려주면 맞는 말이 된다.

1997년 중국에서 동북공정의 일환으로 요령성 금서시錦西市 연산구連山區에서 고성 터를 발굴하던 중에 임둔태수장臨屯太守章 봉니封泥가 발견되었다. 금서시는 지금의 호로도(葫蘆島: 후루다오) 시인데, 하북성에 가까운 요령성 서쪽이다. 식민사학계는 그동안 임둔군이 강원도 북부나 함경도 남부라고 비정했고, 『동북아역사지도』도 이를 따랐다. 강원도나 함경남도에서 출토되었어야 할 임둔태수장 봉니가 요령성 서쪽에서 발견되자 식민사학에 불리한 사료가 나타나면 일제히 묵언수행에 돌입하는 전통에 따라 그들은 한꺼번에 입을 다물었다. 그리고 언제 그런 고고학 사료가 나타났느냐는 듯이 『동북아역사지도』는 임둔군을 함경남도에 비정했다.

그동안 식민사학은 한사군의 위치에 대한 북한의 연구 결과에 대해서 '무조건 믿을 수 없다'고 부인해왔다. 북한은 그동안 낙랑군을 비롯한 한사군은 북한 강역에 존재하지 않았다고 주장해왔다. 그러다가 2007년 웬일인지 평양시 정백동에서 「낙랑 목간」을 발견했다고 발표하자 남한 식민사학계는 그동안의 태도를 단번에 바꾸어 일제히 환호하면서 박수쳤다. 이것이 바로 임기환이 "또 최근에는 정백동 364호 목곽묘에서 초원 4년의 낙랑 25개 현 호구부가 출토되었고 알려지게 되었습니다. 이런 부분들도 낙랑군의 위치에 대한 분명한 물적 자료라고 생각을 합니다."라고 득의에 차서 말하게 된 사건이다. 그러나 이미 식민사학의 교주 '이병도 선생님'께서 "고대의 유물이란 항시 굴러다니는 것이어서 꼭 그 유물이 어디에서 출토되었다는 것만 가지고, 그 사실이 역사를 지배하고 역사를 규정한다고 생각하는 것은 잘못"이라고 예언처럼 말씀해주셨다.

「낙랑 목간」이란 북한에서 2007년에 발표한 것인데, 낙랑군의 여러 속현별로 인구수를 적은 목간이다. 북한에서 이 목간을 발표하자 남한 식민사학계는 "낙랑군의 위치에 대한 분명한 물적 자료"라며 일제히 환호했다. 이는 그동안 북한의 여러 역사연구 결과에 대해서 무조건 부인해왔던 남한 학계의 행태로 봐서는 표리부동한 돌변이었다.

남한 학계가 북한 학계의 연구 결과를 무조건 부정한 사례의 하나가 점제현 신사비다. 조선총독부의 이마니시 류가 1913년 평안남도 용강군에서 발견했다는 신사비인데, 『한국사, 그들이 숨긴 진실』에서 이 문제에 대해 자세히 기술한 적이 있다. 그런데 이날 동북아특위에서 최봉홍 의원이 "가장 결정적인 사항이 한사군 비정 문제인데 한사군 문제에서 얘기가 나오는 결정적인 자료는 이마니시 류가 발굴했다는 점제현 신사비"라면서 이 비의 위조 여부에 대해 문제를 제기했다. 최봉홍 의원은 "(점제현 신사비가) 실제로 보면 밑을 시멘트로 썼다는 것은, 2000년 전에 시멘트를 썼고 돌 자체도 그 지역 돌이 아니고…… 위조가 된 것은 사실 아닙니까?"라고 물었다.

그러자 임기환은 "신사비에 대해서 그 진위 여부가 현재 연구가 진행되지는 않았습니다."라고 답했다. 한국 식민사학계에서 점제현 신사비에 대한 연구 자체를 안 했다는 말이 아니다. 점제현 신사비에 대한 논문은 무수히 많다. 다만 점제현 신사비를 사실로 전제해놓고 하위 사실에 대한 논리를 전개하는 논문이 전부 다였다. 임기환의 말은 단지 점제현 신사비가 위조되었다는 문제에 대해서 연구를 진행하지 않았다는 말이다. 최봉홍 의원이 "이마니시 류를 그 당시에 신의 손이라고 불렀습니다."라고 비판했지만 한국 식민사학계는 점제현 신사비의 진위를 판단할 생각 자체가 없다. 진위 판단에 나섰다가 혹시 가짜로 밝혀지면 큰일 나기 때문이다.

2011년 2월 27일 《SBS 스페셜》은 3·1절 특집으로 <역사전쟁, 금지된 장난. 일제 낙랑군 유물조작>이라는 다큐멘터리를 방송했다. 서유정 PD가 연출했는데, 그중 점제현 신사비에 대한 부분이 주목을 끌었다. 점제현 신사비에 대한 두 장의 탁본을 가지고 한나라 시기의 와당瓦當 명문 전문가인 안산 1대 교수 허선영에게 진위를 물었다. 이 신사비에 대한 예단을 갖는 것을 방지하기 위해서 신사비에 대한 사전 정보는 제공하지 않았다고 했다. 허선영은 "그런데 어떻게 이렇게 탁본이 떠지죠? 이렇게 깨져 있는 상태인데 탁본이 되나요? 전 이것 두 개가 다른 것 같아요. 같나요? 이거 같다고들 이야기하나요, 많은 학자들이?"라고 되물었다. 두 장의 탁본이 다른 비석에서 뜬 것이 아니냐는 물음이다. 그렇다면 점제현 신사비가 두 개라는 뜻이 된다.

서유정 PD는 같은 방송에서, 일제가 낙랑군을 평양으로 비정하는 데 결정적 역할을 한 '효문묘 동종'에 대해서도 초점을 맞췄다. 세키노 다다시가 1923년 평양중학교 역사진열실에서 발견했다는 바로 그 동종이다. 이것도 역시 두 개라는 사실을 밝혀냈다. 점제현 신사비나 효문묘 동종이나 모두 일제의 조작이라는 이야기다. 영남대 교수 정인성은 이 방송에서 대방태수 장무이 묘는 한사군 무덤이 아니라 고구려 무덤이라는 사실도 말했다. 그동안 이 무덤을 근거로 낙랑군 대방현을 황해도 봉산군 문정면 일대라고 비정해왔는데, 정인성은 2010년 「대방태수 장무이 묘에 대한 재검토」라는 논문에서 이 무덤이 한군현의 무덤이 아니라 고구려 무덤이라고 밝혔던 것이다. 이처럼 〈역사전쟁, 금지된 장난. 일제 낙랑군 유물조작〉이라는 《SBS 스페셜》 한 편으로도 고고학 유물을 가지고 낙랑군을 한반도라고 주장했던 논리들은 파탄이 났다.

필자는 평소 남한의 식민사학을 비판하던 북한에서 2007년 왜 느닷없이 평양 정백동에서 「낙랑 목간」이 출토되었다고 발표했을까를 생각해보았다. 1차 사료적 근거가 전혀 없다는 사실이 드러나면서 위기에 몰리던 남한 식민사학계에게 북한이 발표한 낙랑 목간은 구세주의 복음이었다. 평소 북한의 역사학에 대해 저주에 가까운 독설을 퍼붓던 식민사학자들이 일제히 주사파로 전향한 듯 낙랑목간에 대해 '낙랑군의 위치에 대한 분명한 물적 자료'라는 헌사를 바치기 시작했다.

그러나 '이병도 선생님'의 "고대의 유물이란 항시 굴러다니는 것이어서" 운운하는 말을 별도로 치더라도 손으로 들고 다닐 수 있는 목간의 출토지를 가지고 위치 비정의 기준을 삼는다면 전 세계의 모든 고대 위치 비정은 다 달라져야 할 것이다. 그 유명한 「신라장적新羅帳籍」이 이를 말해준다. 1933년 일본 나라奈良 현의 도다이지東大寺 쇼소인(正倉院: 왕실 유물 창고)에서 신라시대 서원경西原京과 관련된 문서가 발견되었다. 이것이 「신라장적」인데, 「낙랑 목간」이 낙랑군 속현의 호구수만 적고 있는데 비해 「신라장적」은 인구는 물론 토지와 마전麻田과 가축의 수, 심지어 과실나무의 수까지 자세하게 기록하고 있다. 신라시대 서원경은 지금의 청주로 비정하는데, 「낙랑 목간」의 출토지를 가지고 낙랑군의 위치를 비정한다면 신라 서원경은 일본 나라 지역이 되어야 한다. 신라는 한반도가 아니라 일본의 나라 현에 있었다고 주장해야 한다는 이야기다.

「신라장적」이 나왔다고 해서 지금의 나라 현을 신라 서원경이었다고 말할 수 없는 것과 마찬가지로 「낙랑 목간」이 나왔다고 해서 지금의 평양을 고대 낙랑군 지역이라고 비정할 수는 없다. 목간이란 누구든지 손쉽게 휴대할 수 있는 물건이다. 고구려는 수많은 낙랑인들을 포로로 잡아왔고, 또한 많은 중국 사람들이 고구려로 망명했다. 이 과정에서 「낙랑 목간」이 고구려의 수중에 들어온 것으로 보는 것이 합리적이다. 지금 일본과 미국 등지에는 조선시대 행정문서가 적지 않게 있다. 그러면 조선은 일본이나 미국에 있었다는 말인가?

필자가 생각하기에 북한은 남한의 식민사학이 무너지기를 바라지 않는 것처럼 보인다. 남한 식민사학이 무너질 경우 북한이 남한에 대해서 갖고 있는 절대 우위 품목 하나가 무너지기 때문이다. 아니면 주체사관을 너무 강조하다 보니까 이제 낙랑군이 평양에 있다고 주장하는 경지까지 간 것인지도 모른다. 평양을 중심으로 한국사를 서술하는 주체사관에 따라 한사군의 중심지를 평양으로 끌어들인 것인지도 모른다. 그러나 어느 경우이든 이는 정치적 고려에 따른 것일 뿐 학문적 진실과는 거리가 멀다.

이병도는 1976년 『한국학보』에 실린 대담에서도 비슷한 내용을 또 강조했다.

> 그런데 우리 사학도로서 주의해야 할 것은 문헌을 주로 해야 한다는 것입니다. 먼저 고고학 자료를 가지고 말하고 그 다음 문헌적 자료를 말하는데, 이건 주객이 전도된 것 같아요. 고고학은 하나의 보조과학이니까 참고로 해야 하는 것이지 먼저 고고학을 가지고 덤벼서는 안 된단 말예요. …… 하여튼 고고학은 상당히 중요하다고 생각되지만 편년 문제가 해결되기 전에는 우리 사학도로서는 문헌을 중심으로 연구를 해야겠어요.
>
> _ 진단학회, 『역사가의 유향』, 일조각, 1991, 239~240쪽

이제 식민사학은 낙랑군을 평양으로 비정했던 것이 문헌사료적 근거가 전혀 없는 소설이라는 사실을 자인하지 않을 수 없게 되었다. 그래서 「낙랑 목간」에 환호했던 것이다. 그러나 이는 남한 식민사학계가 100퍼센트 학계를 지배하고 있을 당시에나 통하던 수법이다. 고고학 사료 자체는 말이 없다. 그러나 그 사료를 해석하는 방법까지 말이 없는 것은 아니다. 「낙랑 목간」뿐만 아니라 그동안 식민사학이 한사군을 한반도 북부로 비정해왔던 모든 고고학 사료는 연구가 진행되면서 대부분 허구임이 밝혀졌다.

식민사학의 구세주, 역도원의 『수경주』

앞에서 인용한 「고조선의 강역과 중심지」라는 논문이 국회에 전달된 배경이 있다. 임기환은 『동북아역사지도』를 제작하면서 한국 고대사 자문회의를 13차 진행했는데, "그중에서 2차에 걸쳐서 후기 고조선의 중심지와 낙랑군의 위치에 관한 기왕의 견해를 충분히 검토하고 종합적이고 객관적인 결론을 도출"했다고 말했다. 이들은 '종합적', '객관적' 같은 단어들을 좋아하는데, 과연 어떤 근거를 가지고 "종합적이고 객관적인 결론을 도출"한 것일까?

동북아특위 위원들이 낙랑군을 평양 일대로 비정한 근거를 요구하니까 편찬위원회에서 제출한 논문이 바로 「고조선의 강역과 중심지」이다. 이것이 "역사학과 고고학 중진학자 18명으로 구성된 자문위원회"에서 두 차례에 걸친 집중회의 때 검토했던 자료임이 틀림없을 것이다. 먼저 「고조선의 강역과 중심지」라는 논문은 보나마나 위만조선의 강역과 중심지는 대동강 일대라고 주장하고 있을 것이다. 식민사관 감별법에 따르면 이런 예상은 99.99퍼센트도 아니고 100퍼센트 맞게 되어 있다. 또 이런 논문은 여러 사람의 이야기를 뒤섞어놓아서 소수의 전문가가 아니면 무슨 이야기인지 알아보기 힘들게 되어 있다. 그 논리를 다 알 필요는 없다. 어차피 평양이라는 결론에 맞춰서 쓴 것이기 때문에 결론만 외우면 된다는 식이다.

이 논문은 고조선의 중심지에 대해 '① 평양설, ② 요령설, ③ 이동설'이라는 세 가지 설을 장황하게 열거해놓았다. 결론은 보나마나다. '평양설'이다. 그런데 과거와 달라진 점은 무조건 평양이 아니라 요동에 있다가 평양으로 왔다는 이동설을 채택했다는 점이다. 그래서 송기호가 한국고대역사지리 7차 토론회 때 "비이동설도 표현해야 한다."라고 말한 것인지도 모른다. 그러나 이미 이동설이 채택되었다.

이렇게 복잡하게 돌아다니는 이유 역시 간단하다. 식민사학을 분석할 때 복잡하게 따질 만한 내용이 없다. 원래 식민사학자들은 고조선과 낙랑군은 처음부터 평양 일대에 있었다고 주장했다. 그러다가 1차 문헌사료를 보니 평양이 아니라 고대 요동에 있었다는 사료들이 다수 나오고, 내몽골 일대에서 고조선 유물들이 쏟아져 나오기 시작했다. 그러자 고조선이 요동에 있었다는 사실을 부인만 할 수는 없었다. 그래서 '고조선 중심지가 요동에 있었다가 평양으로 이동했다'고 주장했던 것이다. 물론 고조선 중심지가 평양으로 이동했다는 1차 사료적 근거는 전혀 없다. 그러나 식민사학에 무슨 근거가 필요한가? 자기들끼리 떼거리로 모여 우기면 그만이다.

그래도 근거 사료가 하나쯤은 있어야 하지 않겠는가? 그래서 나온 것이 역도원酈道元의 『수경주水經注』이다. 앞에서 19명의 고대사학자 및 고고학자들이 모여서 검토했다는 '『동북아역사지도』 연구사 정리 작업'의 「고조선의 강역과 중심지」는 이렇게 시작하고 있다. 이 논문은 한자 그대로 썼지만 독자들의 편의를 위해 필자가 한글로 바꿨다.

> 고조선의 중심지를 대동강 유역에 비정하는 데 가장 큰 영향을 끼치고 있는 자료는 북위대北魏代 역도원이 쓴 『수경주』의

기록이다. 여기서 당대當代 고구려인에게 낙랑의 위치가 평양성이라는 것을 확인하였다는 기록[1]이 남아 있어 고조선 평양 중심설의 가장 중요한 논거가 되었다. 또한 『사기색은』에 인용된 설찬薛瓚도 왕검성과 낙랑군을 연결지었고,[2] 이후 당대唐代에 편찬된 『괄지지括地志』 등에서도 이와 같은 이해를 받아들였으며, 두우杜佑의 『통전通典』에서 정설로 자리잡았다. (주석은 「고조선의 강역과 중심지」에서 인용한 원문을 필자가 그대로 옮겼다.)

주 1) 『水經注』: "浿水出樂浪鏤方縣 東南過臨浿縣 東入于海."

2) 『史記』 「朝鮮傳」: "臣瓚云 王險城在樂浪郡浿水東也."

『漢書』 「地理志」: "臣瓚云 王險城在樂浪郡浿水東 此自是險瀆也 師古曰 瓚說是也."

_동북아역사지도편찬위원회, 「고조선의 강역과 중심지」

이렇게 써놓고 보니까 대단한 근거가 있어 보인다. 편찬위원회는 국회의원들이 역도원의 『수경주』, 사마정의 『사기색은』, 『괄지지』, 두우의 『통전』을 알 리가 없다는 생각에서 이 논문을 당당하게 제출했을 것이다. 그럼 이 사료들은 고조선 중심지가 대동강이라는 사실을 말해주고 있을까? 이 사료들을 하나씩 분석해보면서 과연 이런 사료들이 고조선의 중심지를 대동강 유역으로 비정하는 데 결정적인 근거 사료가 되는지 살펴보자.

먼저 "고조선의 중심지를 대동강 유역에 비정하는 데 가장 큰 영향을 끼치고 있는 자료"라고 극찬한 역도원의 『수경주』를 보자. 북위의 역도원은 466년 또는 472년에 태어나서 527년에 사망한 인물이다. 위만조선이 멸망한 서기전 109년 무렵보다 약 600~700여 년 뒤의 인물이다. 지금 우리가 600~700여 년 전의 고려 말~조선 초에 대해서 서술했다면 그것이 고려 말~조선 초의 사건에 대한 1차 사료가 될 수 있을까? 그러니까 『수경주』에 대해서도 엄밀한 검토가 필요하다는 이야기다. 『수경주』보다 더 뒤에 나온 『괄지지』, 『통전』 등도 마찬가지다.

그런데 『수경주』는 그보다 먼저 나온 『수경』에 대해 주석을 단 책이다. 앞서 임기환은 『사기』에 주석을 단 『사기색은』을 1차 사료가 아니라고 말했다. 임기환의 논리에 따르면 『수경주』는 당연히 1차 사료가 아니다. 그러나 이들은 『수경주』를 1차 사료로 높인다. 이유는 간단하다. 식민사학에 유리한 이야기가 담겨 있기 때문이다.

필자는 『사기』도 중요하지만 『사기주석』도 중요하다고 말했다. 문제는 『사기』와 『사기주석』이 서로 다른 이야기를 할 경우이다. 이때는 누가 사실을 말하고 있는지 엄격한 사료 비판을 가해서 결론을 내려야 한다. 마찬가지로 『수경』 원문도 중요하고 『수경주』도 중요하다. 문제는 『수경』과 『수경주』가 서로 다른 이야기를 하고 있을 경우이다. 『수경』과 『수경주』가 서로 다른 이야기를 하는 대목은 패수의 위치다.

필자는 이 경우 『수경』이 더 중요하다고 봤다. 그러자 임기환은 『수경주』가 더 중요하다면서 이렇게 반박했다.

> 또 패수의 실체와 관련된 『수경주』의 해석의 문제도 있습니다. '『수경』은 맞고 『수경주』는 옳지 않다'라는 지적을 전제로 하

고 있습니다만 『수경』보다는 『수경주』가 오히려 내용상으로 볼 때, 당시 『수경』에 의문을 품고—거기 저희가 번역을 해놓았습니다마는—실제적인 조선현의 위치가 어디인지를 추적하는 역도원의 자세가 포함되어 있는 것이 『수경주』입니다. 따라서 『수경』과 『수경주』의 사료적인 문제에 대해서는 이미 학계에서 검토가 되어 있고 이 부분에 대한 논문도 제출되어 있습니다.

식민사학자들이 '학계에서 검토가 되어 있고'라고 말할 때는 '(식민)사학계에서 이미 결론을 내렸고'라고 해석하면 된다. 『사기색은』이 2차 사료라고 말하던 임기환의 기준에 따르면 2차 사료여야 하는 『수경주』가 1차 사료인 『수경』보다 더 중요하다고 말하고 있는 것이다. "그때그때 달라요."가 이들의 학문 자세다. 이는 보나마나 『수경』 원문에는 식민사학에 불리한 내용이 담겨 있고, 『수경주』에는 식민사학에 유리한 내용이 담겨 있다는 이야기다.

필자와 한가람역사문화연구소의 연구진들은 이들이 검토했다는 「고조선의 강역과 중심지」를 읽다가 배꼽을 잡고 웃은 일이 있다. 위의 주석 1의 내용 때문이다. 『수경주』에 "당대 고구려인에게 낙랑의 위치가 평양성이라는 것을 확인하였다는 기록이 남아 있다."면서 주석 1에 『수경주』 원문을 실어놓았는데, 그 내용이 한마디로 슬픈 코미디였던 것이다.

그 원문은 "『水經注』: 浿水出樂浪鏤方縣 東南過臨浿縣 東入于海(『수경주』: 패수출낙랑누방현 동남과임패현 동입우해)."라는 것이다. 이것을 두고 "당대 고구려인에게 낙랑의 위치가 평양성이라는 것을 확인"한 『수경주』 원문이라고 한 것이다. 이 문장은 '패수는 낙랑 누방현에서 나와서 동남쪽으로 임패현을 지나 동쪽으로 흘러 바다로 들어간다.'는 뜻이다. 요체는 '패수가 동쪽으로 흘러 바다로 들어간다'는 내용이다. 이 원문이 어떻게 "당대의 고구려인에게 낙랑의 위치가 평양성이라는 것을 확인했다."는 것이 되며 "고조선 평양 중심설의 가장 중요한 논거"가 될 수 있는지 이해가 가지 않을 것이다. '패수가 낙랑 누방현에서 나와서 동남쪽으로 흘러 임패현을 지나 동쪽으로 흘러 바다로 들어간다'는 내용이 어떻게 낙랑군의 위치를 평양성으로 말하는 것이 될 수 있을까?

이 문장은 『수경주』가 아니라 『수경』 원문에 나온다. 19명의 고대사학자와 고고학자들 중 몇 명이나 이 회의에 참석했는지는 모르지만 아무도 이 오류에 의문을 제기하지 않았을까? 『수경』의 이 문장은 "낙랑의 위치가 평양성이라는 것을 확인"하는 구절이 아니라 거꾸로 '낙랑의 위치가 평양성이 아니라는 것을 확인'하는 구절이다. 『수경』 원문의 이 구절을 부인하기 위해 이병도를 비롯한 여러 식민사학자들이 『수경주』를 끌어들였던 것이다. 『수경주』는 '패수가 서쪽으로 흐른다'고 말하고 있기 때문이다. 19명의 학자들이 모여서 1박 2일씩 학술회의를 하면서 단 한 명도 그 차이를 알아차리지 못했다는 점이 슬픈 코미디다. '어차피 결론은 평양인데 따져서 뭐하나.' 이것은 기존 통설에 의문을 제기하면서 자신의 시각으로 사료를 보려고 하지 않고 스승이나 선배의 학설을 외우기 급급한 식민사학계의 현주소를 보여주고 있다.

낙랑군의 위치를 둘러싸고 패수만큼 논란이 많은 강도 찾기 힘들다. 특히 동쪽으로 흐른다는 『수경』과 서쪽으로 흐른다는 『수경주』가 크게 논란이 되어 왔다. 『수경』 원문은 "패수는 동쪽으로 흘러 바다로 들어간다."라고 했다. 그런데 한반도 서북부의 강들은 모두 서쪽으로 흘러 바다로 들어간다. 압록강, 청천강, 대동강이 다 그렇다. 그러니 『수경』 원문을 따르면 압록강, 청천강, 대동강은 패수일 수 없다. 그러니 낙랑군을 한반도 서북부에 비정하려는 사람들에게 큰 문제가 생겼다. 이럴 때 역도원의 『수경주』가 눈에 띈 것이었다. 『동북아역사지도』는 담기양의 『중국역사지도집』과 같이 패수를 청천강이라고 비정했다.

『수경』은 중국의 물길, 강에 대해서 설명한 책인데 원 저자나 작성 연대는 분명하지 않아서 여러 설이 있다. 『신당서新唐書』「예문지藝文志」에는 상흠桑欽이 편찬했다는 기록이 있다. 상흠은 생몰 연대가 불분명하지만 후한後漢 때의 인물이니 서기 25년에서 220년 사이의 인물이다. 『수서隋書』「경적지經籍志」는 "곽박이 『수경』 3권에 주석을 달았다."고 설명하고 있다. 『통지通志』「예문략藝文略」에는 "『수경』 3권은 한나라 상흠이 편찬했는데, 곽박이 주석을 달았다."라고 기록하고 있다. 여기서 중요한 것은 서기 1~3세기의 인물인 상흠이나 3세기 후반~4세기 초반의 곽박은 패수가 '동쪽으로 흘러 바다로 들어간다'고 인식했다는 점이다. 『수경』 원문이 맞다고 본 것이다.

그런데 역도원은 패수의 흐름에 의문을 가졌다. 동쪽이 아니라 서쪽으로 흐르는 것이 아니냐고 생각한 것이다. 상흠이나 곽박과 달리 역도원이 이런 의문을 가진 까닭이 있었다. 527년에 사망한 역도원은 상흠보다 많게는 400년 이상, 곽박보다는 200여 년 가량 뒤의 인물이다. 6세기 초반의 인물인 역도원이 패수의 흐름에 의문을 제기한 이유는 100여 년 전인 427년에 장수왕이 천도한 평양성을 고조선 왕험성으로 오인하고 있었기 때문이다. 역도원은 또한 평양이 고유명사가 아니라 고구려 수도를 뜻하는 보통 명사라는 사실도 모르고 있었다. 물론 고구려 동천왕이 재위 21년(247)에 평양에 천도했는데, 그 평양은 장수왕이 재위 15년(427)에 천도한 평양과 다른 곳이라는 사실도 모르고 있었다.

동천왕 21년(247)에 천도한 평양과 장수왕 15년(427)에 천도한 평양이 서로 다른 곳이라는 사실은 한사군 위치 비정에도 대단히 중요하다. 『삼국사기』「고구려본기」 '동천왕 21년(247)'조는 고구려의 평양성 천도에 대해 이렇게 설명하고 있다.

> 봄 2월에 왕은 환도성에서 전란을 겪었는데, 다시 도읍으로 삼을 수는 없다고 해서 평양성을 쌓고 백성들과 종묘와 사직을 옮겼다. 평양성은 본래 선인仙人 왕검王儉의 땅이다. 혹은 (동천)왕이 왕험王險성에 도읍했다고 말했다.
>
> _『삼국사기』「고구려본기」 '동천왕 21년'조

고구려 장수왕이 재위 15년(427)에 천도한 평양성이 위만조선의 왕험성이 아니라 고구려 동천왕이 재위 21년(247)에 천도한 평양성이 선인 왕검의 도읍지이자 고조선 왕험성 자리였다. 그러나 이런 고구려 도읍 변천사를 알지 못했던 역도원은 장수왕 15년(427)에 천도한 평양성을 고조선 왕험성으로 여겼다. 그래서 혼란이 생긴 것이다. 6세기 초반 인물인 역도원은 100여 년 전 장수왕이 천도한 평양을 고조선 왕험성으로 오인하고 패수의 흐름에 의문을 가진 것이었다.

그러나 역도원이 『수경주』에서 설명했듯이 1세기 무렵의 학자인 허신許愼도 패수는 동쪽으로 흐른다고 설명했다.

> 허신이 이르기를, '패수는 누방현에서 나와 동쪽으로 흘러 바다로 들어간다. 일설에는 패수현에서 나온다'고 했다. 『십삼주지十三州志』는 '패수현은 낙랑군 동북쪽에 있다. 누방현은 낙랑군 동쪽에 있다. 패수는 대개 그 현 남쪽에서 나와서 누방현을 지난다. 옛날 연나라 사람 위만이 패수 서쪽에서부터 조선에 이르렀다. 조선은 옛 기자의 나라다. …… 전국시대 때 위만이 왕이 되어 왕험성에 도읍했는데, 그 땅이 사방 수천 리였다. 그 손자 우거右渠 때에 이르러 한 무제 원봉 2년(서기전 109) 누선장군 양복楊僕과 좌장군 순체荀彘를 보내 우거를 토벌했는데, 패수에서 우거를 격파하고 비로소 멸망시켰다.
>
> _역도원, 『수경주』

허신은 1세기 때 『설문해자說文解字』를 저술한 학자이다. 그런 허신도 패수는 '동쪽으로 흘러 바다로 들어간다'고 설명하고 있다. 『수경』 원문의 설명이 바르다는 이야기다. 그러나 장수왕이 천도한 고구려 평양성을 고조선 왕험성 자리로 알고 있던 역도원은 이 말이 이해가 가지 않았다. 그래서 고구려 사신을 직접 만나서 물어본 후

『수경』 '패수'조에 이런 주석을 남겼다.

> 만약 패수가 동쪽으로 흐른다면 (위만이) 패수를 건널 이치가 없었을 것이다. 그 지역은 지금 고구려의 국치(國治: 도읍)이다. 내가 일찍이 고구려 사신[番使]을 방문했더니 '평양성은 패수의 북쪽에 있다'고 말했다. 패수는 서쪽으로 흘러서 옛 낙랑 조선현을 지나는데 곧 낙랑군 치소로서 한 무제가 설치했으며, 서북으로 흐른다. 그러므로 『지리지』에서 '패수는 서쪽으로 흘러 증지현에 이르러 바다로 들어간다'고 말한 것이다. 또 한나라가 일어선 후 조선이 멀기 때문에 요동의 옛 요새를 수리해서 경계로 삼았다. 지금과 옛일을 상고해보니 일에 착오가 있었다. 대개 『수경』이 그릇 증험한 것이다.
>
> _ 역도원, 『수경주』

역도원은 장수왕이 평양으로 천도한 지 약 100여 년 후에 고구려 사신을 보고 패수가 어디로 흐르는지 물어보았다. 그러자 고구려 사신은 평양성 아래 있는 패수는 서쪽으로 흐른다고 답해주었다. 그러자 역도원은 패수는 서쪽으로 흐른다면서 『수경』 원문이 틀렸다고 단정지은 것이다.

역도원의 이 주석이 역사상 많은 오해를 낳고, 낙랑군을 한반도 서북부로 비정하려는 식민사학자들에게 큰 지원군이 되었다. 역도원의 "만약 패수가 동쪽으로 흐른다면 (위만이) 패수를 건널 이치가 없었을 것이다."라는 말은 무슨 뜻일까? 역도원은 장수왕이 천도한 평양성을 고조선 왕험성으로 생각했다. 역도원의 인식 속에서 패수는 대동강이었다. 그래서 패수는 서쪽으로 흘러야 한다고 생각한 것이다. 동쪽으로 흐른다면 동쪽 동해로 흐르는 것이기 때문에 위만이나 섭하가 패수를 건널 필요가 없다고 생각했던 것이다. 이런 생각 속에서 고구려 사신을 만나 강이 어느 쪽으로 흐르느냐고 물어보니 당연히 '평양성 남쪽으로 강이 흐르는데 서쪽으로 흘러서 바다로 들어간다'고 답했던 것이다.

역도원은 고구려 사신이 말한 '강'을 '패수'라고 단정짓고 '패수가 동쪽으로 흘러 바다로 들어간다東入于海'는 『수경』 원문이 틀렸다면서 "대개 『수경』이 그릇 증험한 것이다(蓋『經』誤證也)."라고 말한 것이다. 역도원은 이런 경로를 거쳐 『수경』 원문이 틀렸다고 보고 『수경주』에 '패수는 서쪽으로 흐른다'고 썼다. 따라서 장수왕이 천도한 평양성을 위만조선의 왕험성으로 잘못 알고 말한 역도원의 『수경주』는 고조선 왕험성이 지금의 평양이라는 근거가 되지 못한다.

그럼에도 임기환은 "실제적인 조선현의 위치가 어디인지를 추적하는 역도원의 자세가 포함되어 있는 것이 『수경주』입니다."라고 역도원의 자세가 훌륭하다고 칭찬했다. 임기환은 「'동북아역사지도의 문제점' 발표에 대한 편찬위원회의 입장」에서 "수경의 찬자와 작성연대가 불확실하고, 수경주를 작성한 역도원이 혼란해진 지리인식을 고증하려 하였음."이라고 하면서 역도원을 높이 평가했다.

한·중 역사전쟁이 치열한 현상황에서 "패수가 동쪽으로 흐른다."는 『수경』 원문이 대한민국에 유리할 것임은 말할 것도 없다. 또한 지금까지 살펴본 것처럼 사실에도 부합한다. 그런데도 대한민국 국민 세금 47억여 원을 들여서 만든 『동북아역사지도』는 사실도 아닐 뿐더러 대한민국에 불리하기까지 한 『수경주』를 정확한 기록인 것처럼 호도하고 있는 것이다.

『수경』 원문대로라면 패수를 '압록강(쓰다 소키치, 노태돈)'이니 '청천강(이병도)'이니 '대동강(이나바 이와키치)'이니 하는 식으로 비정한 후대의 학설들은 모두 무너지기 때문에 『수경』 원문은 모른 체하고 그 주석인 『수경주』만 내세우는 것이다. 『수경』 원문은 사실에도 부합하고, 역사전쟁을 치르는 대한민국에게 유리하다. 『수경주』는 사실에도 부합하지 않고, 역사전쟁을 치르는 대한민국에게 불리하다. 그런데도 편찬위원회는 『수경주』가 맞고 『수경』이 틀리다고 주장하면서 북한 강역을 중국사의 강역으로 넘겨주었다.

문제는 이들이 사용한 47억여 원이 대한민국 국고라는 점이다. 누가 책임져야 하는가? 이 문제는 대한민국이 과연 독립국가인지, 대한민국에는 과연 독립국가를 운영하는 정부라는 조직이 존재하는지를 묻고 있는 것이다.

6장

『삼국사기』를 가짜로 모는 사람들

賣國歷史學

일본 사학자들, '『삼국사기』 초기 기록 불신론'을 발명하다

『동북아역사지도』는 고대 부분만 문제가 되는 게 아니다. 고대부터 현대까지 모두 문제이다. 기본적인 역사관이 잘못됐으니 근·현대인들 제대로 그려놨을 리가 없다. 예전에는 그나마 겉으로는 애국자인 척했기 때문에 독립운동사를 그리는 시늉이라도 했는데, 『동북아역사지도』「한국편」은 독립운동사를 단 한 장도 그려놓지 않았다. 일제 강점기 때의 행정구역만 잔뜩 그려놓았다. 도엽의 제목들도 '일제 강점기'가 아니라 '식민지시기'라는 표현을 일관되게 사용했다. 조선총독부 조선사편수회에서 그린 것이라면 명실이 상부한 지도가 된다.

아무런 사료적 근거도 없이 한사군을 한반도 북부로 비정함으로써 북한 강역을 중국에 갖다 바친 것만이 문제가 아니었다. 한반도 남부는 사실상 일본에 갖다 바쳤다. 직접적인 표기만 못 했을 뿐이지 한반도 남부에 임나일본부가 있다고 그려놓은 셈이었다. 필자는 동북아특위에서 이렇게 말했다. 「고구려의 성장 120~300년」 도엽에 대한 설명이었다[74쪽 지도 2-2 참조].

> 이게 300년이니까 4세기 초인데, 한반도 남쪽을 보시면 신라도 없고 백제도 없고 가야도 없습니다. 이것은 식민사학자 쓰다 소키치가 창안한 '『삼국사기』 초기 기록 불신론'을 그대로 따른 것이지요.
> 쓰다 소키치가 '『삼국사기』 초기 기록 불신론'을 왜 만드느냐 하면 한반도 남부에 임나일본부가 있어야 되는데 『삼국사기』에서 말하는 대로 백제와 신라가 강력한 고대국가로 있으면 도저히 임나일본부라는 게 존속할 수 없는 겁니다. 그러니까 쓰다 소키치라는 인물이 『삼국사기』 초기 기록은 다 가짜라고 하면서 논문에서 뭐라고 그랬냐 하면 '이걸 지금 현재 입증할 수는 없지만 앞으로 차차 입증해보이겠다'(고 했어요.) 이런 식으로 쓴 게 현재 한국 식민사학계의 정설이 돼가지고 그대로 그려져 있는 거구요.

일반 국민들은 '한사군=한반도 북부설'보다 '『삼국사기』 초기 기록 불신론'에 더 놀라는 경우가 많다. 그런 것이 있는 줄도 몰랐다는 것이다. 심지어 한국 고대사에 꽤 관심이 있다는 사람들조차 모르는 경우가 있었다. '『삼국사기』 초기 기록 불신론'은 조선총독부 시절은 물론 해방 이후 지금까지 한국 고대사학계의 불문율이었다. 몇 년 전까지만 해도 『삼국사기』 초기 기록을 인용해서 논문을 작성하면 그 자체가 논문 게재 불가 사유가 되었을 정도로 막강한 위력을 갖고 있었다. '『삼국사기』 초기 기록 불신론'이란 무엇인가? 한마디로 『삼국사기』 앞부분의 기록은 믿을 수 없다는 논리다. 도대체 누가 이런 물귀신 같은 논리를 만들어냈는가?

역사연구에서 가장 중요한 것은 어떤 현상을 알려면 그 현상의 역사를 연구해야 한다는 것이다. '한사군=한반도 북부설'을 연구하려면 누가 그런 이론을 처음 고안했는지 그리고 누가 그 설을 추종하는지를 연구해야 한다는 것이다. 그렇게 연구해보면 '한사군=한반도 북부설'은 고려 중기 이후 사대주의 유학자들이 이데올로기 차원에서 시작해 조선에서 심화되었고, 조선총독부가 악의적으로 조직화시켰다는 사실을 알게 된다. 조선총독부에서 한국사의 시작을 식민지로 만들기 위해 정교화·조직화했던 것이다. 또한 해방 이후 친일청산은커녕 친일파들이 재득세하는 것으로 역사가 역주행하면서 사학계를 장악한 식민사학자들이 이를 하나뿐인 정설로 만들었고, 이런 구조가 지금까지 이어지고 있다는 사실을 알게 된다.

'『삼국사기』 초기 기록 불신론'은 누가 처음 만들었을까? 물론 일본인 식민사학자들이다. 필자는 '『삼국사기』 초기 기록 불신론'을 창안한 인물이 식민사학자 쓰다 소키치라고 말했지만 정확하게는 19세기 말에 나카 미치요가 먼저 시작했다. 나카 미치요는 '고구려는 6대 태조대왕(太祖大王: 재위 53~146), 백제는 12대 계왕(契王: 재위 344~346), 신라는 16대 흘해왕(訖解王: 재위 310~356) 이전의 기년은 믿을 수 없다'

고 주장했다. 이를 보다 정교화시켜서 '『삼국사기』 초기 기록 불신론'을 식민사학의 중요한 학설로 만든 인물이 쓰다 소키치였다. 그런데 한일 고대사를 연구한다는 일본인들은 너나 할 것 없이 '『삼국사기』 초기 기록 불신론'이라는 칼을 망나니처럼 휘둘러 『삼국사기』를 난도질해댔다. 시라토리 구라키치·아사미 린타로淺見倫太郎·이마니시 류·마에마 교사쿠前間恭作·오타 아키라太田亮 등 일제 강점기 때의 식민사학자들은 물론이고 일제의 패전 이후까지 생존했던 미시나 쇼에이三品彰英·이케우치 히로시池內宏·스에마쓰 야스카즈末松保和 등이 모두 신봉했다. 그리고 전후 학자인 이노우에 히데오井上秀雄 등까지 가세해서 『삼국사기』를 난도질했다.

그런데 임기환이 학계라고 부르는 한국 식민사학계는 극소수를 제외하고는 아직도 '『삼국사기』 초기 기록 불신론'을 하나뿐인 정설로 추종하는 상황이다. 한가람역사문화연구소의 고문인 최재석(고려대 명예교수)은 '『삼국사기』 초기 기록 불신론'을 비판했다가 한국 고대사학계에서 숱한 수모를 겪고 투명인간 취급을 당했다. 최재석은 지금으로부터 30여 년 전인 1985년 「<삼국사기> 초기 기록은 과연 조작되었는가」라는 논문을 『한국학보韓國學報』(38호)에 게재해 『삼국사기』 초기 기록을 조작으로 몰았던 일인 학자들의 논리를 조목조목 비판했다. 최재석은 『역경의 행운』에서 사회학자인 자신이 한일 고대사 연구에 나선 이유를 이렇게 설명했다.

> 나는 고대 한일관계사 연구에 착수하기 이전인 1985년 전후 시기부터 일본인들이 주로 행해왔던 우리나라 고대사 연구(?)

> 를 살펴보았다. 쓰다 소키치, 마에마 교사쿠, 오타 아키라, 이마니시 류, 미시나 쇼에이, 이케우치 히로시, 스에마쓰 야스카즈, 이노우에 히데오 등의 논저였다. 말하자면 내가 집필하려고 하는 고대사회사 연구의 선행 작업으로 그때까지 행해진 한국 고대사회사의 연구 결과를 살펴본 것이다.
>
> 그 결과 한국 고대사회사를 연구하기 시작한 사람도, 그 연구를 계속한 사람도 모두 일본 사람들이며 우리나라 사람은 단 한 명도 없다는 것을 알고는 대단히 놀랐다. 이들은 한결같이 "『삼국사기』 초기 기록은 조작되었다."라고 주장하고 있었는데 심한 경우는 신라 법흥왕(541~539) 이전 기록은 조작되었으며, 고구려에 있어서는 「고구려본기」 전체 기사가 조작되었다고 주장하는 사람도 있었다.
>
> _ 최재석, 『역경의 행운』, 만권당, 2015, 53~54쪽

'『삼국사기』 초기 기록 불신론'은 일본인 식민사학자들이 시작한 것인데 그들이 이것을 주창한 이유는 크게 두 가지였다. 하나는 일본의 역사를 한국사보다 긴 것으로 왜곡하기 위해서였다. 그래서 단군조선을 부인하고 '『삼국사기』 초기 기록 불신론'을 주창한 것이다. 더 결정적인 또 하나의 이유는 한반도 남부에 임나일본부를 존속시키기 위해서였다.

임나일본부는 그 설이 분분하지만 대략 4세기 후반부터 6세기 중반까지 고대 야마토 정권이 한반도 남부를 지배했다는 주장이다. 그런데 한반도 남부에 고대판 조선총독부인 임나일본부를 존속시

키려다 보니 문제가 발생했다. 『일본서기』에는 임나일본부라는 용어가 여러 번 나오지만 『삼국사기』「강수열전」에 "신은 원래 임나가량任那加良 사람"이라고 말하는 대목이 한 번 나올 뿐 '임나일본부'는 단 한 번도 나오지 않고, 그 시기 한반도 남부에는 이미 신라와 백제라는 강력한 고대국가가 존속하고 있었던 것이다. 앞의 「강수열전」도 이들이 말하는 임나일본부와는 아무 상관이 없는 대목이다. 그 틈바구니에서 임나일본부를 설치하고 운영한다는 것은 불가능한 일이었다. 그래서 한국을 침략하려는 일본인들은 이른바 정한론征韓論의 일환으로 한국사 왜곡에 나서게 되었는데, 이것이 '『삼국사기』 초기 기록 불신론'으로 구체화된 것이었다. '『삼국사기』 초기 기록 불신론'과 '임나일본부설'은 일란성 쌍둥이이자 동전의 양면 같은 존재였다.

여기서 생각해봐야 할 것은 일본인 식민사학자들이 왜 임나일본부가 무수히 등장하는 『일본서기』와 임나일본부가 사실상 나오지 않는 『삼국사기』를 상호 비교하는 역사학적 방법론을 따르지 않고 '『삼국사기』 초기 기록 불신론'이라는 비역사학적 방법론을 들고 나왔는가 하는 점이다. 먼저 『일본서기』는 기년紀年, 즉 연대부터 맞지 않는 사서이다. 연대부터 맞지 않는 사서를 사서史書라고 부를 수 있을지 의문이지만 그런 『일본서기』를 근거로 『삼국사기』와 상호 비교해봐야 결과는 『일본서기』의 완패일 수밖에 없었다. 그래서 덮어놓고 『삼국사기』는 조작되었다는 '『삼국사기』 초기 기록 불신론'을 발명했던 것이다.

임기환은 동북아특위에서 이 문제에 대해 이렇게 설명했다.

> 두 번째로 지적하신『삼국사기』초기 기록 불신에 대한 입장에 대해서 말씀을 드리겠습니다.
> 『삼국사기』초기 기록이라고 하는 것은 중앙집권적 국가체제의 토대가 구축되기 이전의 기록으로서『삼국사기』초기 기록에 대해서는 아까 이덕일 소장께서 지적하셨듯이 불신론이 있습니다. 그리고 이것을 믿자는 신빙론도 있고, 이런 것들을 비판적으로 재구성해야 된다는 주장도 있습니다.
> 불신론은 식민지 사학에 의해서 제기되었던 것은 맞습니다. 그것은 이미 한국 학계에서 폐기되어 있습니다.『삼국사기』초기 기록을 믿지 않는다? 아무도 없습니다. 저 역시『삼국사기』초기 기록에 의존해서 역사를 구성하고 논문을 쓰고, 많은 학자들이 (그렇게 하고) 있습니다. 지금 출간되어 있는 한국 고대사의 많은 논문들을 보면『삼국사기』초기 기록이 어떻게 활용되고 있는지 잘 알 수 있을 겁니다.
> 그런데 불신하고 있다는 지적은 현재 학계의 움직임을 전혀 보지 않은, 이해하지 못하는 말씀이라고 생각이 됩니다. 단, 한국 학계에서는 '이것을 무조건 믿을 것이냐 아니면 이것을 비판적으로 검토할 것이냐.'라는 논의가 진행되고 있습니다.

임기환은 앞뒤 안 맞는 말을 하려다 보니 횡설수설하게 되고, 결론적으로 거짓말도 너무 많이 하게 되었다. 그동안 한국 식민사학계, 즉 매국사학계가 최재석을 투명인간 취급했던 것처럼 필자도 없는 사람 취급하려고 하는 것이다. 몇 년 전 서울의 유수한 한 대학의 대학원에 초청되어 특강을 했다. 특강을 마치고 함께한 저녁 식사 자리에 사학과 교수들 여러 명이 참석했다. 그 대학에는 아주 드물게 『삼국사기』「신라본기」를 인정하는 학자가 있었다. 그 교수가 학회에 『삼국사기』 초기 기록을 인용해서 논문을 냈는데 수 년 동안 가타부타 말이 없었다고 한다. 예전 같으면 '『삼국사기』 초기 기록을 인용했기 때문에 게재 불가'라고 회보했을 텐데 이제 식민사학도 그 정도까지 전체적인 힘은 갖고 있지 못한 상황이 되어서인지 가타부타 말이 없이 시간만 끌었다. 그러다 그 대학 교수가 학회 총무가 되었을 때 그냥 학회지에 실었다는 것이다.

임기환은 "『삼국사기』 초기 기록을 믿지 않는다? 아무도 없습니다."라고 말했지만 이것은 완전히 거짓이다. 임기환도 유체이탈 화법을 배운 모양이다. 앞서 말한 대로 『동북아역사지도』는 고구려 모본왕이 북평, 어양, 상곡, 태원 등을 공격했고, 태조대왕이 요서에 10개 성을 쌓았다는 기록을 인정하지 않았다. 동북아특위에서 도종환 의원은 『삼국사기』의 이 기사를 인정하지 않는 이유가 무엇이냐고 물었다.

참고인 임기환 태조왕 때 요서 10성에 대해서 말씀드리겠습니다. 요서 10성을 쌓았다는 기사가 있습니다. 이 기사가 그 이후에 다른 자료들을 다 파악해보면 구체적으로 어떤 형태로 실현되는지를 파악하기 어렵습니다. 그래서 이 기사 역시 저희 지도에 반영하지 않았습니다.

도종환 위원 인정하지 않는다는 말씀이세요?

참고인 임기환 검토돼야 될 기사, 현재로서는 이 기사대로 이 기사에 맞춰서 지도를 그릴 수 있는 근거가 확보되지 않았습니다.

도종환 위원 『삼국사기』에 나오는 기록 아니에요?

참고인 임기환 예, 맞습니다.

도종환 위원 그런데 왜 그걸 인정을 안 해요?

참고인 임기환 『삼국사기』 기사만이 아니라 모든 기사를 다 합쳐서 관련 상황에서 합리적인 조항을 추정하는 것이 기본적인 태도라고 생각을 합니다.

도종환 위원 우리 거는 인정하지 않고 인정하지 않을 수 있는 다른 것들까지 고려해서 하는 것이 합리적이다, 이런 말씀이신가요?

참고인 임기환 아니지요. 우리 것을 인정하지 않는다는 말씀이 아닙니다. 아까도 말씀드렸다시피 사료 비판을 통해서 『삼국사기』 기록을 적극적으로 검토하고 있습니다. 이 기사 하나를 가지고 저희가 인정하지 않는다고 말씀드릴 수는 없습니다.

도종환 위원 이해할 수가 없네요.

도종환 의원뿐만 아니라 누가 이해할 수 있겠는가? 앞서 인용했듯이 『삼국사기』 「고구려본기」 '모본왕 2년(서기 49)'조에는 모본왕이 "장수를 보내 한나라의 북평, 어양, 상곡, 태원을 습격했다."라고 나온다. 이 기사는 중국의 『후한서』 「광무제본기」의 '광무제 25년(서기 49)'조에 그대로 나온다. 또한 『삼국사기』 「고구려본기」 '태조대왕 3년(서기 55)'조는 "요서에 10개의 성을 쌓아 한나라 군사의 침략에 대비하였다."라고 했다. 요서 지역이 고구려의 강역이라는 뜻이다.

그러나 임기환을 비롯한 편찬위원회는 이것을 인정하지 않는다. 그래서 대제국 고구려의 강역을 지금의 요하를 넘어가지 못한 소제국으로 그려놓았다. 그러고도 임기환은 "『삼국사기』 기사만이 아니라 모든 기사를 다 합쳐서 관련 상황에서 합리적인 조항을 추정하는 것이 기본적인 태도"라면서 『삼국사기』에도 나오고 『후한서』에도 나오는 이 기록의 사실성을 부인하고 있는 것이다. 그러면서 겉으로는 "『삼국사기』 초기 기록을 믿지 않는다? 아무도 없습니다."라고 말하는 것이다. 그래서 식민사학자들과 논쟁하게 되면 학문의 합리성 논쟁이 아니라 진위 논쟁으로 그 격이 떨어지게 된다.

임기환은 '『삼국사기』 초기 기록 불신론'에 따라서 『삼국사기』 모본왕 기사와 태조대왕 기사를 지워버렸다. 그의 말대로 "『삼국사기』 초기 기록을 믿지 않는다? 아무도 없습니다."라는 말이 사실이라면 『동북아역사지도』에 고구려 강역을 최소한 지금의 요서 지역까지 확대시켜 놓으면 되는 것이다. 그러나 임기환은 '『삼국사기』 초기 기록 불신론'에 따라서 『동북아역사지도』에 고구려 강역을 지금의 요하 동쪽으로 축소시켜놓았다. 그래놓고는 입으로만 거꾸로 말하는 것이다.

점점 악화되는 '『삼국사기』 초기 기록 불신론'

과연 임기환의 말대로, 임기환이 학계라고 부르는 한국 식민사학계에서 『삼국사기』 초기 기록을 믿지 않는 사람이 아무도 없는지 살펴보자. 지면 관계상 일단 『삼국사기』 「백제본기」에 한정해서 논의를 전개하겠다. 『동북아역사지도』에서 '20세기의 1차 사료'로 떠받들린 국사학계의 태두 '이병도 선생님'의 주장부터 살펴보자.

> 『삼국사기』 「백제본기」-더욱이 초기에 관한 기록-란 것은 소략疏略하기 짝이 없고, 게다가 부회조작(附會造作: 이치에 맞지 않는 것을 끌어들이거나 조작한 것)한 것도 많이 있어, 매양 이 방면 연구가로 하여금 큰 곤란을 느끼게 하는 바이나, 이 고이왕 27~8년의 기사는 신용하여도 큰 상차(相差: 어긋남)가 없을 듯하다. 그리하여 나는 백제의 엄밀한 의미의 건국 연도를 이 고이왕 27~8년경(서기 260~261)으로 보거니와…….
>
> _이병도, 『한국고대사연구』, 박영사, 1985 수정판, 475쪽

이병도는 백제 건국 시기를 『삼국사기』에서 말하는 서기전 18년이 아니라 서기 260~261년 무렵이라고 주장했다. 백제의 건국시조는 온조왕이 아니라 8대 고이왕이라는 것이다. 그 근거로 『삼국사기』 「백제본기」 '고이왕 27년(260)'조에 고이왕이 6좌평 등의 관직을 설치하고 각각 직무를 나누게 한 기사를 들었다. 고이왕은 또 6품 이상은 자줏빛 옷을 입고 은화銀花로 관모冠帽를 장식하게 하는데

이것이 백제의 실질적 건국 기사라는 것이다. 그러면 그 이전의 백제 국왕들에 대해서는 어떻게 보고 있을까?

> (고이왕을 백제 건국의 대업을 이룬 태조라고 본다면) 「백제기」(『삼국사기』「백제본기」: 괄호 필자)에 열재列載된 고이왕 이전의 제왕諸王 기사는 이를 어떻게 볼 것이냐 하는 것이다. 나로써 보면 그들은 대개 부락국가시대의 세습적 거수渠帥로, 개국 후에 추존된 왕들이거나 혹은 진위반잡(眞僞半雜: 진짜와 가짜가 반씩 섞여 있음: 괄호 필자)의 세계世系를 후세의 사가史家가 개국 이래의 왕통과 같이 윤색潤色한 바일 것이다. 따라서 『삼국사기』의 기재는 신용을 둘 수 없는 것이 많다.
>
> _이병도, 『한국고대사연구』, 박영사, 1976, 476쪽

『삼국사기』「백제본기」는 믿을 수 없으며, 고이왕 이전의 왕들은 부락국가시대의 인물들이거나, 개국 후에 추존한 왕들이거나, 진짜와 가짜가 섞여 있는 세계世系를 후세의 역사가들이 윤색한 것이라는 주장이다. 자신이 역사를 공상소설 쓰듯 하다 보니 김부식을 비롯한 고려 사가史家들도 그런 줄 아나보다. 임기환을 비롯한 『동북아역사지도』 제작진이 64개 전거 중에서 무려 34개를 따왔던 20세기의 1차 사료 작성자 '이병도 선생님'이 "『삼국사기』의 기재는 신용을 둘 수 없는 것이 많다."라고 단언했다. 그런데 이병도의 공상소설을 1차 사료로 떠받들고 있는 임기환은 "『삼국사기』 초기 기록을 믿지 않는다? 아무도 없습니다."라고 천연덕스럽게 말한다.

그러면 그동안 한국사 교과서들은 백제 건국을 어떻게 서술해왔고, 지금은 어떻게 서술하고 있는지 살펴보자. 먼저 국정 교과서 내용을 보자.

> 백제는 한강 유역의 토착 세력과 고구려 계통 유이민 세력의 결합으로 성립되었는데(기원전 18), 우수한 철기 문화를 보유한 유이민 집단이 지배층을 형성하였다. 백제는 한강 유역으로 세력을 확장하려던 한의 군현을 막아내면서 성장하였다. 고이왕 때 한강 유역을 완전히 장악하고 중국의 선진 문물을 받아들여 정치 체제를 정비하였다. 이 무렵 백제는 관등제를 정비하고 관복제를 도입하는 등 지배체제를 정비하여 중앙집권국가의 토대를 형성하였다.
>
> _ 고등학교 국사, 2007

마지못해 서기전 18년도 써줬지만 결론은 고이왕 때 건국했다는 이야기다. 또한 "한강 유역으로 세력을 확장하려던 한의 군현을 막아내면서 성장하였다."라고 서술해서 한강 북부에 있던 한의 군현, 즉 한사군의 공세를 막아내면서 성장했다고 기록하고 있다. 한사군이 한강 북부를 차지하고 있었다는 전제로 서술하고 있는 것이다. 2015년 현재 사용하고 있는 고등학교 한국사 교과서도 대부분 마찬가지다.

> 3세기 중엽 고이왕 때에는 영토를 더욱 확장하고, 국가 통치

조직을 갖추어 중앙 집권국가의 기틀을 마련하였다. 목지국을 병합하여 한강 유역을 완전히 장악하였으며, 중국의 문물을 받아들여 정치 체제를 정비하였다.

_ 고등학교 한국사, 법문사

백제는 중국과 교류하기 유리한 지리적 조건과 유·이민의 우수한 철기 문화를 기반으로 3세기 후반 고이왕 때에 크게 성장하였다. 고이왕은 밖으로 대방군을 공격하였으며, 목지국을 병합하여 한반도 중부 지역을 차지하고 마한의 중심세력이 되었다.

_ 고등학교 한국사, 천재교육

한강 유역의 토착세력과 고구려 계통의 유·이민 세력이 결합하여 세운 백제는 고이왕 때 한강 유역을 완전히 장악하면서 한반도 중부 지역을 확보하였다. 또한 관등제를 정비하고 관복제를 도입하여 중앙집권국가의 기틀을 마련하였다.

_ 고등학교 한국사, 비상교육

백제는 한강 유역에서 한의 군현과 맞서면서 성장하였는데, 고이왕 때 한강 유역을 완전히 장악하였다. 고이왕은 관등제, 관복제를 받아들여 지배체제를 정비하며 중앙 집권국가의 토대를 마련하였다.

_ 고등학교 한국사, 지학사

표현의 강도에 차이는 있지만 공통적으로 고이왕이 백제 건국의 주역인 것처럼 서술하고 있는 것은 마찬가지다. 여기에 한의 군현, 즉 한사군을 쓰는 경우도 있고, 이때 목지국目支國을 병합한 것처럼 쓰는 경우도 있는데, 한사군은 한반도 안에 있지도 않았다. 또한 목지국은 『삼국사기』에는 나오지도 않는다. 『삼국지』「위지동이전」'한'조에만 나오는데, 이병도가 이를 직산·성환 일대에 비정한 것을 근거 삼아 소설들을 쓰고 있는 것이다.

백제만 인용했지만 고구려는 태조왕 때, 신라는 내물왕 때 건국한 것처럼 서술하는 것은 대부분의 한국사 교과서가 마찬가지다. 그동안 이런 교과서 저자들은 교학사 교과서만 문제인 것처럼 주장해왔다. 교학사 교과서가 이른바 조선총독부의 한국사 정체성론에 따른 식민지근대화론에 입각해 한국 근·현대사를 서술한 반국가적, 반역사적인 교과서인 것은 맞는 말이지만 고대사 부분에 한정하면 나머지 교과서들도 대부분 조선총독부 사관을 추종하고 있다는 점에서 큰 차이가 없는 셈이다.

필자가 동북아특위에 제출한 「동북아역사지도의 문제점」이라는 자료에는 2002~2005년까지 존속했던 한일역사공동연구위원회의 한국 측 학자가 '백제의 정세'에 대해 쓴 글이 실려 있었다. 한일역사공동연구위원회는 한일 두 나라 정상이 두 나라 사이의 역사 분쟁을 완화시킬 수 있는 대안을 마련해보자는 '선의'에서 시작한 위원회였다. 물론 국고로 운영되었다. 대한민국 정부에서 동북아역사재단을 만든 것이 중국의 동북공정과 일본 극우파의 역사침략에 맞서는 이론을 만들라는 '선의'로 만든 것과 마찬가지다. 그런데 이른바 한국의 주류 역사학자들을 이런 곳에 배속시키면 대한민국 세금으로 한국사를 난도질하고, 일본 극우 역사학자들이나 중국 동북공정 역사학자들과 어깨를 나란히 하고 노래 부르는 상황이 반복된다. 「동북아역사지도의 문제점」에서 아래의 해당 글을 처음 본 동북아특위 위원들은 충격을 받은 모양이었다.

> 한강 유역 백제의 정세는 어떠하였을까? 『삼국사기』 「백제본기」에 의하면 '고이왕 27년(260)' 조에 6좌평 및 16관등제 등의 중앙집권적 관료제를 완비했다고 나오나, 이는 후세 백제인들의 고이왕 중시 관념에 의하여 조작된 것이다. 이 시기 백제의 발전 정도는 좀 더 낮추어 보아야 할 것이다. 유적 분포를 살펴보면 3세기 후반에 백제의 왕성인 서울 강동구의 몽촌토성과 풍납토성이 축조되었으며 ……
>
> _ 한일역사공동연구위원회, 『한일역사공동연구보고서』, 59쪽

고이왕 때 백제가 건국되었다는 주장도 후세의 조작이라는 것으로서 백제 건국은 더 늦추어 보아야 한다는 것이다. 그럼 『한일역사공동연구보고서』는 백제의 건국자를 누구로 보고 있을까?

> 백제는 그 후 한동안 외부 문제로 인한 왕통의 혼란을 겪은 후 346년에 근초고왕이 왕위에 오르면서 폭발적인 성장을 하기 시작하였다. 이는 313년과 314년에 낙랑군과 대방군이 고구려에게 멸망되고 거기서 높은 문화를 지닌 유민들이 백제

에 편입된 것과 관련이 있을 것이다. 근초고왕은 369년과 371년의 대 고구려 전쟁을 승리로 이끌고 나서 372년에는 동진東晋에 사신을 파견하여 진동鎭東장군 영낙랑태수領樂浪太守를 책봉받고 이를 전후하여 박사 고흥에게 국사인 『서기書記』를 편찬케 하였다. 얼마 후 침류왕 원년 및 2년(385)에 백제 왕실이 불교를 공인하였다는 것으로 보아 그를 전후한 시기에 고대국가 체제가 완비되었다고 볼 수 있다.

_ 한일역사공동연구위원회, 『한일역사공동연구보고서』, 60쪽

백제가 근초고왕(346~375) 때 건국되었다는 주장이다. 이병도가 주장한 고이왕 27년(260)의 건국 연대보다도 100년 정도 더 후퇴한 것이다. 한일역사공동연구위원회는 한일 양국의 역사학자들이 참여했는데, 이 보고서는 홍익대 교수 김태식이 작성했다. 김태식은 『동북아역사지도』를 만드는 편찬위원회의 고대사 전문위원이다. 자국사를 부인하는 학자들이 역사 관련 세금을 독식하는 망국적 구조가 반복되고 있는 것이다.

이들은 어떻게 감히 한국 식민사학계의 대부 '이병도 선생님'의 학설을 거부할 수 있었던 것일까? 믿는 구석이 있기 때문이다. 이들이 믿는 구석이란 다름 아닌 일본인 식민사학자들이다. '『삼국사기』 초기 기록 불신론'을 정교화한 쓰다 소키치가 1921년에 쓴 『만선지리역사연구보고滿鮮地理歷史硏究報告』 8권 글 중에 「백제에 관한 일본서기의 기재記載」라는 것이 있다. 현재는 쓰다 소키치 전집 제2권의 『일본 고전의 연구(하)』에 「백제 왕실의 계보 및 왕위 계승에 관한 일본

서기의 기재」라는 제목의 부록으로 실려 있는데, 김태식이 작성한 『한일역사공동연구보고서』는 바로 이 글을 베꼈다.

> 『삼국사기』에 보이는 계왕契王 이전의 백제에 관한 기사는 모두 사실로써 믿기 어려운 것이고, 그것은 후세의 사가史家들에 의해 만들어진[構造] 것이다.
>
> _ 쓰다 소키치, 『쓰다 소키치 전집』 2, 이와나미쇼텐, 1963

백제의 12대 계왕 이전의 『삼국사기』 「백제본기」는 모두 조작되었다는 주장이다. 13대 근초고왕부터 실제 임금이라는 뜻이다. 근초고왕이 백제를 건국했다는 『한일역사공동연구보고서』는 쓰다 소키치의 학설을 따른 것이다. 이병도가 아니라 '쓰다 소키치 선생님'이 국내 식민사학계의 진정한 교주님이라는 자기고백이다. 이병도도 식민지 학자이기 때문에 식민지 본국 학자님의 견해를 따라야지 조금이라도 자기 견해를 제시하면 들이받겠다는 이야기나 마찬가지다. 한일역사공동연구위원회는 2005년 6월 1일 한일역사공동연구지원위원회 명의로 이런 글을 발표했다.

> 한국과 일본 양국은 추후 이 보고서를 조속히 출판하여 양국의 역사 교과서 집필자와 정부의 각급 기관, 역사 교과서 관련 기관 및 연구자, 출판사 등에 널리 배포하여 장래 양국 역사 교과서 편수에 참고할 수 있도록 할 예정입니다.
>
> 한국과 일본 양국의 대표적인 역사학자들이 공동으로 참여

한 이번의 첫 연구 성과가 만족스러운 것만은 아니지만, 한·일 간의 역사인식 공유를 향한 양국 학계 간의 최초의 의미 있는 시도인 만큼, 한일 관계에 관심 있는 분들의 애정어린 격려와 많은 이용을 부탁드립니다.

2005년 6월 1일

한일역사공동연구지원위원회

이는 일본 극우파의 역사학이 해방 이후에 공식적으로 남한 학계를 장악했음을 선포한 글이었다. 이들은 "한국과 일본 양국은 추후 이 보고서를 조속히 출판하여 양국의 역사 교과서 집필자와 정부의 각급 기관, 역사 교과서 관련 기관 및 연구자, 출판사 등에 널리 배포하여 장래 양국 역사 교과서 편수에 참고할 수 있도록 할 예정입니다."라고 말했다. 필자가 『한국사, 그들이 숨긴 진실』에서 이를 강력하게 비판하지 않았다면 실제로 그렇게 되었을지도 모른다. 그 책에서 이 문제를 강력하게 비판한 것이 2009년인데, 그동안 변한 것은 아무 것도 없다. 이 문제에 관한 한 대한민국 정부는 존재하지 않았던 것이다. 동북아특위에서 이상일 의원이 이 글에 대해 이렇게 질문했다.

이상일 위원 이덕일 소장님이 지적하신 것과 관련해서 김태식 교수님의 백제관에 대한 역사 서술이 있잖아요. 백제에 대한 이야기?

참고인 임기환 발표 중에 있던 것 말씀하시는 거지요?

……

이상일 위원　27쪽에 김태식 교수님이지요, 지금 역사지도 전문위원이신데…….

참고인 임기환　예, 그렇습니다.

이상일 위원　이분의 백제에 대한 서술에 대해 동의하시나요?

참고인 임기환　6좌평과 16관등은 백제의 중앙집권적 체제의 하나의 정치 제도의 문제입니다. 이 제도는 백제 후기에 만들어졌다고 보입니다. 그때 고이왕조 『삼국사기』 기사에 이 기사가 나와 있기 때문에 이 기사는 후대의 상황이 고이왕조에 반영된 것으로 사료 비판으로 검토를 하고 있습니다. 김태식 교수의 이 얘기가 학계의 견해에 위배되는 부분은 아닙니다.

이상일 위원　아니다 이거지요?

놀라운 이야기다. "『삼국사기』 「백제본기」에 의하면 '고이왕 27년(260)'조에 6좌평 및 16관등제 등의 중앙집권적 관료제를 완비했다고 나오나, 이는 후세 백제인들의 고이왕 중시 관념에 의하여 조작된 것이다."라는 김태식의 이야기가 학계의 견해에 위배되는 부분이 아니라는 이야기다. 임기환의 말은 얼마나 모순적인가. '고이왕 때 백제가 건국되었다는 것도 조작'이라는 것이 "학계의 견해에 위배되는 부분은 아닙니다."라고 말해놓고는 또 "『삼국사기』 초기 기록을 믿지 않는다? 아무도 없습니다."라고 하니 말이다. 그 이외에도 임기환이 동북아특위에서 『삼국사기』 초기 기록을 부인하는 발언을 한 것은 여럿 있다. 여기서는 지면상 생략하는데 국회 속기록을 확인해보기 바란다.

고이왕 때 백제가 건국되었다는 기술도 후세에 조작된 것이라는 김태식의 견해가 학계의 견해에 위배되는 부분은 아니라는 임기환의 말은 근래 들어 식민사학, 즉 매국사학계가 점점 더 악화되고 있다는 뜻이기도 하다. 필자가 실명 비판에 나선 이유가 여기에 있다. 이들은 익명으로 비판해서는 꿈쩍도 하지 않는다. 꿈쩍은커녕 필자 같은 사람들에 대해서는 인터넷을 포함한 각종 매체를 통해 엄청난 비방을 해대면서 정·관·재계, 특히 언론계에 깊숙이 뿌리내린 매국 카르텔을 통해 국민 세금을 독식하고 있는 것이다.

이들이 백제 시조에 대해 고이왕과 근초고왕을 왔다 갔다 하는 계기를 만든 인물은 이기백이다. 한때 이기백이 쓴 『한국사신론』(일조각, 1999)은 대생들과 각종 고시를 보는 수험생들의 필독서였다. 그만큼 개탄스러운 상황에서 우리가 살아왔다는 이야기다. 이기백은 「백제왕위계승고百濟王位繼承考」라는 논문에서 이렇게 말했다.

> 『삼국사기』 근초고왕 이후의 기록이 신용할 수 있는 것이라면 거의 동일하게 그 이전의 기록에도 신용할 만한 대목이 있을 가능성이 있다는 말이다. 그 기록들은 물론 후대에 특히 신라인이나 고려인에 의해서 왜곡되었을 것이다. 뿐만 아니라 고흥高興에 의해서조차 사실史實이 조작·변경되었을 가능성이 있다.
>
> _이기백, 「백제왕위계승고」, 『역사학보』 11, 1959

횡설수설이 식민사학의 장기라는 점이 여기서도 그대로 드러난다. "『삼국사기』 근초고왕 이후의 기록을 신용할 수 있는 것이라면 거의 동일하게 그 이전의 기록에도 신용할 만한 대목이 있을 가능성이 있다."고 했으면 '그러니 『삼국사기』 「백제본기」의 이전 부분도 사실이다.'라고 이어져야 하는데, 거꾸로 "그 기록들은 물론 후대에 특히 신라인이나 고려인에 의해서 왜곡"되었다고 서술하는 것이다. 심지어 고흥高興이 사실을 조작·변경했을 것이라는 대목에 이르면 말문이 막힌다. 고흥은 『삼국사기』 「백제 근초고왕본기」에 "『고기古記』에 '백제는 개국 이래 문자로 사실을 기록한 적이 없었는데, 이때 와서 박사博士 고흥이 처음으로 『서기書記』를 썼다."라고 기록되어 있는 인물이다. 물론 이 사실을 언급한 『고기』도, 고흥이 썼다는 『서기』도 전해지지 않는다. 전해지지도 않는 책이 조작되고 변경되었는지 아닌지 어떻게 알 수 있단 말인가? 이런 사고구조를 가진 사람이 쓴 책이 그동안 각종 국가고시 응시자들의 필독서였다. 이런 사람들이 국민들의 정신세계를 지배하고 있는 와중에도 대한민국이 여기까지 온 것이 참 대견하다는 생각이 들 정도다.

전하지도 않는 역사서가 조작되었다는 기발한 발상이 어떻게 나올 수 있었을까? 식민사학자들이 이치에 맞지 않는 말을 할 때는 일본인 식민사학자들의 글을 찾아보면 답이 나온다. 조선사편수회와 도쿄제국대 교수였던 이케우치 히로시가 그런 인물이다. 이케우치 히로시는 「고구려왕가의 상세의 세계에 대하여高句麗王家の上世の世系について」라는 논문에서 "(고구려의) 궁(태조왕)·수성(차대왕)·백고(신대왕: 괄호는 필자) 3왕의 관계, 궁의 졸년과 치세년, 수성의 재위기수, 백고의 치세

년수는 모두 『해동고기海東古記』의 찬자撰者가 조작한 것이다."라고 주장했다. 『해동고기』는 김부식이 『삼국사기』를 편찬할 때 참고한 책이지만 현재 전하지 않는다. 전하지도 않는 『해동고기』가 조작이라는 것이다.

김부식은 『삼국사기』 「고구려 태조왕 본기」를 편찬할 때 중국의 『후한서』와 『해동고기』 내용을 비교해 적으면서 결론에서 "혹시 『후한서』 기록이 잘못된 것이 아닌가?"라고 덧붙였다. 김부식은 두 기록의 내용이 다를 때는 양자를 모두 기록하고 자신의 견해를 덧붙이는 합리주의적 태도를 보였다. 그러자 이케우치 히로시가 "『해동고기』가 조작"이라고 주장한 것이다. 전하지도 않는 책이 조작되었는지 아닌지, 타임머신이라도 타고 가보았나? 그동안 식민사학은 자신들이 고등문헌 비판을 해왔다고 자랑스레 이야기하지만 식민사학자들의 고등문헌 비판이라는 것이 이런 수준이다.

그런데 해방 후 국내 여러 대학의 사학과 교수였던 이홍직(李弘稙: 1909~1970)이 쓴 글 중에 이케우치 히로시에 대한 글이 있다. 이케우치 히로시의 『만선사연구滿鮮史硏究』에 대한 서평인데, 부제가 '이케우치 박사의 업적 회고를 겸하여'라고 되어 있다. 『삼국사기』를 난도질한 이케우치 히로시의 '업적을 회고'할 만큼 존경한다는 뜻이리라. 이홍직은 1935년 도쿄제국대 국사(일본사)학과를 졸업한 후 연세대와 고려대 교수를 역임하면서 국사편찬위원회 위원, 고등고시 위원, 학술원 위원 등을 역임했는데, 『한국문화대백과사전』은 그에 대해서 "광복 이후 여러 대학에서 후진을 양성하는 한편 수준 높은 논문을 발표하여 우리나라의 역사학 발전에 크게 기여하였다. 한국사 중에서 특히 깊은 관심으로 연구한 것은 한국의 고대사였다."라고 설명하고 있다. 그가 얼마나 '수준 높은 논문'을 썼는지 『만선사연구』 서평의 서두를 읽어보자.

> 본지(『아세아연구』)에서 필자는 과거 수차에 걸쳐서 일본이 조선을 지배하였던 반세기 동안에 개척한 조선사학朝鮮史學-그것은 만선사라는 한 분야로서 그들은 종합연구를 하였는데-이 걸어온 자취를 단편적이나마 언급한 바 있었는데 여기에 소개하고자 하는 이케우치 히로시 박사도 이 분야에 가장 큰 족적을 인印하고 우대尤大한 논저論著를 남기고 간 연구자의 한 사람이었다.
>
> _이홍직, 「서평, 만선사연구」, 『아세아연구』 3권 2호, 1960

'이케우치 박사의 업적 회고를 겸하여'라는 부제에서 선생님에 대한 절절한 그리움을 담아서 쓴 글임을 쉽게 알 수 있다. 만선사관이란 한국사는 만주사에 종속된 역사였다는 것으로 한국사의 독자성과 주체성을 부인하는 논리다. 일제 식민사관의 주요한 논지인 한국사 정체성론의 일종이다. 만선사관의 또 다른 문제는 만주를 지배하려는 일제의 침략이론이라는 점이다. 한국을 점령했으니 그 여세를 몰아 만주까지 점령해야 한다는 침략의 나팔수 이론이었다.

이런 이론을 주창한 이케우치 히로시를 "이 분야에 가장 큰 족적을 인印하고 우대尤大한 논저論著를 남기고 간 연구자"라고 극찬하는 사람을 해방 후 "우리나라의 역사학 발전에 크게 기여"했다고 평가

하며 사는 나라가 대한민국이다. 일제 식민사관을 두고 "일본이 조선을 지배하였던 반세기 동안에 개척한 조선사학"이라고 극찬하는 사람을.

이홍직이 "한국사 중에서 특히 깊은 관심으로 연구한 것은 한국의 고대사였다."라고 했는데 그는 한국 고대사를 불신하는 '『삼국사기』 초기 기록 불신론'에 대해서는 어떤 관점을 갖고 있었을까? 이케우치 히로시에 대해 '우대한 논저를 남기고 간 연구자'라고 평가하는 역사학자가 어떤 관점을 갖고 있었을지는 굳이 따져볼 필요도 없지만 사실이 중요하니까 잠시 살펴보자. 이홍직은 「신라의 발흥기」(『한국사상의 제문제』 3, 1959)라는 글에서, "신라·고구려·백제 3국의 개국기년을 『삼국사기』가 전하는 대로 믿는 사람은 오늘날에는 아무도 없을 것이다."라고 말했다. 식민사학자들은 자신들의 주장을 합리화하기 위해 자신들의 이론을 모든 사람들이 지지하는 것처럼 포장하는데, 이홍직도 "아무도 없을 것이다."라며 모두를 끌고 들어갔다. 이홍직은 그나마 양반이다. 신라의 국조國祖를 제13대 미추왕(味鄒王: 재위 262~284)으로 믿을 만한 흔적이 많다고 보았기 때문이다. 일본인들이나 이병도가 신라의 개국 시조를 19대 눌지왕(재위: 417~458)이나 17대 내물왕(재위: 356~402)이라고 주장한 것보다 100여 년 끌어올린 내용이다. 물론 미추왕 이전의 『삼국사기』 「신라본기」를 거짓으로 봤다는 점에서는 오십보백보지만 그나마 조금 끌어올리려고 노력했으니 하는 말이다.

이기백은 "『삼국사기』 「백제본기」 초기 기록은 신빙성이 의심된다."라고 말했다. 이기백은 이케우치 히로시의 논법을 따라서 이름만 전하는 고흥이 『서기』를 조작했을 것이라고 과감하게 주장했다. 이기백은 백제의 시조를 누구라고 보았을까?

> 고이왕은 백제가 훗날 그 시조로 추대하고 1년에 네 번씩 그를 제사하였다는 仇台(구태)와 같은 인물로 생각되고 있다. …… 그리고는 눈부신 옷차림을 하고 신하들을 대하는 위엄을 부리기도 하였다. 위대한 정치적 지배자로서의 면목을 여실히 나타내고 있다.
>
> 백제가 중앙집권적 귀족국가로서의 체제를 완성하게 되는 것은 근초고왕 때로 생각된다. 그는 위대한 정복군주였다.
>
> _이기백, 『한국사신론-신수판』, 일조각, 2002, 54쪽

이기백은 솥 하나에 국수와 쌀을 동시에 넣고 끓인다. 그러니 밥인지 국수인지 알 수가 없다. 고이왕이 백제의 개국시조라는 말인지 근초고왕이 개국시조라는 말인지 알 수가 없다. 고이왕은 '위대한 정치적 지배자'지만 고대국가는 만들지 못했다는 것이다. 고대국가도 만들지 못했는데 어떻게 '위대한 정치적 지배자'가 되는지 희한하다. 이기백은 고이왕이 백제의 시조라는 이병도설과 근초고왕이 시조라는 쓰다 소키치설을 적당히 섞어서 '백제 시조 짬뽕탕'을 만들었다. 고이왕은 훗날 백제의 시조로 추대된 '위대한 정치적 지배자'이고, 근초고왕은 '중앙집권적 귀족국가의 체제를 완성'한 '위대한 정복군주'라는 것이다. 누가 백제의 시조라는 말인가? 역사를 보는 '자신의 눈'은 한낱 액세서리에 불과한 것인가.

『동북아역사지도』는 왜 백제와 신라를 지웠는가?

동북아특위에서 임기환이 아주 많이 사용한 단어는 '종합적', '객관적' 같은 단어들이었다. 그러나 동북아특위 의원들은 『동북아역사지도』가 종합적이지도 객관적이지도 않다고 봤는지 임기환은 여러 번 곤욕을 치러야 했다. 동북아특위에서 이상일 의원이 이렇게 물었다.

이상일 위원 『삼국사기』 초기 기록을 불신하지 않는다고 하셨는데 『삼국사기』 초기 기록을 반영한 지도를 만드신 게 있습니까, 이 안(『동북아역사지도』)에서?

참고인 임기환 『삼국사기』 초기 기록이요?

이상일 위원 예.

참고인 임기환 『삼국사기』 초기 기록 외에 여러 가지 지명들이 나와 있습니다. 『삼국사기』 초기 기록에도 소국들의 지명들이 나와 있습니다. 이 소국들의 지명들을 저희가 지도에 반영을 하고 있습니다.

식민사학은 조금만 틈을 보이면 옆으로 빠져나간다. 『동북아역사지도』에 『삼국사기』 초기 기록을 반영한 도엽이 있느냐고 묻자 "『삼국사기』 초기 기록 외에"라고 엉뚱하게 답한다. 『삼국사기』 초기 기록을 불신한다는 뜻이다. 그러면서 『삼국사기』 초기 기록에 나오는 소국의 지명들도 지도에 반영했다고 덧붙인다. 이 말은 무슨 뜻일까? 『삼국사기』 초기 기록도 지도에 반영했다는 뜻일까? 매국사학이 애국사학으로 전향할 가능성은 전혀 없으니 그럴 리가 없다. 그래서 필자가 잠깐 나섰다.

참고인 이덕일 제가 한 말씀 드려도 되겠습니까?

『삼국사기』 초기 기록이 이 지도에 단 한 장도 나온 게 없어요. 있으면 '몇 쪽에 나왔다'고 하면 됩니다. 『삼국사기』에는 서기전 57년에 신라가 건국됐고 서기전 37년에 고구려가 건국됐고 그 다음 서기전 18년에 백제가 건국됐다고 나옵니다.

그런데 아까 이 지도에서 보셨다시피 서기 300년에도 신라하고 백제가 없어요. 제가 이 지도만 갖고 왔는데 다른 지도 보면 일관되게 『삼국사기』 초기 기록을 부정하고 있습니다. 『삼국사기』 초기 기록을 인정하고 그렸으면 지금 제출한 그 지도 중 몇 쪽에 있는지 간단하게 말씀하시면 되지요, 복잡하게 이렇게 설명하실 필요 없이.

참고인 임기환 말씀드리겠습니다.

아까도 말씀드린 바와 같이 3세기까지의 기록은 삼한으로 표현된 중국 『삼국지』 「동이전」의 기록이 있고 『삼국사기』 초기 기록이 있습니다. 『삼국사기』 초기 기록은 오직 백제와 신라만이 표현돼 있는 것이고 『삼국지』 「동이전」 기록은 이 안에 많은 속국과

> 정치체의 움직임이 드러나 있습니다.
>
> 저희는 이 두 기록을 합쳐서 그렸고 그래서 백제국과 사로국, 신라는 백제와 신라로 쓰지 않고 백제국과 사로국으로 표현을 했습니다.

이들의 논리는 간단하다. 『삼국사기』는 가짜고 중국의 『삼국지』 「위지동이전」의 '한'조는 진짜라는 것이다. 그러면서 이 둘을 자의적으로 뒤섞어 사람들을 헷갈리게 한다.

『동북아역사지도』의 「삼한소국의 분포 151~250」 도엽[260쪽 지도 14]을 보면 한강 유역에 붉은 점 하나를 달랑 찍어놓고 백제국伯濟國이라고 썼다. '일백 백百' 자를 쓴 百濟(백제)가 아니라 '맏 백伯' 자를 쓴 伯濟國(백제국)이라는 사실을 혼동해서는 안 된다. 『삼국사기』에 나오는 온조왕의 백제百濟가 아니라 『삼국지』 '한'조에 나오는 정체불명의 백제국伯濟國을 그려 넣은 것이다. 백제국이라고 굳이 국國자를 쓴 것도 노림수가 있다. 이 도엽에는 백제의 강역에 모두 14개의 국國을 점으로 표시해놨다. 서기 2세기 중엽에서 3세기 중엽까지도 통일제국 백제는 존재하지 않았고 14개의 소국들이 우글대고 있었다는 것이다.

서기 250년에도 『삼국사기』의 백제百濟는 없고 『삼국지』의 백제국伯濟國만 있는데, 그 백제국은 14개의 국國 중 한강 유역에 작은 점으로 표현된 작은 소국에 불과하다. 가장 큰 정치체는 마한인데, 지금의 직산·성환 지역에 목지국이라고 그려놓았다. 이병도가 마한의 맹주라는 목지국의 위치를 지금의 직산·성환 지역이라고 비정한 것

지도 14 『동북아역사지도』「삼한소국의 분포 151~250」

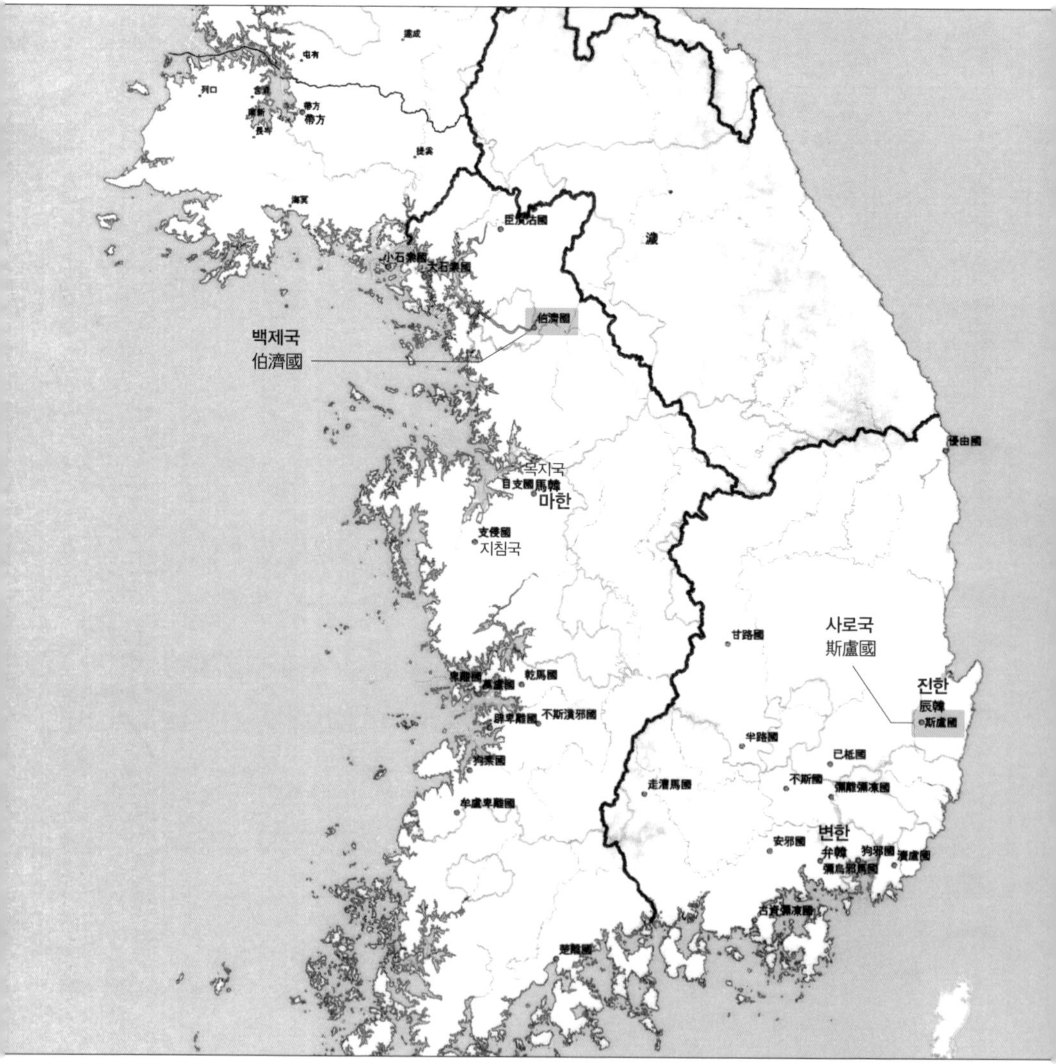

지도의 백제국(伯濟國)은 『삼국사기』의 백제(百濟)가 아니라 '『삼국사기』 초기 기록 불신론'을 추종해서 『삼국지』의 백제국(伯濟國)을 표기한 것이다. 신라도 신라가 아닌 사로국(斯盧國)이라고 표기했다. 서기 250년에도 백제와 신라가 없는 대신 삼한의 78개 소국 중의 하나인 백제국(伯濟國)과 사로국이 있었다고 설명하는 것이다.

을 그대로 따른 것이다. 목지국을 그려놨다고 해서 지금의 경기·충청·전라 지역을 다 지배한 것도 아니다. 지금의 예산 부근에는 지침국支侵國을 그려놨다. 목지국이니 지침국이니 하는 명칭들은 『삼국사기』에는 나오지 않는다. 『삼국지』 「위지동이전」의 '한'조에만 나오는 지명들이다. 『삼국지』 「위지동이전」이 목지국과 지침국의 위치가 어디였는지를 말하는 것도 아니다. 그저 이병도가 「삼한문제의 연구」라는 논문에서 제멋대로 비정한 것을 추종한 것에 불과하다. 다른 국들의 비정도 모두 마찬가지다.

「삼한소국의 분포 151~250」 도엽[왼쪽 지도 14]에서는 신라도 당연히 지웠다. 대신 진한辰韓과 변한弁韓이 있고, 13개의 작은 국國들을 그려놨는데 경주 지역에 붉은 점을 찍어놓고 사로국斯盧國이라고 적어놓았다. 이 역시 '『삼국사기』 초기 기록 불신론'에 따라서 『삼국사기』를 지우고 『삼국지』 「위지동이전」으로 대체시킨 것이다. 그래놓고는 "『삼국사기』 초기 기록을 믿지 않는다? 아무도 없습니다."라고 대답한 것이다.

식민사학자들은 역사학을 어떤 학문이라고 생각하는 것일까? 거짓말이 한두 번이 아닌 이들의 행태를 보면 역사학을 거짓으로 꾸며대도 되는 학문이라고 생각하는 것은 아닌지 의심스럽기까지 하다. 임기환은 동북아특위에서 도종환 의원의 질문에 「삼한소국의 분포 151~250」 도엽[왼쪽 지도 14]을 가지고 반복된 거짓말을 했다.

도종환 위원 도종환 위원입니다.

지금 『동북아역사지도』를 원래 5년으로 만들려고

했다가 3년 더 연장해서 2008년부터 2015년까지 8년간 작업을 해왔어요. 예산 46억 8000만 원이 들었네요. 이렇게 오랫동안 많은 예산을 들여서 한 작업인데, 임기환 교수님께서 좀 전에 위나라가 경기도까지 차지한 것으로 표현된 부분에 대한 지적에 대해서 완성된 것이 아니라 계속 만들어가는 과정이다, 이렇게 말씀하셨지요?

참고인 임기환 예.

도종환 위원 그리고 상대 국가나 민족의 상황과 대비해서 최종 정리할 것이다, 이렇게도 말씀하셨네요?

참고인 임기환 예.

도종환 위원 그리고 전기 고조선 도엽과 고조선의 범위 문제에 관한 논란에 대해서는 접점을 찾아가는 과정이다, 이렇게 아까 답변을 하셨어요?

참고인 임기환 예, 그렇습니다.

도종환 위원 또 독도 안 그린 거에 대해서는 실수다, 이렇게 말씀하셨어요?

참고인 임기환 예.

도종환 위원 8년 동안, 5년 작업으로 끝날 것을 3년 더 연장해서 여기까지 이렇게 많은 예산을 들여서 만들고 난 뒤에 지금도 이렇게 실수라든가 또는 계속 만들어가는 과정이라고 말씀하시는 걸 들으면서 국가 예산을 이렇게 많이 투자했는데 아직도 계속 이렇게 만들어가는 과정이라면 어디까지를 신뢰해야 되는가 하는 생각을 저희들은 하게 되는 거예요. 앞으로도 계속 만들어가는 과정이 될 거면 앞으로도 우리가 계속 예산을 세워야 할 것인지 여러 가지를 우리들은 고민을 해야 되는 거지요.

또 4세기에 신라 백제가 없는 것에 대해서 쓰다 소키치 등이 『삼국사기』 불신론을, 수정했기 때문이 아니냐는 지적에 대해서는 그건 아니다, 우리도 임나일본부는 인정 안 한다, 아까 이렇게 또 말씀하셨어요. 그러면서 민족사에 대한 깊은 애정으로 추진하고 있는 것이다, 올바르고 정당한 지도를 만들어 나갈 것이다, 이렇게 말씀을 하셨는데, 이게 말이 아니라 구체적으로 신뢰할 수 있게 (보여줘야 되는 것 아닙니까?) 또 학계뿐만 아니라 국민들이 봐도 인정할 수 있게 이렇게 돼야지만 또 교육적으로 학교에서 가르칠 수도 있고 이렇게 되지 않겠습니까? 여러 가지 측면에서 여러 가지를 고려해야 된다고 생각을 해요.

몇 가지만 여쭤볼게요. 아까 말씀하신 대로 그거 한번 우선 첫 번째. 신라 백제가 없는 것이 아니다, 임나일본부 인정 안 한다고 그랬는데, "지도 몇 쪽에 있는지 그것 말씀해보십시오."라고 아까 질문을 하시던데, 지도 몇 쪽에 이게 있습니까?

참고인 임기환 저희 지도요?

도종환 위원 예.

참고인 임기환 저희 지도에서는 임나일본부를 그려본 적이 없기 때문에 몇 쪽에 있다는 말씀을 드릴 수는 없고요.

도종환 위원 아니, 임나일본부 그렸다는 게 아니라 신라 백제가 없는 부분에 대해서…….

참고인 임기환 신라 백제가 없는 부분에 대해 말씀하시는 겁니까?

도종환 위원 예.

참고인 임기환 신라 백제를 그렸는데요. 그리고 3세기 이전에는 아까 말씀드린 바와 같이 백제국과 사로국으로 표시를 했습니다. 「삼한 소국의 분포 151~250」 지도를 보시면 되겠습니다.

「삼한 소국의 분포 151~250」 도엽[260쪽 지도 14]이 백제, 신라를 그렸다는 것이다. 『삼국사기』 초기 기록은 지워버리고 『삼국지』 「위지동이전」 '한'조로 대체해놓고 백제, 신라를 그려놨다고 천연덕스럽게 대답한다. 백제 강역에서 백제百濟를 지우고 그 강역 안에 14개의 소국을 그려놓고 그중에 점 하나를 찍어서 백제국伯濟國이라고 써놓고는 '백제를 그렸다'고 거짓말한다. 신라 강역에서 신라新羅를 지우고 그 강역 안에 13개의 소국을 그려놓고 그중에 경주 지역에 점 하나를 찍어서 사로국斯盧國이라고 써놓고는 '신라를 그렸다'고 거짓말을 한다.

의원들이 그 자리에 이 도엽을 갖고 있지 않았으니까 할 수 있었던 거짓말이다. 아마 의원들이 이 도엽을 갖고 있었으면 백제와 신라를 어디에 그렸느냐고 따졌을지도 모른다. 이제 동북아특위 의원들은 이들의 이런 수법 정도는 잘 안다. 대한민국을 위해 매우 다행이다.

식민사학자들에게 역사는 횡설수설의 학문이다. 앞에서는 고이왕 때 백제가 건국되었다는 것도 조작이라는 김태식의 주장이 학계의 견해에 위배되지 않는다고 말하고, 여기서는 또 백제, 신라를 그려놓았다고 강변한다. 그러니 어디까지가 진실이고, 어디까지가 거짓말인지 알기 쉽지 않다. 물론 자세히 들여다보면 다 드러나는 거짓말들이지만 이런 거짓말들을 일일이 들추는 것은 또 얼마나 피곤한 일인가?

「삼한 소국의 분포 151~250」 도엽[260쪽 지도 14]에는 반로국半路國을 경상북도 성주 부근으로 그려놨다. 물론 『삼국사기』에는 안 나오는 지명이고, 『삼국지』 「위지동이전」 '한'조에만 나오는 지명이다. 그런데 성주로 위치 비정한 근거를 보면 식민사학 특유의 기발한 발상이 또 등장한다. '이병도 선생님'의 말씀이다.

> 일본의 고故 요시다 도고吉田東伍와 고故 나카 미치요那珂通世는 '반로半路'의 '로路' 자를 '파跛' 자의 오(誤: 잘못)라고 하여, 『일본서기』 「계체기繼體紀」에 나오는 반파伴跛 그것으로 생각하는 동시에, 성주星州의 고명古名인 본피本彼에 비정하였다.
>
> _이병도, 『한국고대사연구-중판』, 박영사, 2001, 274쪽

요시다 도고는 쓰다 소키치와 함께 이병도의 와세다대 유학 시절 스승이었다. 『민족문화대백과사전』은 이병도에 대해 "당시 (와세다대) 교수였던 요시다 도고와 쓰다 소키치에게 학문적 영향을 받았으며, 이케우치 히로시로부터는 훗날까지 상당한 도움을 받았다." 라고 설명하고 있다.

요시다 도고와 나카 미치요가 『삼국지』에 나오는 반로半路라는 지명의 '길 로路' 자를 '절뚝발이 파跛' 자로 바꾸어놓아 반파伴跛라고 했는데, 이를 추종한다는 이야기다. 여기서 중요한 것은 '로路' 자를 제멋대로 '파跛' 자로 바꾸어놓고 『일본서기』「계체기」의 반파伴跛와 같은 곳으로 비정했다는 점에 있다. 한국사 위치 비정에 『일본서기』까지 등장하는 것이다. 그것도 문제가 많은 구절을 말이다. 필자는 국회 동북아특위에서 임나일본부 문제에 대해 이렇게 비판했다.

> 임나일본부를 차마 그리지 못했지만 '『삼국사기』 초기 기록 불신론'은 임나일본부의 존속을 전제로 지금까지 유지되는 학설입니다. 그래서 실제로 요즘은 임나를 가야라고 주장하면서 심지어, 옛날 쓰다 소키치가 주장했던 임나는 김해 일대인데, 지금은 한국 학자들이 전라남도 전부 그리고 충청북도, 충청남도 그리고 경상 남북도 반 이상을 집어넣고 임나, 가야라고 표기하고 있어요.

여기에 대해 임기환은 이렇게 반론했다.

> 아까 마지막에도 말씀하셨다시피 저희 지도가 임나일본부를 차마 그리지 못했다고 지적을 하셨습니다. 저희는 임나일본부를 그릴 생각이 추호도 없고 이 부분에 대해서 냉정하게 비판을 하는 지도를 그리고 있습니다. 하지도 않고 그리지도 않은 지도를 이덕일 소장께서 주관적으로 말씀하시는 것은 이것은 편견에 사로잡혀 있다고 말씀드리지 않을 수가 없습니다.

『동북아역사지도』가 임나일본부를 차마 그려놓지는 못했지만 사실상 임나일본부를 수용하고 있는 것이라는 필자의 말은 과연 임기환의 반론대로 '편견'일까? 반파伴跛는 『삼국사기』나 『삼국유사』에는 나오지 않고 『일본서기』에만 나온다. 『일본서기』 「계체기」 '7년(513)'조에는 백제 무령왕이 백제의 장군 등을 임나일본부의 호즈미노오미 오시야마에게 딸려 보내서 오경박사를 바쳤다는 내용이 나온다. 『일본서기』는 무령왕이 따로 일왕 계체에게 이렇게 빌었다고 말하고 있다.

> 반파국伴跛國이 신의 나라[臣國]인 기문己汶 땅을 빼앗았습니다. 엎드려 원하건대 천은으로 판단하셔서 본국에 속하게 돌려주시옵소서.
>
> _『일본서기』「계체기」'7년(513)'조

513년은 백제 무령왕 13년 때다. 공주에서 발견된 무령왕의 「지석」은 무령왕의 죽음을 제후의 죽음을 뜻하는 '훙薨'이 아니라 황제의 죽음을 뜻하는 '붕崩'으로 표기했다. 백제인들은 자국 임금을 황제로 여겼다는 말이다. 그런데 『일본서기』는 이런 무령왕이 백제를 신의 나라[臣國]라고 낮추면서 반파국이 백제 강역인 기문을 빼앗았으니 다시 돌려달라고 애걸했다는 것이다. 즉 반파나 기문이나 모두 일본왕이 다스리는 지역이라는 뜻이다.

대한민국 국민 세금을 매국사학에만 지원하다 보니까 한국 고대사학계는 이제 『일본서기』를 자연스레 1차 사료로 인용하는 지경이 되었다. 필자를 명예훼손으로 고소했던 김현구는 '가야=임나'라면서 임나의 범위를 전라남도 전부와 전라북도·충청 남북도 일부 및 경상 남북도 일부에 걸쳐 있는 큰 나라로 그려놓았다.

쓰다 소키치가 김해 일대로 한정한 임나를 이런 큰 강역을 가진 것으로 주장한 인물은 식민사학자 스에마쓰 야스카즈였다. 스에마쓰 야스카즈는 도쿄제국대 사학과를 졸업하고 조선총독부 직속의 조선사편수회에서 수사관修史官으로 근무했는데 경성제국대에서도 가르쳤다. 그는 일제 패전 후인 1949년 『임나흥망사任那興亡史』라는 책을 발간했는데, 이 책에서 임나를 '가라加羅'라고 주장하면서 그 크기를 전라남도 전부와 충청 남북도 일부, 경상 남북도 일부에 걸친 제국으로 그려놓았다.

현재 한국 고대사학계에서는 김현구뿐만 아니라 여러 학자들이 '임나=가야'라고 전제하고 논리를 전개하고 있다. 가야가 임나라는 것은 허무맹랑한 말이다. 『일본서기』 자체가 그렇게 말하고 있지 않다. '가야=임나'라는 것이 얼마나 억견인지 보여주는 사례를 『일본서기』에서 살펴보자.

『삼국사기』에 따르면 금관가야는 법흥왕 19년(532)에 신라에 항복했고, 대가야는 진흥왕 23년(562)에 신라에 멸망했다. 이후 『삼국사기』에는 더 이상 가야가 나오지 않는다. 가야와 임나가 동일 국가라면 『일본서기』에도 562년 이후에는 더 이상 임나가 나와서는 안 된다. 그러나 『일본서기』 '추고推古 8년(600)'조에는 "추고천황 8년 봄 2월, 신라와 임나가 서로 공격하였다. 천황은 임나를 도우려고 하였다."라고 나온다. 추고 8년은 금관가야가 망한 지 68년 후이고, 대가야가 망한 지 38년 후이다. 그런데 다른 서적도 아닌 『일본서기』에는 임나가 여전히 존재해서 신라와 싸우고 있다.

그런데 김현구뿐만 아니라 여러 국내 사학자들은 여전히 '임나=가야'라고 말하면서 임나가 한반도 남부를 지배했다는 전제로 임나가 전라남도 전역을 차지했다는 둥 낙동강 유역을 차지했다는 둥 소설을 써대고 있는 실정이다. 물론 국내에서 쓰는 것이다 보니 김현구처럼 중간에 백제를 끼워 넣기도 하면서 임나의 성격을 가지고 이리저리 말장난을 하고 있는 것이다.

1960~70년대에는 감히 『일본서기』를 가지고 임나가 한반도 남부를 지배하고 있었다는 식의 장난은 꿈도 꾸지 못했다. 다만 이병도가 『일본서기』 '신공황후 49년'조를 검토한다는 명목으로 『일본서기』를 끌어들이고, 1985년 식민사관의 산실인 일본 와세다대에서 극우파 역사학자 미즈노 유에게 박사학위를 받은 김현구가 귀국해서 고려대 역사교육과에 자리를 잡은 후 『일본서기』를 1차 사료로 인용해 일본 극우파와 같은 시각으로 온갖 논문을 써대는 과정들을

거쳐 '가야=임나'가 자리 잡게 된 것이다. 김현구는 한일역사공동연구위원회 한국 측 학자였고, 동북아역사재단 현직 이사다.

임나일본부, 한반도 남부를 모두 장악하다

김현구를 비롯해서 '가야=임나'를 주장하는 국내 사학자들의 원뿌리가 스에마쓰 야스카즈인데, 그는 『삼국사기』 초기 기록에 대해 어떤 견해를 갖고 있는지 살펴보자.

스에마쓰 야스카즈는 "『삼국사기』에 있는 신라 시조의 즉위 개국년인 B.C. 57년(오봉 원년 갑자)부터 514년(23대 법흥왕 즉위년)까지는 571년간이 되지만 내외의 증거 사료에 의해서 신라가 한 국가로서 역사상으로 활동한 때를 추구하면 나머지 150년이 개국기가 된다."라고 말했다(「조선사」, 『조선행정』 2권, 1938). 법흥왕 즉위년인 514년부터 150년 전이면 서기 364년경이니 '나머지 150년'이란 결국 신라 17대 내물왕(재위 356~402) 때부터라는 뜻이다. 즉 17대 내물왕 때부터 23대 법흥왕 즉위년까지의 기간이 신라의 실질적인 개국기라는 것이다. 내물왕 때 개국했다는 것도 아니고 이때부터 법흥왕 때까지가 '개국기'라는 희한한 주장이다. 그는 "내외의 증거 사료에 의해서"라고 주장했지만 그 내외의 증거 사료가 뭔지는 물론 말하지 않았다.

스에마쓰 야스카즈가 일제 패망 후인 1949년에 『임나흥망사』를 쓴 이유는 패전으로 실의에 찬 일본 국민들과 한국에 있는 자신의 제자들에게 '일본은 반드시 부활한다'는 메시지를 전달하기 위해서였다. 실제로 전 서울대 교수 김용섭의 자서전『역사의 오솔길을 가면서』(지식산업사, 2011)에는 스에마쓰 야스카즈가 일제 패망 후에도 서울대를 들락날락하면서 김원룡 같은 경성제국대 출신 교수들을 관리하는 모습이 나온다. 김현구가 『임나일본부설은 허구인가』에서 가야를 임나라고 표기하면서 야마토에서 온 일본인들이 영산강 유역까지 직접 지배했다고 쓴 것은 스에마쓰 야스카즈의 견해를 거의 그대로 따른 것이었다.

> 백제에서 활약한 왜계 백제관료들은 원래 한반도 출신인 일본 호족의 자제들로 주로 일본에 사신으로 파견되거나 백제의 지방장관으로 활약하고 있었다. 사신으로 파견되는 경우는 주로 일본에 선진문물을 전해주고 군원(軍援: 군사원조)을 얻어오는 역할을 했다. 지방장관으로는 차리(哆唎: 영산강 동안)의 지방장관 호즈미노오미 오시야마, 동방(충청남도 은진)의 영領 모노노베노 마가무노무라지物部莫奇武連, 임나 지역에서 활약하던 고세노오미巨勢臣·기비노오미吉備臣 등이 있다. 이들은 백제 지방장관으로서 백제를 지원하기 위해 파견된 왜병들을 직접 지휘하기도 했다.
>
> _ 김현구, 『임나일본부설은 허구인가』, 창비, 2010, 192쪽

김현구는 야마토왜에서 온 호즈미노오미 오시야마 등이 영산강 유역까지 차지했다고 주장하는 것이다. 백제 강역인 영산강 유역은 물론 심지어 충청남도 지역까지도 야마토 정권에서 온 왜인들이 장

악했다는 것이다. "이들은 백제 지방장관으로서 백제를 지원하기 위해 파견된 왜병들을 직접 지휘하기도 했다."라는 말은 야마토왜에서 온 왜인들이 야마토왜에서 온 왜군들을 직접 지휘했다는 내용이다. 한마디로 야마토왜가 임나를 직접 지배했다는 이야기다.

김현구는 『임나일본부설은 허구인가』에서는 "왜계倭系 백제관료" 라고 썼지만 와세다대 박사학위 논문에서는 "일계日系 백제관료"라고 써서 자신의 속마음을 그대로 드러냈다. 또한 「가야의 대외관계」 같은 논문에서도 '일계日系 백제관료'라고 썼다. 모두 야마토에서 온 왜인들을 뜻하는데, 대중들도 읽는 책에는 자신의 정체를 모호하게 하기 위해 '왜계'라고 표현했지만 일본에서 발표한 박사논문이나 국내에서 고대사학자들끼리만 보는 논문에는 '일계'라고 표현한 것이다. 김현구가 고대사학자들끼리만 보는 논문에 노골적으로 쓴 내용들을 보면 놀랄 사람들이 많을 것이다. 동북아역사재단 이사인 김현구가 2002년에 쓴 「백제와 일본 간의 왕실외교」라는 논문을 보자. 공주대 백제문화연구소에서 발간하는 『백제문화』 제31호에 실린 논문이다.

> 그런데 (『일본서기』) 「웅략기」 '5년(461)' 조에는 옛날에는 (백제에서) 여女를 보냈는데 무례하여 나라의 명예를 실추시켰으므로 동생인 곤지, 즉 남자를 보내서 천황을 섬기게 했다고 되어 있다. 따라서 직지왕이 누이동생인 신제도원을 파견한 이래 461년 곤지昆支를 파견할 때까지는 백제의 왕녀들이 왜에 파견되는 관행이 있었음을 알 수 있다. 신제도원·적계여랑·지

> 진원 등이 그 왕녀들에 해당되는 것이다.
>
> _ 김현구, 「백제와 일본 간의 왕실외교」, 『백제문화』 31, 2002

곤지는 문주왕(文周王: 재위 475~477)의 아들이다. 김현구는 『일본서기』 「웅략기」 '5년'조를 인용해서 "461년에 곤지를 파견"했다고 쓰고 있다. 『삼국사기』 「백제본기」에 따르면 백제 개로왕 7년 때인데, 아무 기록도 없다. 그런데도 김현구는 『일본서기』를 신봉하는 신도답게 "옛날에는 여女를 보냈는데 무례하여 …… 남자를 보내서 천황을 섬기게 했다. …… 백제의 왕녀들이 왜에 파견되는 관행이 있었음을 알 수 있다."라고 주장하고 있다.

백제에서 보낸 왕녀들이 무례했다는 것은 무슨 이야기일까? 김현구는 같은 논문에서 "백제가 파견한 지진원(池津媛: 백제 왕녀)이 장차 천황이 부르려는 것을 어기고 석천순石川楯과 음란한 짓을 하였으므로 천황이 그를 화형에 처한 것으로 되어 있다."라고 주장했다. 이것이 백제에서 보낸 왕녀가 무례했다는 내용이다. 그래서 일왕이 화형에 처해 죽였다는 것이다. 김현구의 머릿속 구조를 잘 말해주는 사례인데, 백제가 야마토왜의 식민지라는 생각을 갖고 있지 않으면 쓸 수 없는 말이다.

> 한편 「웅략기」 '5년(461)'조에 의하면 왕녀들 대신으로 파견되기 시작한 곤지도 도일 목적이 천황을 섬기기 위한 것으로 되어 있다. 그런데 의다랑이나 마나군·사아군 등은 곤지 파견의 연장선상에서 도일하고 있다. 따라서 의다랑이나 마나군·사

아군 등의 파견도 천황을 섬기기 위한 것이었다고 할 수 있을 것이다. 남자 왕족들의 파견이 천황을 섬기기 위해서였다면 왕녀들의 파견 목적과 일치하게 된다.

_ 김현구, 「백제와 일본 간의 왕실외교」, 『백제문화』 31, 2002

김현구는 곤지의 도일 목적이 '천황을 섬기기 위한 것'이라고 표현했다. 의다랑 등의 파견도 "천황을 섬기기 위한 것이었다고 할 수 있을 것이다."라고 말했다. 백제 왕족들은 야마토 정권에 건너가 천황을 '섬기는' 신세이다. 야마토왜에 보내진 백제 왕녀들은 일왕의 심기를 거스르면 불에 타서 죽어야 하는 처지에 있다. 백제가 야마토의 식민지 중에서도 저주받은 식민지라고 생각하지 않으면 나올 수 없는 사고다. 자신의 딸이 야마토왜에서 화형을 당해도 계속 야마토왜에 공주를 보내고 왕자를 보내야 했던 나라가 백제라는 것이 동북아역사재단 현직 이사인 김현구의 역사관이다.

곤지의 파견은 왕녀들의 파견 연장선상에서 파견되었고, 직지의 파견 이유와도 일치한다. 그리고 의다랑이나 마나군과 사아군 등은 곤지 파견의 연장선상에서 이루어진 것이다. 그런데 「웅략기」 '5년'조에는 곤지의 파견이 개로왕과 일본과의 우호관계를 다지는 데 있었던 것으로 되어 있다. 따라서 백제 왕족들의 파견은 장기적으로 일본과의 우호를 다지는 데 있었던 셈이 된다.

_ 김현구, 「백제와 일본 간의 왕실외교」, 『백제문화』 31, 2002

백제는 야마토왜와 우호관계를 다지기 위해 왕녀들을 인질로 보내야 했다. 야마토왜에서 그 왕녀를 불에 태워 죽이자 이번에는 왕자를 인질로 보냈다. 백제에서 야마토왜에 군사원조를 애걸하기 위해 이런 수모를 당했다는 것이 김현구의 주장이다.

그러나 김현구가 성서처럼 신봉하는 『일본서기』를 따라도 이때 야마토왜에서 백제에 보낸 군사는 불과 500~1,000명에 불과하다. 『삼국사기』「신라본기」 '진흥왕 15년(554)'조에 따르면 신라 진흥왕은 백제 성왕을 전사시키고 백제 군사 2만 9,600명의 목을 베었다고 말하고 있다. 백제는 이 전투에 나섰던 전사가 거의 모두 전사했다고 쳐도 최소한 3만 명 이상의 군사를 동원했다는 의미이다. 백제 국왕은 1만 명 정도의 군사는 부하들에게 지휘하게 했다. 3만 명 이상의 군사를 직접 지휘하고, 1만 명 정도의 군사는 부하에게 지휘하게 하는 백제 국왕이 불과 500~1,000명의 군사를 지원받기 위해 자신의 딸인 공주가 불에 타도 항의 한 번 못하고 "천황을 섬기기 위해서" 다시 공주와 왕자들을 보냈다고 김현구는 말하고 있다. 그러면서 '가야=임나'라면서 임나가 전라남도 전역과 전라북도 및 충청 남북도 일부, 경상 남북도 일부를 차지하고 있었고 야마토에서 직접 건너온 일본인들이 지배했다고 주장한다.

그러나 가야가 임나라는 1차 사료는 전혀 없다. 오히려 가야와 임나는 별개라는 1차 사료가 중국 사료에 여럿 등장한다. 『남사南史』·『송서』 등의 중국 기록에는 '왜5왕(倭5王)'이라고 불리는 왜의 다섯 임금이 등장하는데, '찬贊, 진珍, 제濟, 흥興, 무武'를 말한다. 『남사』「동이열전」 '왜倭'조에는 남조의 송宋 문제文帝 원가元嘉 15년(438)에 찬讚

이 세상을 떠나고 동생 진珍이 즉위하자 사신을 보내 자신에게 이런 관직을 내려달라고 요청하는 구절이 나온다.

> 자칭 사지절, 도독 왜·백제·신라·임나·진한·모한 6국 제군사, 안동대장군, 왜국왕(自稱使持節, 都督 倭·百濟·新羅·任那·秦韓·慕韓 六國 諸軍事, 安東大將軍, 倭國王).
>
> _『남사』「동이열전」'왜'조

왜왕은 '왜, 백제, 신라, 임나, 진한, 모한의 6국 제군사' 직위를 달라고 말하고 있다. 흥興이 세상을 떠나고 그 동생 무武가 즉위해서는 남송의 순제順帝 승명昇明 1년(477)에 또 사신을 보내 이런 관직을 달라고 스스로 말했다.

> 자칭 사지절, 도독 왜·백제·신라·임나·가라·진한·모한 7국 제군사, 안동대장군, 왜국왕(自稱使持節, 都督 倭·百濟·新羅·任那·加羅·秦韓·慕韓 七國 諸軍事, 安東大將軍, 倭國王).
>
> _『남사』「동이열전」'왜'조

이 기록은 임나와 가라를 각각 다른 나라로 계산해야 7국이 된다. 가라가 가야이고 임나가 가야라면 임나가라任那加羅가 한 나라이니 6국 제군사가 되어야 하는데, 7국 제군사가 되는 것이다. 이것은 왜국왕의 자칭이니 왜국왕이 임나와 가라를 다른 나라로 인식하고 있었다는 뜻이다. 자칭이란 중국에서 그렇게 본 것이 아니라 왜왕

이 그렇다면서 요구한 것이라는 뜻이다. 왜왕 스스로가 가라와 임나를 다른 것으로 보았는데, 김현구를 비롯한 한국 학자들은 아무런 근거도 없이 '가야=임나'라면서 한국 남부 지방을 장악하고 있었다고 말하고 있는 것이다.

『송서』「왜국열전倭國列傳」에도 원가 28년(451) 왜왕 제가 사신을 보내서 작위를 받는데, 그 작위의 명칭이 "사지절, 도독 왜·신라·임나·가라·진한·모한 6국 제군사, 안동대장군(使持節, 都督 倭·新羅·任那·加羅·秦韓·慕韓 六國 諸軍事, 安東將軍)"으로서, 임나와 가라를 각각 다른 두 나라로 계산해야 6국이 된다. 6국 제군사일 때나 7국 제군사일 때나 일관되게 임나와 가라를 다른 나라로 기록하고 있는 것이다. 그런데도 한국의 사학자들은 아무런 사료적 근거도 없이 '가야=임나'라고 주장하면서 한국 남부를 일본사에 넘겨주는 매국 행위를 버젓이 자행하고 있다. 역사학에 관한 한 대한민국은 이미 일본 극우파들에게 점령당했다.

이병도는 『삼국지』 '한'조에 나오는 반로국을 일본인 식민사학자들의 견해에 따라서 『일본서기』의 반파로 바꾸고 경상도 성주에 비정했다. 『일본서기』에서 백제 무령왕이 일왕에게 반파국이 신의 나라인 기문 땅을 빼앗았다면서 본국에 돌려달라고 애걸한 이야기를 사실로 믿지 않았다면 나올 수 없는 발상이다. 이들의 논리에 따르면 이 지역은 왜의 강역이 된다. 『동북아역사지도』에서 『삼국지』 '한'조에 나오는 반로국을 제멋대로 『일본서기』의 반파로 바꾸어서 경상도 성주에 비정한 것은 한반도 남부를 야마토왜가 지배했다고 보는 것이다. 이렇게 임나일본부는 『동북아역사지도』에서 한반도 남부에 되살아났다. 그래서 동북아특위에서 필자가 "임나일본부를 차마 그리지 못했지만"이라는 말로 식민사학자들이 교묘한 방법으로 임나를 사실상 그려넣었다고 비판한 것이다.

필자가 동북아특위에서 『동북아역사지도』가 『삼국사기』 초기 기록을 부인하고 『삼국지』 '한'조의 삼한으로 대체한 것을 강하게 비판한 것은 이것이 결국 임나가 한반도 남부를 지배했다는 의미를 담고 있기 때문이다.

참고인 이덕일 『만주원류고』에 보면 삼한을 요동반도로 그려놓고 있어요. 그리고 지금 말씀하신 『삼국지』 「위지동이전」 '한'조에 보면 삼한의 크기를 사방 사천 리라고 했습니다. 그러면 지금 한반도 남부가 사방 사천 리가 됩니까? 그러니까 모든 중국 사료들을 우리의 관점에서 바라보면 중국 동북공정을 한방에 끝낼 수 있고 일본 극우파의 역사 침략을 다 막을 수 있는데 이리저리 말장난해가면서 (이를 방기하고 있어요.) 『삼국지』 '한'조는 삼한에 대해 간략하게 나와 있고, 나라가 마한은 54개, 진한·변한은 12개, 모두 78개 소국이 있었다(는 정도로) 이렇게 내용이 간단합니다.

식민사학, 즉 매국사학은 『삼국지』 「위지동이전」 '한'조의 내용을 무조건 한반도 남부에 있었던 것으로 비정하고 있다. 그러나 청나라 건륭제가 당대의 유수한 학자들에게 만주 지역의 역사 및 문화를 연구하게 해서 건륭乾隆 43년(1778)에 완성한 『만주원류고滿洲源流考』는 삼한의 위치를 요동반도에 있는 것으로 그리고 있다. 정상적인 대한민국 사람의 시각이라면 삼한이 한반도 남부가 아니라 요동에 있었다는 『만주원류고』를 중시해야 하는데, 식민사학자들은 자신들에게 불리한 내용이 담겨 있다는 이유로 『만주원류고』의 가치를 폄하하고 있다. 하지만 『만주원류고』는 당대 최고의 학자들이 편찬한 것이고 일부분은 건륭제 자신이 직접 쓸 정도로 심혈을 기울인 역사서였다.

식민사학자들이 좋아하는 『삼국지』 「위지동이전」 '한'조에서는 삼한의 크기를 사방 사천 리方可四千里라고 말하고 있다. 그러나 식민사학자들은 이 구절은 모른 체하고 삼한을 한반도 남부에 비정하고 있는 것이다. 필자는 동북아특위에서 『삼국사기』 초기 기록을 버리고 『삼국지』 「위지동이전」 '한'조로 대체한 것도 논리에 맞지 않는다고 비판했다.

『삼국사기』는 사실상 편년체 아닙니까? 어느 왕 몇 년에 무슨 일이 있었고 어느 왕 몇 년에 무슨 일이 있었다(고 기술되어 있어요). 그러니 이것을 부인하려면, 수사하는 것하고 똑같잖아요, 이게 거짓이라고 말하려면 이게 거짓임을 입증하는 또 다른 사료를 갖다 대면서 '이런 여러 사료들을 보니까 『삼국사기』 초기 기록이 틀렸다'고 하면 (됩니다. 그게) 역사학적 방법론에 맞습니다. (이런 과정은 하나도 없이) 편년체로 돼 있는 모든 사료를 300~400년 뭉텅이로 가짜라고 그러고 그걸 『삼국지』「위지동이전」'한'조에 나와 있는 삼한은 어쩌고저쩌고 하는 (것으로 대체해버린 겁니다.) 그러면서도 가장 중요한 '삼한의 광역은 사방 사천 리'(라는 구절은 모른 체하고 무조건 삼한이 한반도 남부에 있었다고 우기는 거지요.) 그러면 사방 사천 리 되는 데가 (한반도 남부 어디에 있어요?) 한반도 전체를 따져도 남북으로 삼천 리밖에 안 되는데 사천 리가 어떻게 나옵니까?

『삼국지』「위지동이전」'한'조에는 삼한의 크기가 사천 리라는 내용과 고조선의 준왕과 위만에 관한 내용이 조금 나오고, 삼한의 풍속이 조금 나온다. 그리고는 78개 소국의 이름을 적어놓은 것이 내용의 전부다. 그리고 주석에 『위략魏略』이 있는데, 그 내용이 조금 자세하다.

삼한의 진한辰韓을 식민사학은 지금의 경상도라고 보는데, 『위략』에 나오는 진한의 우거수右渠帥 염사착廉斯鑡에 대한 기사를 보면 그 당시 진한은 도저히 지금의 경상도일 수가 없다. 그 기사에는 호래戶來라는 중국인이 염사착에게 "우리들 1,500명은 벌목하다가 진한에 납치되었다."라고 말했다고 나온다. 경상도에 있는 진한 사람들이 중국까지 가서 벌목공 1,500명을 납치해서 다시 경상도로 끌고 왔다는 것이 말이 되겠는가? 식민사학자들의 주장은 이처럼 조금만 자세하게 살펴보면 말이 되지 않는 것이 많다.

그러나 여러 1차 사료들이 말해주는 사실에는 아랑곳없이 『삼국지』 '마한'조에 나오는 목지국을 쓰다 소키치의 논리에 따라 이병도가 직산과 성환 부근으로 비정했고, 『동북아역사지도』가 그대로 추종했다. 『동북아역사지도』는 『삼국지』 '한'조에만 나오는 소국들을 아무 근거도 없이 여기저기 갖다 붙이고 『삼국사기』 초기 기록을 반영했다고 거짓말을 하고 있는 것이다. 『동북아역사지도』에서 『삼국사기』 초기 기록을 가짜로 본 것은 이런 허접한 논리들이다. 그러면서도 나랏돈 쓰는 데는 관심이 많다. 매국사학의 숙주는 대한민국 국민의 세금이기 때문이다.

임나일본부설이 정설이라는 동북아역사재단

국회 속기록을 보면 2013년 10월 18일 교육과학기술부(현 교육부) 국정감사에서 박혜자 의원이 동북아역사재단 이사장 김학준에게 "동북아역사재단에서는 실제로 동해 표기라든가 독도 표기에 대해서 노력하고 계시지요?"라고 물었다. 김학준은 "예, 그렇습니다."라고 자랑스레 대답했다. 또한 김장실 의원이 고구려와 발해를 둘러싼 중국의 역사 왜곡에 대해 질문하자 "저희 재단으로서도 고구려, 발해를 절대로 중국사에 빼기지 않도록 최선을 다하겠습니다."라고도 답했다. 동북아역사재단의 설립목적에 대한 박인숙 의원의 질문에는 이렇게 답했다.

간단히 말씀드리면 중국의 동북공정에 대항하는 논리를 개

> 발하고 또 일본의 한일관계사 왜곡, 특히 독도 문제 왜곡에 대한 대항을 하려는 목적에서 세워졌습니다.

말과 행동을 거꾸로 하는 것이 김학준 같은 이들의 특징이다. 위기가 닥칠 때마다 기름 뱀장어처럼 요리조리 잘 빠져나갈 뿐, 머릿속은 겉으로 말하는 것과는 전혀 다른 논리로 가득 차 있다. 같은 국정감사 자리에서 김윤덕 의원이 바로 그런 문제를 물어봤다. 고조선과 관련해서 '요동·만주 중심의 고조선론'과 '평양 중심의 고조선론'이 있는데 왜 동북아역사재단의 누리집에는 평양 중심의 고조선론만 그림으로 싣고 있느냐면서 요동·만주 중심의 고조선론도 표기해야 되지 않느냐고 질문했다. 김학준은 "예, 잘 알겠습니다."라고 일단 대답하고 나서 곧바로 자신의 속내를 드러냈다.

> 한때 우리나라에서도 '고조선이 저 북쪽까지 가 있었다'라는 이론을 내놓은 분이 계셨어요. 그런데 그분의 책을 면밀히 검토해보니까 북한 학자가 쓴 책을 그대로 옮겨놓은 겁니다. 그래서 그분이 학계에서 사실상 매장되다시피 했어요. '아무개의 이 책은 북한 리지린의 책을 출처를 밝히지 않고 그대로 옮겨놓은 것이다' 그래서 그분이 사실은 받았던 연구비, 그때 바로 한국정신문화연구원에서 연구비를 받았었는데, 정말 다 물어냈습니다.
>
> _국회 교육문화체육관광위원회, 2013년 10월 18일

여기서 말하는 '그분'은 단국대 명예교수 윤내현이다. 윤내현이 '학계에서 사실상 매장되다시피' 했다고 김학준은 주장했다. 한마디로 어이없는 소리다. 그를 누가 매장시켰는가? 바로 식민사학자들, 즉 해방 후에도 조선총독부 사관을 추종하는 매국사학자들이 매장시키지 않았던가. 지금도 동북아역사재단을 그런 분위기로 운영하고 있는 김학준 같은 인물들이 '그분'을 매장시키지 않았는가. 그 당시 분위기 속에서 북한 '리지린'의 글을 인용했다면 이들의 전가의 보도인 '반공 메커니즘'을 이용해 용공학자로 몰았을 것이 불 보듯 뻔하다. 그런 방식으로 민족사학자들을 죽이고, 고조선은 북한 강역에 있었다는 생각을 가진 김학준 같은 사람에게 동북아역사재단의 수장을 맡겨 중국의 동북공정에 맞서라고 했으니 중국에서는 얼마나 기뻐했겠는가?

김학준은 이 국정감사 자리에서 보통 사람 같으면 얼굴 뜨거워서 하지 못할 말을 천연덕스럽게 많이 했다. 김세연 의원이 동북아역사재단이 한사군의 위치를 한반도 내로 비정하고 있는 문제를 제기하면서 『한서』「설선열전薛宣列傳」에 "낙랑군은 유주(북경)에 속한다."라고 나오는 사실과 『후한서』「광무제본기」에 "낙랑군은 옛 조선국이다. 요동에 있다."라는 구절을 인용하면서 한사군은 한반도에 있지 않았다고 설명했다. 그러면서 동북아역사재단에서 한사군이 한반도 북부에 있었다고 줄기차게 주장하는 행태에 대해서 "이 직무유기에 가까운 현재 상태를 빨리 탈피하기를 촉구"하자 김학준은 이렇게 말했다.

> 제 소신으로는 하여간 학문은 정치에 휘둘려서는 안 됩니다. 학문이, 특히 역사학이 정치에 휘둘렸다가 얼마나 많은 비난을 받게 되었습니까? 제가 나이 칠십을 넘긴 사람으로 뼈저리게 느끼고 있는 겁니다. 돌이켜보면 '만주 쪽이 다 우리가 지배하던 땅이었다'고 이것을 강력히 부르짖은 사람들이 5공 후반부 (때의 사람들)이었습니다. 5공이 그걸 장려했어요. 왜냐하면 쟁점을 다른 데로 돌리려고, 또 애국심에 호소하게 되니까 5공이 막 전적으로 그것을 부채질했는데 그때 그것에 편승했던 사람들은 사실 학계에서 지금 얼굴을 못 들고 다닙니다.

한사군이 한반도가 아니라 만주에 있었다고 주장하는 사람들이 마치 5공 정권의 사람들이었던 것처럼 호도하는 이야기다. 그래서 김학준의 프로필을 찾아봤더니 5공 때인 1985~1988년에 국회의원이었다고 나왔다. 조금 더 알아보니 바로 5공 때, 그것도 지역구도 아닌 전국구로 5공의 집권당인 민정당의 국회의원이 되었다. 지역구민들에게 선출된 것이 아니라 5공에게 발탁되어 정치인생을 시작했다는 뜻이다. 그런 김학준이 자신은 5공과 전혀 관계가 없는 민주화 투사라도 된다는 듯 "5공이 막 전적으로 그것을 부채질했는데 그때 그것에 편승했던 사람들은 사실 학계에서 지금 얼굴을 못 들고 다닙니다."라고 당당하게 꾸짖는 것이다. 사실 각종 청문회를 보다 보면 '저 정도 얼굴 두께는 되어야' 잘 먹고 잘 살 수 있는 나라가 대한민국이라는 슬픈 사실을 거듭 확인하곤 한다.

학문은 정치에 휘둘려서는 안 된다는 소신을 가진 사람이 5공 때 민정당 전국구 의원으로 정치에 입문해서는 지금까지 온갖 노른자위 자리를 다 차지해오다가 현재는 동북아역사재단 이사장으로 있다. 그가 이사장으로 있는 동안 동북아역사재단은 '경기도 교육청 자료집 사건', 하버드대의 '한국 고대사 프로젝트 사건', 지금의 『동북아역사지도』 사건에 이르기까지 대한민국의 국익에 반하는 행위를 반복하고 있는 것이다. 정말 이러고도 나라가 망하지 않은 것이 신기할 정도다.

김학준은 국회에서 매국사학자들의 객관적 매국 행위를 학자적 양심이라는 말로 포장하면서 이렇게 옹호했다.

> 그러나 우리는 어디까지나 연구기관이기 때문에 연구의 객관성·공정성을 버려가면서까지, 그러면 우리 소속된 학자들한테 '당신들 학문적인·학자적인 양심을 다 버려라.' 이렇게까지는 할 수가 없어서…….

김학준이 우리, 곧 동북아역사재단에 소속된 학자들에게 학자적인 양심을 다 버리라고 할 수가 없어서, "연구의 객관성·공정성을 버려가면서까지" 연구하라고 강요할 수가 없어서, 대한민국의 국익과는 정확히 정반대의 역사관을 가진 사람들만 골라 국고를 지원한 결과, 이 국정감사 1년 후 하버드대의 『한국고대사 속의 한사군』 사태가 발생한 것이고(『우리 안의 식민사관』, 211~285쪽 참조), 그 1년 후인 지금은 『동북아역사지도』 사태가 발생한 것이다.

2014년 12월 13일 국회 교육문화체육관광위원회 국정감사에서 윤관석 의원이 동북아역사재단의 행태에 대해서 "지금 제가 보니까 (동북아역사재단은) 중국의 동북공정은 옹호하고 일본의 임나일본부설에 대해서는 부인하지 못하는 이런 잘못된 역할을 하고 있어요."라고 질타했다. 김학준은 "저희로서는 최선을 다하고 있습니다."라고 답했다. 그러자 윤관석 의원은 "최선을 다한다? 제가 말씀드려볼게요, 이게 최선인가."라면서 『한국고대사 속의 한사군』을 직접 들고 질문했다.

> 조선총독부의 논리가 또 중국 동북공정의 논리가 계속 공간을 축소시켜서 '한사군이 한반도 내에 있다'는 이런 이론을 펴고 있는데 여기에 대해서 이 책(『한국고대사 속의 한사군』)에서는 그런 것들을 다 수용하는 식의 자료가 하나 들어가 있습니다.
>
> _ 윤관석, 국회 교육문화체육관광위원회, 2014년 12월 13일

그러자 김학준은 곧바로 꼬리를 내리며 "지금 지적하신 문제는 저희가 정말 뼈아픈 교훈으로 받아들이고 있습니다."라고 물러섰다. 윤관석 의원이 "어떤 교훈이요?"라고 묻자 "조금 더 신중했어야 했다고 생각합니다."라고 답했다. 다시 윤관석 의원이 "아니, 신중했어야가 아니라 동북공정을, 역사를 지키라고 재단을 출범시켰는데 왜 이사장님이 맡고 나서 이렇게 되는 겁니까?"라고 질책하자 김학준은 "이건 초대 이사장 때부터 계속된 사업이었습니다."라고 전임 정

재정 이사장에게 책임을 떠넘겼다. 이런 프로젝트를 시작한 정재정도 물론 문제다. 그러나 윤관석 의원이 "그러면 바로잡으셨어야지요."라고 말한 것처럼 옛날에 바로잡지 않았던 정재정의 행위가 과거완료형이라면 지금 바로잡지 않는 김학준의 행위는 현재진행형의 문제다. 바로잡기는커녕 계속 옹호해오지 않았던가.

김학준이 『한국고대사 속의 한사군』의 내용이 맞다고 생각한다는 사실을 윤관석 의원이 몰라서 이런 말을 한 것은 아닐 것이다. 아직도 놀랄 일이 있다는 사실이 놀랍지만, 이 자리에서 윤관석 의원은 동북아역사재단 누리집에 실린 임나일본부설의 놀라운 내용에 대해서도 문제를 제기했다.

> (동북아역사재단 누리집에) '임나일본부설은 의심의 여지가 없는 정설로 자리매김되었다'라고 죽 쓰고 여기 이 설을 비판하는 학설에 대해서는 '학설로서 일정한 한계가 있다' 이렇게 기술되어 있어요, 홈페이지에. 이게 말이 됩니까?

다른 데도 아닌 동북아역사재단 누리집에 임나일본부설은 "의심의 여지가 없는 정설"이라는 일본 측 입장을 그대로 써놓은 것이다. 일본이 고대 한반도 남부를 지배했다는, 조선총독부의 핵심 사관인 임나일본부설은 "의심의 여지가 없는 정설"이고, 이를 비판하는 일부 한국 측 학자들의 견해에 대해서는 "학설로서 일정한 한계가 있다."라는 것이 동북아역사재단의 공식 입장이다. 이들의 행태 앞에서 '매국의 역사학'이라는 말은 조금도 과언이 아니다. 『동북아역사지도』가 임나일본부를 차마 표시만 못 해놨지 『삼국사기』 초기 기록 불신론'을 따르면서 사실상 인정한 것이라는 필자의 비판은 전혀 과장이 아니다.

누리집에 버젓이 '임나일본부설은 정설'이라고 써놓았던 식민사학자들은 국회의원들처럼 예산권이 있는 사람들이 이 문제를 지적하면 식민사학 특유의 횡설수설로 물타기를 한다. 김학준은 임나일본부설은 "말이 안 됩니다."라고 부인했다. 윤관석 의원이 "우리 쪽에 (임나일본부설이 틀렸다는) 충분한 근거도 있지 않습니까?"라고 묻자 김학준은 "예, 그렇습니다."라고 동의했다. 이후 아래와 같은 코미디가 연출됐다.

윤관석 위원	그런데 왜 이렇게 게재돼 있지 않아요, 홈페이지에? 역사재단의 두 가지 가장 중요한 (목적인) 중국과 일본의 동북공정과 과거 조선총독부의 한국 식민지 지배를 정당화하는 논리에 대해서 고조선의 한사군 위치부터 지금 임나일본부설까지 옹호 내지 부인을 못 하는 이런 식의 동북아역사재단의 공식적인 자료를, 이거 어떻게 해명하시겠습니까?
김학준 이사장	임나일본부설은 저희가 강력히 부인하고 있습니다.
윤관석 위원	홈페이지에 그렇게 돼 있지 않다니까요, 제가 자료를 갖고 있다니까요.
김학준 이사장	홈페이지에…….
윤관석 위원	단순하게 홈페이지 기술 실수입니까, 그러면?

김학준 이사장 다시 손을 보겠는데요. 홈페이지 내용은 일본 학계에서는 그것이 통설이 되었으나 그 뒤에 그것을 부인하는 많은 설이 나왔다는 것을 소개했습니다.

"홈페이지 내용은 일본 학계에서는 그것이 통설이 되었으나 그 뒤에 그것을 부인하는 많은 설이 나왔다는 걸 소개했습니다."라는 말은 김학준이 이 사실을 알고 있었다는 이야기다. 동북아역사재단 누리집에 '임나일본부설은 정설이고 이에 대한 비판은 학설로서 한계가 있다'라고 써놓았다는 사실을 숙지하고 있었다는 뜻이다.

『임나일본부설은 허구인가』에서 '가야=임나'라고 주장하면서 임나가 전라남도 전역을 다 차지하고 전라북도, 경상 남북도 일부와 충청 남북도 일부까지 차지한 제국으로 묘사해놓은 김현구를 동북아역사재단 이사로 모신 인물이 김학준이다. 그래서 김현구는 아직도 동북아역사재단 이사다. 그러니 "임나일본부설은 의심할 여지 없는 정설로 자리매김되었다."라는 동북아역사재단 누리집의 내용은 김학준과 김현구의 소신을 적은 것이다. 절대 실수가 아니다. 누가 이를 실수라고 여길 수 있겠는가?

얼마 전까지만 해도 필자에게 '식민사학자들을 도저히 이해할 수 없다'면서 "그들은 왜 저런 행위를 하고 있습니까?"라고 묻는 사람들이 많았다. 최근에는 이런 질문의 빈도가 줄었다. 이제 그런 진상을 숙지했다는 뜻이다. 대신 강력한 응징이 뒤따라야 한다는 분노가 많아졌다. 그러나 대한민국에서는 국익에 반하는 저들이 여전히 '갑'이고, 국익을 위해 활동하는 사람들이 여전히 '을'이다. 이 법

칙은 해방 이후, 아니 일제 강점기 이후, 아니 노론 집권 이후 한 번도 바뀌지 않은 한국 사회 부동의 철칙이다.

쓰다 소키치가 난도질한 『삼국사기』 「백제본기」

최재석은 『역경의 행운』에서 자신이 한일 고대사 연구에 나서게 된 배경을 이렇게 설명했다.

> 사정이 이렇다보니 일본인들의 일본 고대사 연구에서는 과연 어떠한 주장을 하는 것인지 알아보지 않을 수 없었다. 여기서도 일본인들은 한결같이 한국 고대사 연구에서 주장하는 것과 거의 같은 또는 그 이상의 왜곡 주장을 하고 있음을 알게 되었다. 그 일례를 들면 오른쪽 표와 같다.
> 결국, 일본인들은 한국 고대사회사 연구에서나 일본 고대사 연구에서나 한국 고대사의 기본서인 『삼국사기』는 조작되었으며 고대 한국은 일본의 식민지였다는 주장을 되풀이하고 있음을 알게 되었다. 이러한 일본인들의 주장이 사실인지 확인하고자 고대 한일관계사 연구의 장도長途에 오르게 된 것이다. 연구 결과 일본(야마토왜)은 시작 초기부터 백제가 경영하는 직할 영토였음이 일본 고대사의 기본서인 『일본서기』에 기록되어 있음을 알게 되었다. 이로써 일본 고대사학자들이 한결같이 『삼국사기』 초기 기록은 조작되었다고 주장함과 동시에 고

대 한국은 일본의 식민지였다고 주장하는 이유를 파악하게 된 것이다. 일본인 사학자들은 이러한 『일본서기』의 내용을 은폐하고자 그 반대의 주장을 하고 있음을 알게 되었다. 여기서 최상의 방어는 공격이라는 전술이 생각나는데, 일본인들은 이 방법을 택한 것이다.

나는 1985년에 이미 이병도(서울대), 이기백(서강대), 이기동(동국대) 등의 한국 고대사학자들이 일본인 사학자들의 주장을 그대로 받아들여 『삼국사기』 초기 기록은 조작되었다고 주장하는 것을 비판한 일이 있는데 이 가운데 이병도, 이기백 씨는 회답하지 않고 세상을 떠났고, 이기동 씨는 생존해 있으면서도 아직까지 가타부타 회답을 주지 않고 있다.

_ 최재석, 『역경의 행운』, 만권당, 2015, 54~55쪽

앞서 한일역사공동연구위원회에서 고이왕 때 건국했다는 이병도 설도 '조작된 것'이라면서 백제는 근초고왕 때 건국되었다고 주장했다고 말했다. 이는 쓰다 소키치의 주장을 따른 것인데, 최재석은 1985년에 이미 「<삼국사기> 초기 기록은 과연 조작되었는가」라는 논문을 써서 쓰다 소키치의 '『삼국사기』 초기 기록 불신론'을 조목조목 비판했다. 그러자 한국 역사학계는 최재석이 사회학을 했다는 이유로 투명인간으로 취급했다. 최재석의 『역경의 행운』에는 기막힌 내용이 많다. 최재석이 논문 게재를 신청하면 퇴짜를 놓고 최재석을 비판하는 논문은 실어주었다. 그러면서 최재석이 반박 논문 게재를 신청하면 또 퇴짜를 놓았다.

쓰다 소키치는 「백제에 관한 일본서기의 기재」에서 『삼국사기』 「백제본기」를 믿을 수 없다고 주장했다. 논문의 제목 자체가 「백제에 관한 일본서기의 기재」이니 처음부터 『일본서기』의 시각으로 『삼국사기』 「백제본기」를 비판했다는 사실을 알 수 있다. 최재석은 쓰다 소키치가 11개 항에 걸쳐서 『삼국사기』 「백제본기」를 믿을 수 없다고 비판했다면서 이렇게 정리했다.

① 개로왕蓋鹵王, 초고왕肖古王, 구수왕仇首王의 이름도 실제 있었던 개로왕, 초고왕, 구수왕의 이름을 옛날로 소급시켜 설화시대의 국왕으로 하고, 실재實在의 왕에는 각각 '근近' 자를 붙여서 이것과 구별하였다. 『일본서기』에 기재된 초고왕, 귀수왕貴須王에 '근近' 자가 보이지 않는 것은 그 책이 그러한 조작이 가해지기 이전의 사적임을 나타내기 때문이다.

② 백제 상대上代의 왕실 계보에 관한 『삼국사기』의 기재記載는 고구려나 백제의 사적(史籍: 역사 사료)에서 나온 것이라 하더라도 몇 번이나 산윤(刪潤: 깎거나 보탬)이나 변개(變改: 바꾸어 고침)를 겪었기 때문에 이 계보系譜의 최초의 모습을 그것에 의하여 알 수는 없다.

③ 신라·고구려·백제의 건국 연대를 거의 20년 간격의 차로 배열한 것으로 보아도 조작한 것임을 알 수 있다.

④ 구태仇台가 백제의 시조인 것은 의심의 여지가 없는데, 『삼국사기』 「백제본기」에는 시조가 온조溫祖이고 구태의 이름이 없는 것을 보면 이것은 백제인의 기록이 아니다. 백제의 두 가지 전설(주몽전설)을 하나로 결합하였다.

⑤ 온조도 기사의 주기(註記: 주석)에 일설(一說: 이설異說)이 있는 것은 후세에 조작한 증거가 된다.

⑥ 백제의 실제 건국과 『삼국사기』 기록(B.C.18)과는 340~350년간의 차이가 생기므로 이것을 메우기 위하여 온조왕 이후 12대 계왕(契王: 재위 344~346)까지의 국왕을 조작하였다. 신라인이 조작하였지만 신라사를 길게 하기 위하여 백제사도 고구려사도 길게 잡았다.

⑦ 신라인에 의한 백제사의 조작은 통일 후 얼마 되지 않은 시대에 서였다.

⑧ 초고, 귀수, 개로만이 『일본서기』의 것과 동명同名이고 그 밖의 것은 명명법이 다르다. 위의 3왕만이 실재實在의 군주이다.

⑨ 백제왕의 계보와 왕위계승에 관하여 『일본서기』와 『삼국사기』는 일치하지 않는 사례가 있다.

⑩ 계보와 왕명 등에 있어서 『삼국사기』와 중국 사적史籍 간에 차이가 있다.

⑪ 백제의 왕명, 계보, 즉위, 훙거(薨去: 세상을 떠남) 등의 기년은 『일본서기』가 『삼국사기』보다 더욱 정확하다.

_ 최재석, 『한국고대사회사방법론』, 일지사, 1990, 23~24쪽

이렇게 『삼국사기』 「백제본기」를 비판한 쓰다 소키치는 결론에서 이렇게 말했다.

『삼국사기』의 계왕(12대 재위 344~346) 이전의 백제 기사는 모두 사실로서 믿을 수 없으며 그것이 후세의 사가史家에 의해서

구조(構造: 만들어짐, 조작)된 것이라는 점은…… 이미 말할 필요조 차 없다.

_ 쓰다 소키치, 「백제에 관한 일본서기의 기재」

쓰다 소키치는 위에서 본 것처럼 『삼국사기』「백제본기」를 11가지 항목으로 나누어서 조작이라고 비판했지만 역사학적 방법론에 부합하는 비판은 단 하나도 없다.

'근近' 자가 붙은 국왕만이 실제로 존재했던 국왕이라는 ①항에 대해 살펴보자. 『삼국사기』「백제본기」에는 5대 초고왕(재위 128~166)과 13대 근초고왕(재위 346~375), 6대 구수왕(재위 214~234)과 14대 근구수왕(近仇首王: 재위 375~384)처럼 '근' 자가 없는 두 왕과 '근' 자가 붙은 두 왕이 있다. 쓰다 소키치는 이를 백제 초기의 국왕이 전부 허구라는 자기 주장의 가장 강력한 근거의 하나로 삼았다. 그는 '근' 자가 붙은 왕은 실재한 왕이고 '근' 자가 붙지 않은 왕(초고왕, 구수왕)은 설화시대의 왕이라고 주장했다. 그의 논리대로라면 초대부터 4대까지도 '근' 자가 빠진 임금이 등장하고, 근구수왕 이후에도 '근'자가 붙은 임금이 존재해야 할 것이다.

②항에서 『삼국사기』「백제본기」는 몇 번이나 깎고 보태거나 바꾸어 고쳤다는 것인데, 그렇게 주장하려면 근거를 대야 한다. 즉 『삼국사기』「백제본기」와 다른 사료를 비교하면서 『삼국사기』「백제본기」가 고쳐졌다는 구체적 물증을 제시해야 하는 것이다. 조작되기 이전의 사료를 찾아서 고친 이후의 사료와 비교하는 방법을 통해 산윤되고 변개되었다고 주장해야지 무작정 산윤되고 변개되었다고

주장해서는 역사학 자체가 성립할 수 없다.

쓰다 소키치는 ④항에서 "구태仇台가 백제의 시조인 것은 의심의 여지가 없는데"라고 강조했다. 『주서周書』「이역열전異域列傳」'백제百濟' 조에 "구태가 대방에 나라를 세웠는데 …… 매년 네 차례 구태묘仇台廟에 제사를 지낸다."라는 구절이 있다. 이는 대륙백제를 말하는 것인데, 이병도도 이를 따라서 구태가 구이왕이라고 주장했다. 이병도의 글을 보자.

> 나의 조사에 의하면 구태仇台의 태台 자는 원음이 '이' 음인즉 구태는 즉 '구이'로 발음할 수 있는 동시에 이와 근사음인 백제의 고이왕古爾王을 연상치 아니할 수 없다. 바꿔 말하면 仇台(구이)는 즉 고이古爾의 이사(異辭: 같은 것을 달리 적음)로 동일인임에 틀림없을 것이다. 실제 상술上述과 같이 고이왕 때라야 엄밀한 의미의 건국이 가능하므로, 이를 백제의 태조로 인정함에 하등 불가함이 없는 까닭이다. 고이왕 이전의 세계는 추존일 것이다.
>
> _이병도, 『한국사대관』, 동방도서, 1983, 54쪽

'태台' 자는 별 이름인데, 대부분 '태'라고 읽고 자기를 지칭할 때만 '이'라고 읽는다. 구태라고 쓴 것을 굳이 '구이'라고 읽고, 이것이 고이古爾를 달리 적은 것이라고 주장하는 것이 기발하기는 하지만 학술적이라고 볼 수는 없다. 이병도가 백제의 시조를 고이왕이라고 주장한 것은 스승인 '쓰다 소키치 선생님'의 "구태가 백제의 시조"라

는 견해에 기댄 것인데, 김태식은 이를 "후대의 조작"이라고 비판했고 임기환이 이를 "학계의 견해에 위배되지 않는다."고 추인했다. 21세기 식민사학의 진정한 교주는 '이병도 선생님'이 아니라 '쓰다 소키치 선생님'이라는 뜻이다.

21세기 한국 식민사학의 원조 선생님인 쓰다 소키치는 "구태가 백제의 시조인 것은 의심의 여지가 없는데"라고 해놓고는 정작 결론에서는 '12대 계왕 이전의 기사는 믿을 수 없다'고 달리 주장했다. 구태가 백제의 시조인 것이 의심의 여지가 없고, 백제의 시조가 근초고왕이라면 구태가 근초고왕이라는 사실을 입증해야 하는데, 이런 과정은 생략했다. 횡설수설에 '그때그때 달라요'가 예나 지금이나 식민사학의 변치 않는 특징이다.

『삼국사기』「백제본기」에 기재된 백제 국왕 중 『일본서기』에 나오는 초고, 귀수, 개로왕만이 실제로 있었던 국왕이고 나머지는 모두 가짜라는 ⑧항의 주장도 대단히 용감한 주장이다. 『일본서기』에 나와야 실존 인물이고 안 나오면 허구의 인물이라는 것이니 논평할 가치도 없다.

⑨항도 『삼국사기』와 『일본서기』의 내용이 다르므로 『삼국사기』가 조작이라는 주장이다. 『일본서기』가 조작과 변개가 심한 사서史書라는 사실은 쓰다 소키치에게 전혀 중요하지 않다. 『삼국사기』를 가짜로 몰아서 한국인들로 하여금 한반도 남부를 임나일본부가 지배한 것으로 만들기만 하면 그만이기 때문이다.

⑩항은 『삼국사기』「백제본기」와 중국 사적의 기록이 다른 것이 있기 때문에 『삼국사기』가 가짜라는 논리이다. 서로 다른 나라에

서 작성한 사서들은 같을 수도 있고, 다를 수도 있다. 지금도 중국에서 작성한 장개석에 관한 내용과 대만에서 작성한 장개석에 관한 내용이 다르다. 이 경우 하나는 모두 맞고 하나는 모두 틀린 것인가? 왜 서로의 내용이 다른지를 연구해야 한다는 평범한 상식이 쓰다 소키치에게는 통하지 않는다. 『삼국사기』는 중국 기록과 같아도 조작이고 달라도 조작이다. 『삼국사기』는 무조건 조작이라는 것이 쓰다 소키치의 고등문헌비판이다.

마지막 ⑪항이 중요하다. "백제의 왕명, 계보, 즉위, 훙거(薨去: 세상을 떠남) 등의 기년은 『일본서기』가 『삼국사기』보다 더욱 정확하다."는 것인데, 결국 『일본서기』를 진짜로 만들기 위해서 『삼국사기』를 가짜로 만들었다는 속셈을 고백한 셈이다.

재미있는 것은 쓰다 소키치가 『일본서기』의 시조 신무神武부터 15대 응신應神 이전의 기사는 허구라고 주장했다가 1942년 나카니시 요이치中西要一 재판장에게 금고 3개월, 집행유예 2년의 판결을 받은 적이 있다는 사실이다. "황실의 존재를 모독했다."는 것인데, 이 재판이 쓰다 소키치의 성가를 높이는 데 크게 기여하기도 했지만 군국주의 시절에 '황실의 존재'에 관한 문제로 걸리고도 집행유예로 나온 것은 그가 황국론자라는 사실이 감안된 관대한 처분이라는 설이 더 설득력이 있다.

『일본서기』는 25대 무열(武烈: 재위 499~506)까지로 한정시켜도 신神 자가 들어가는 일왕이 초대 신무神武, 10대 숭신崇神, 15대 응신應神 등 셋이나 된다. 5대부터 8대까지 네 명의 일왕은 모두 효孝 자가 들어간다. 인仁 자가 들어가는 일왕도 셋이다. 쓰다 소키치의 논리대로라면 '신' 자가 들어가는 셋 중 둘, '효' 자가 들어가는 넷 중 셋, '인' 자가 들어가는 셋 중 둘은 조작이어야 한다.

쓰다 소키치는 『일본서기』가 조작되었으니 『삼국사기』도 조작되었을 것이라는 논리도 편다. 내가 사기꾼이니 너도 사기꾼이라는 논리요, 내가 사학자詐學者이니 너도 사학자詐學者라는 주장이다. 그러다가 갑자기 나는 선량한 사람이고 너는 사기꾼이라고 주장하고 나선 것이다. 최재석이 이미 지적했듯이 쓰다 소키치는 자신의 논리를 전개할 때 수많은 추측어를 남발하고 있다. 예를 들면, '있을 수 없는 것일 것이다', '후세인의 윤색일 것이다', '그 윤색이 언제 행해졌는지는 불명하지만', '신라인의 의도일 것이다', '신라인의 손이 가해진 것은 확실한 것이다', '신라인의 짓인지 고구려인의 짓인지 판단할 수 없다', '만일 그렇다면 …… 신라인이 만든 것이라 말할 수 없겠는가?' 따위의 말들이다. 논리라고는 없는 삼류소설이다.

이런 쓰다 소키치, 얼굴도 보지 못한 일본의 식민사학자를 '영원한 교주'로 떠받드는 한국의 식민사학자들, 즉 21세기의 매국사학자들의 정신상태를 도저히 이해할 수 없다. 이들을 계속 옹호하는 대한민국 동북아역사재단의 정신상태도 이해할 수 없다.

보통의 상식을 지닌 사람이라면 한국의 매국사학자들이 21세기에 자국민의 세금으로 자국사를 연구하면서 어떻게 그토록 철저하게 자국에 위해를 가하고 자국 영토에 야욕을 갖고 있는 외국의 이익에 종사할 수 있는지 이해할 수 있겠는가? 이런 매국적賣國賊들에게 국민의 세금을 지속적으로 지원하는 대한민국 정부도 이해할 수 없기는 마찬가지다.

7장

독도는 일부러 지운 것이다

賣國歷史學

독도를 빼놓은 것은 실수였는가?

필자는 동북아특위에서 『동북아역사지도』가 독도를 그리지 않았다고 비판했다. 먼저 「신라의 팽창 551~600년」 도엽[303쪽 지도 15]을 예로 들어 독도를 누락시킨 점을 지적했는데, 문제는 독도가 이 도엽에서만 누락된 게 아니라는 데 있다. 필자는 이렇게 말했다.

> 지금 독도 문제 가지고 우리가 일본하고 그렇게 오랫동안 문제가 됐고 논쟁이 되고 있는데, 대한민국 국민 입장에서 지도를 그리면 당연히 독도를 표기해야지요.

동북아특위에서 임기환이 유일하게 실수라고 인정한 부분이 이것이다.

> 아까 24쪽의 독도 지도 말씀하셨습니다. 지적한 대로 이 지도에서 독도가 누락이 되었습니다. 이것은 저희 실수입니다.

실수를 인정한다면 여기까지만 말하고 그려넣겠다고 답하면 그만인데, 그럴 리가 없다. 변명이 뒤따르다가 필자에 대한 공격으로 전환한다. 임기환은 이렇게 말했다.

> 저희 지도는 GIS 프로그램, 디지털 프로그램을 이용해서 만들기 때문에 매 지도의 출력 범위를 정하게 됩니다. 저희 지도가 완성된 게 아니고 수정·보완해나가는 과정에서 이 지도를 할 때 아마 이 부분이 잘못 잘린 것 같습니다.
> 이덕일 소장께서 이 부분을 앞으로 지도를 만들 때 이런 부분을 깊이 유의해달라고 말씀하셨으면 저희가 충언으로 받아들이고자 합니다. 그런데 이 지도 한 장으로 일본과의 영토분쟁에 빌미를 주고 있다는 지적은 좀 지나친 비약이 아닌가 생각이 됩니다.

임기환의 말에는 모순이 있다. 대한민국 국민의 세금으로 작성한 『동북아역사지도』에서 독도가 누락되었는데 그걸 실수라고 말했다. 예로 든 「신라의 팽창 551~600년」이라는 도엽[오른쪽 지도 15] 한 장뿐이면 '실수'라고 인정할 수도 있다. 그러나 그 후로도 백 장이 훨씬 넘는 '모든' 도엽에서 일관되게 독도를 누락시켰다. 『동북아역사지도』의 「한국편」은 독도를 단 한 장도 그리지 않았다. 그렇다면 그게

지도 15 『동북아역사지도』「6세기 신라의 팽창 551~600」

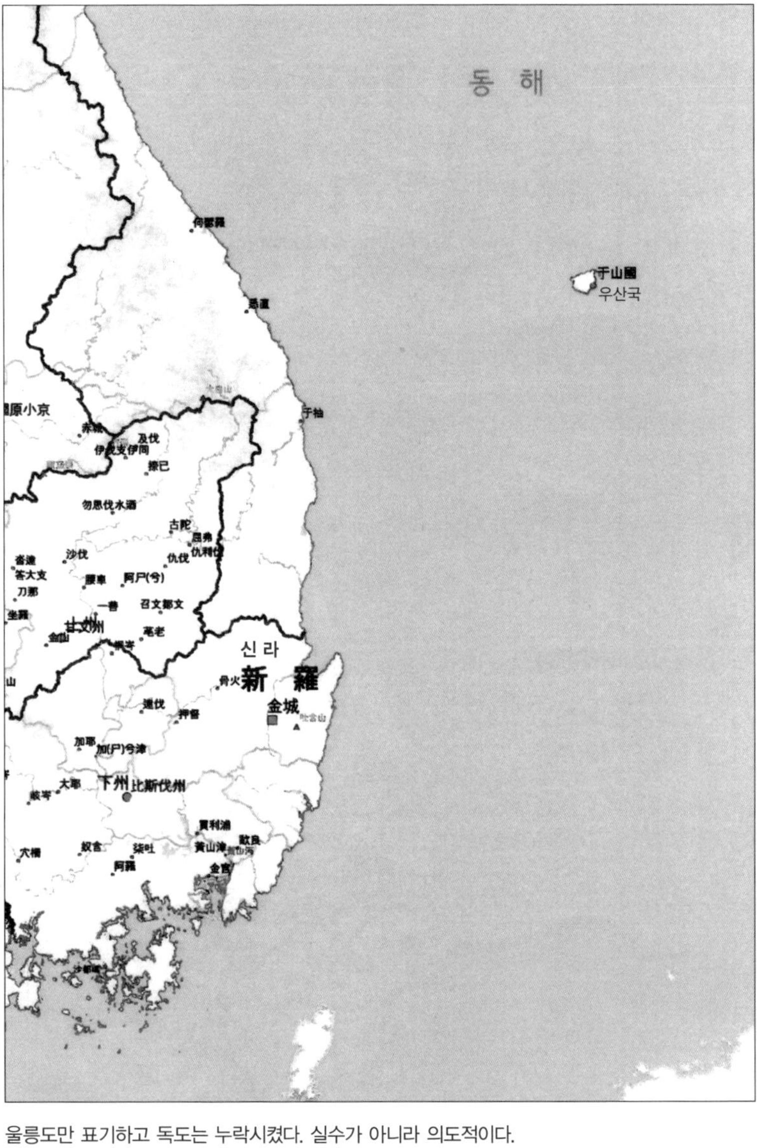

울릉도만 표기하고 독도는 누락시켰다. 실수가 아니라 의도적이다.

과연 실수일까?

앞서 도종환 의원이 원래 5년 작업으로 끝날 것을 3년 더 연장해서 8년이 되었는데 "아직도 이렇게 실수라든가 또는 계속 만들어 가는 과정이다."라고 말하면 "어디까지를 신뢰해야 되는가 하는 생각"이 든다고 지적한 것은 당연한 지적이다. 그러나 과연 실수일까?

60여 명의 학자가 모여 8년 동안 자국의 역사지도를 만드는 작업을 하면서 단 한 명도 "왜 독도가 빠졌지요?"라고 물어보지 않았다는 이야기인가? 한국의 역사학자들이 모인 곳에서 그런 일이 과연 가능할까?

『동북아역사지도』에 「고려 전기 행정구역-춘주도(교주도)와 동계 남부 1010~1083년」이라는 도엽[오른쪽 지도 16]이 있다. 춘주도란 고려시대 강원도 춘천과 철원을 중심으로 하는 강원도 영서嶺西 지역을 뜻한다. 오른쪽 상단에 검은 선으로 상자를 만들어 울릉도를 그려놓고 독도는 빼놓았다. 「고려 중기 행정구역-춘주도(교주도)와 동계 남부 1123~1693년」 도엽[오른쪽 지도 17]에서도 마찬가지로 울릉도만 그려놓고 독도는 누락시켰다. 「고려 말 지방제도의 개편-교주 강릉도 1389~1412년」 도엽[오른쪽 지도 18]도 마찬가지로 독도를 누락시켰다. 독도는 고려 강역이 아니라는 이야기다.

조선시대로 오면 어떨까? 달라졌을까? 「16세기 조선의 행정구역-강원도 1455~1598년」 도엽[306쪽 지도 19]도 오른쪽 상단에 따로 상자를 만들어 울릉도를 그리고 독도는 누락시켰다. 「17~18세기 조선의 행정구역-강원도 1599~1800년」 도엽[306쪽 지도 20]도 마찬가지다. 이때까지는 울릉도를 강원도 소속으로 그려놓았는데, 모든 도엽이 일관

지도 16 『동북아역사지도』「고려 전기 행정구역-춘주도(교주도)와 동계 남부 1010~1083년」

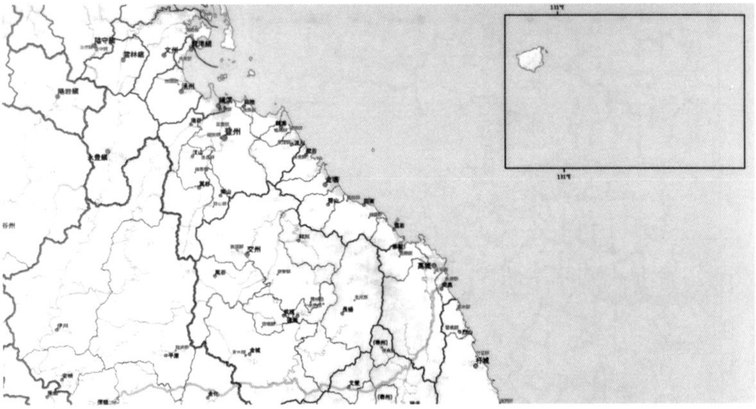

지도 17 『동북아역사지도』「고려 중기 행정구역-춘주도(교주도)와 동계 남부 1123~1693년」

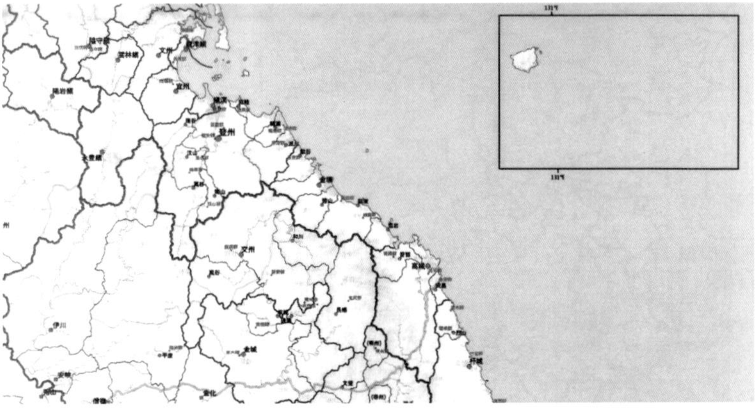

지도 18 『동북아역사지도』「고려 말 지방제도의 개편-교주 강릉도 1389~1412년」

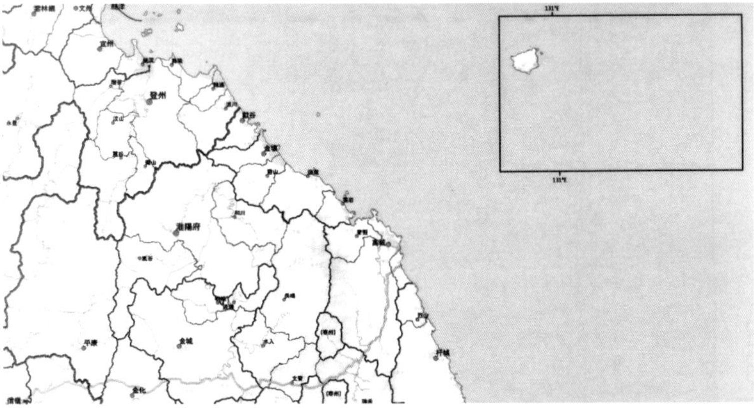

지도 19 『동북아역사지도』「16세기 조선의 행정구역-강원도 1455~1598년」

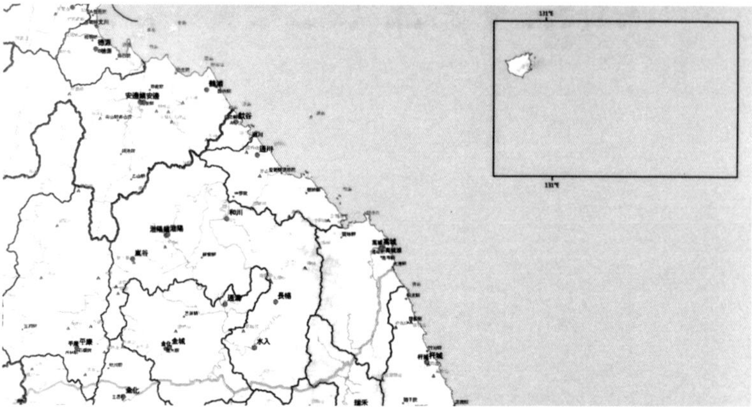

지도 20 『동북아역사지도』「17~18세기 조선의 행정구역-강원도 1599~1800년」

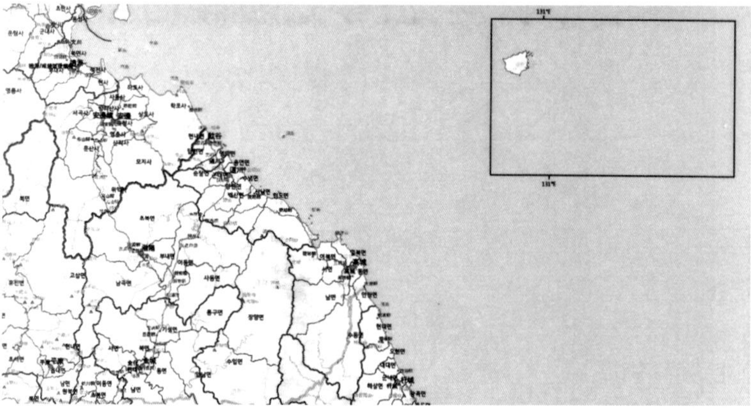

지도 21 『동북아역사지도』「대한제국 말기의 행정구역-경상도(2) 1907~1913년」

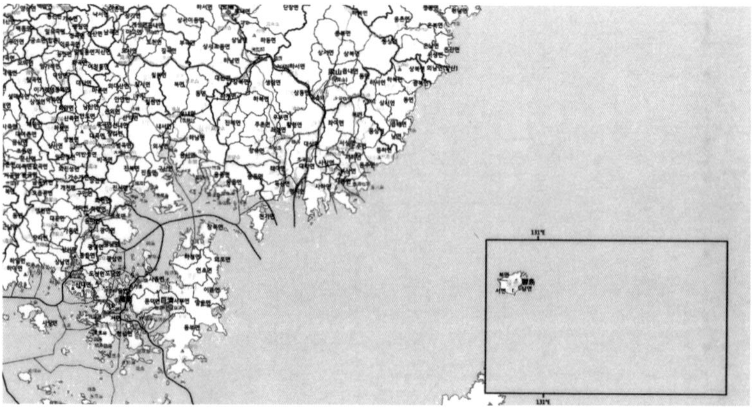

지도 22 『동북아역사지도』「식민지시기 조선의 행정구역-경상도(2) 1914~1944년」

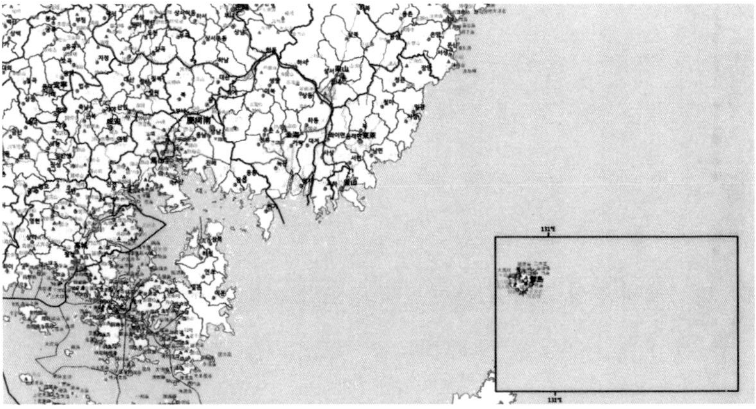

지도 16~지도 22에는 검은 상자를 만들어 울릉도를 표기해놓고는 독도는 누락시켰다. 독도는 우리의 강역이 아니라는 뜻이다. 독도 부근의 흐릿한 점은 GIS 프로그램에 의해 자동 표기된 것에 불과하다. 『동북아역사지도』의 모든 도엽에는 독도가 의도적으로 지워져있다.

되게 독도를 누락시켰다.

대한제국 시기로 오면 울릉도가 경상도 관할로 이관된다. 그렇다면 경상도로 이관된 다음에는 독도를 표기했을까? 「대한제국 말기의 행정구역-경상도(2) 1907~1913년」 도엽[왼쪽 지도 21]에는 하단 우측에 검은 선으로 상자를 만들어 울릉도를 표기해놓고 독도는 누락시켰다. 「식민지시기 조선의 행정구역-경상도(2) 1914~1944년」 도엽[위 지도 22]도 마찬가지로 상자 안에 울릉도만 그려놓고 독도는 누락시켰다.

『동북아역사지도』는 독도를 절대 '실수'로 누락시킨 것이 아니다. 100퍼센트 의도된 것이다. 검은 선으로 상자를 만들어 울릉도를 따로 만들지 않았다면 '실수'라고 변명할 여지가 0.01퍼센트는 있다고 볼 수 있다. 그러나 검은 선으로 상자를 만들고 울릉도 동쪽을 '동경 131도(131°E)'라고 따로 표시해놓고도 동경 131도 52분에 해당하는 독도는 누락시켰다.

「대한제국 말기의 행정구역-경상도(2) 1907~1913년」 도엽[306쪽 지도 21]만 하더라도 울릉도를 남면과 북면, 서면까지 분류해서 그려놓았다. 『동북아역사지도』에서 자랑스레 생각하는 「식민지시기 조선의 행정구역-경상도(2) 1914~1944년」 도엽[307쪽 지도 22]은 울릉도를 울도鬱島라고 표기해놓고 그 주변 섬까지 대단히 세밀하게 그려넣었다. 그러면서 독도를 그리지 않은 것은 '실수'라는 것이다. 이들에게 독도는 일본 시마네 현 소속의 섬이지 대한민국 강역이 아니다.

독도는 한국 영토가 아니라는 동북아역사재단의 배성준

'글을 시작하면서'에서 언급했지만 배성준이라는 인물이 있다. 동북아역사재단에서 2013년까지 재단 연구위원으로서 『동북아역사지도』의 책임을 맡고 있던 인물이다. 그러니까 동북아역사재단의 『동북아역사지도』 담당자다. 최근에는 연구비를 받아 네덜란드 레이든대(Leiden University)에 가 있어 휴직상태다. 배성준이 동북아역사재단의 『동북아역사지도』 담당자였으니 그의 독도관을 살펴보면 『동북아역사지도』에서 독도를 일관되게 누락시킨 것이 단순한 '실수'였는지 의도된 '매국'이었는지 알 수 있을 것이다.

배성준은 2002년 『진단학보』에 「울릉도·독도 명칭 변화를 통해서 본 독도 인식의 변천」이라는 논문을 썼는데, 이때 소속은 '서울대'

라고 명기하고 있었다. 2005년도에는 동북아역사재단의 전신인 고구려연구재단 연구위원 자격으로 『문화과학』에 「'독도 문제'를 보는 비판적 시각을 위하여」라는 글을 썼다. 동북아역사재단의 『동북아역사지도』 담당자였던 배성준이 쓴 이 두 글을 살펴보자.

먼저 「울릉도·독도 명칭 변화를 통해서 본 독도 인식의 변천」이라는 논문의 '국문초록'을 보면, 마지막 결론 부분에서 배성준은 이렇게 말한다.

> 우산 명칭의 단절, 이전은 독도에 대한 인식 역시 지속적으로 축적되는 것이 아니라 단절의 과정임을 보여준다. 15세기 요도 혹은 삼봉도로 불리는 미지의 섬을 찾는 과정에서 독도를 발견했을 가능성은 있지만 독도가 우산이라는 명칭을 가지면서 현실의 섬으로 인식된 것은 17세기 말 울릉도 분쟁과 안용복의 무용담을 통해서였다. 그러나 문헌적 인식에 갇히면서 우산 명칭의 혼란과 죽도로의 이전과정에서 독도는 사라졌다가 자본주의 세계체제에의 편입과 동시에 대한제국의 영토로 불쑥 나타나게 된다.
>
> _ 배성준, 「울릉도 · 독도 명칭 변화를 통해서 본 독도 인식의 변천」

배성준은 이 논문에서 장황한 말장난을 많이 해놓았다. 명칭의 변화를 추적한다는 미명 아래 대단히 복잡한 논리를 전개했다. 식민사학자들이 장황한 말장난을 늘어놓을 때는 항상 "결론은?"이라고 물어야 한다. 배성준의 윗글의 요체는 이런 것이다.

독도는 17세기 말 안용복 이전에는 한국사의 영역이라는 인식이 없었다가 자본주의 세계체제에 편입되면서 대한제국의 영토로 '불쑥' 나타나게 되었다는 것이다. '불쑥'이라는 낱말의 사전적 의미는 "갑자기 쑥 나타나거나 생기거나 하는 모양"이다. 독도는 한국사의 강역이 아니었다가 "자본주의 세계체제에의 편입과 동시에 대한제국의 영토로 불쑥 나타나게" 되었다는 것이다. 마치 대한제국이 자본주의 세계체제 재편과정에서 식민지로 전락한 나라가 아니라 일본 강역이었던 '독도'를 차지한 제국주의 국가였던 것처럼 묘사해놓았다. 일본 극우파들은 예나 지금이나 가해자였던 자신들을 피해자로 둔갑시키는 탁월한 재주가 있는데 배성준 역시 그런 묘기를 부리고 있는 것이다.

얼마 전 필자에게 한 독도연구가가 찾아왔다. 고위 공무원으로 일하다가 독도 문제의 심각성을 알게 되어 여생을 독도 문제 연구에 바치며 이 연구로 박사학위까지 받은 분이다. 그가 독도 문제를 연구해온 과정은 그 자체로 대한민국에서 독도를 진짜로 한국 영토라고 믿고 공부하는 것이 얼마나 어려운지를 여실히 보여주었다. 그가 보여준 문서에는 독도연구자 22명의 명단이 있었는데, 위로 12명은 독도가 일본 것이라고 주장하는 한국 학자들이고, 아래 10명은 독도가 한국 것이라고 주장하는 학자들이었다. 아래 10명 명단에는 전 서울대 사회학과 교수 신용하, 세종대 교수 호사카 유지保坂祐二, 1987년 「태정관 지령」을 공개했던 교토대 교수 호리 가즈오堀和生, 그리고 최근 작고한 전 시마네대 교수 나이토 세이추內藤正中 등이 있었다. 배성준도 물론 22명의 명단 안에 들어 있었는데, 어느 쪽에 분류되었는지는 익히 짐작할 수 있을 것이다. 독도가 일본 것이라고 주장하는 12명의 한국 학자들 중에 동북아역사재단 소속이 세 명이나 들어 있었다. 그들이 독도를 어느 나라 영토로 생각하고 있을지도 미루어 짐작하기 바란다.

「울릉도·독도 명칭 변화를 통해서 본 독도 인식의 변천」은 제목부터 모호하다. 울릉도와 독도의 명칭이 시대별로 크게 변화했다면서 온갖 장황한 논지를 서술해놓았는데 중간중간 독도에 대한 자신의 속생각을 드러낸 구절들이 있다. 배성준은 독도를 한국 것이라고 보는 한국 측의 논리에 대해 이렇게 정리했다.

> 기존의 연구는 '독도는 우리 땅'이라는 전제 아래 '① 6세기 초 신라의 우산국 정벌 혹은 15세기 초 『세종실록』 「지리지」 이래 독도于山國/于山島에 대한 인지가 이루어졌고 ② 조선시대에는 수토정책(搜討政策: 공도정책空島政策)을 통하여 독도를 관리하였고 ③ 1900년 칙령 41호에 의해 독도石島가 덕도군德島郡 관할이 됨으로써 국가의 행정체계에 편입되었고 ④ 1905년 불법적으로 강탈당하였던 독도 영유권은 해방 직후 한국으로 다시 귀속되었다'라는 논리를 구성하고 있는데, 이 논리의 밑바닥에는 독도의 옛 명칭이 우산도라는 자명한 전제가 자리 잡고 있다.
>
> _배성준, 「울릉도·독도 명칭 변화를 통해서 본 독도 인식의 변천」

여기서 핵심은 "이 논리의 밑바닥에는 독도의 옛 명칭이 우산도라는 자명한 전제가 자리 잡고 있다."라고 명칭 문제를 전면에 배치한 것이다. 마치 명칭 문제가 독도 문제의 전부인 것처럼 호도하는 내용이다. 중요한 것은 독도의 명칭이 무엇이었든 간에 독도가 고대 신라시대부터 한국사의 강역이었는지 일본사의 강역이었는지 밝히는 것이지 명칭 자체가 아니다.

「울릉도·독도 명칭 변화를 통해서 본 독도 인식의 변천」이라는 논문 제목에 '명칭 변화', '독도 인식의 변천' 등의 말을 넣은 의도도 마찬가지다. '독도 인식의 변천'이라는 말에는 원래 우리 것이 아니었던 독도가 나중에 '불쑥' 우리 것이 되었다는 의미가 담겨 있는 것이다. 실제로 본문의 서술은 명칭의 변화 과정을 세밀하고 장황하게 담고 있으니 읽는 사람들은 독도가 한국 것이라는 말인지 일본 것이라는 말인지 알기 힘들다. 그래서 배성준의 속내를 알려면 여기저기 감추어놓은 그의 속셈을 찾아내서 해석해야 한다. 배성준은 독도 문제를 명칭의 문제로 국한시킨 후 곧이어 일본 측의 논리를 전달한다.

> 그렇지만 일본에서는 독도의 옛 명칭이 우산도라는 견해에 대한 비판이 일찍부터 제기되었으며, 최근까지도 한국 측 연구의 맹점으로 지적하고 있다.
>
> _배성준, 「울릉도·독도 명칭 변화를 통해서 본 독도 인식의 변천」

여기서도 배성준은 독도 문제가 명칭의 문제인 것처럼 호도하면서 일본 측의 논리를 옹호하고 있다. 마치 독도가 한국 강역이라는 한국 측의 주장에 '맹점盲點'이 있는 것처럼 말하고 있는 것이다. 맹점이란 미처 생각이 미치지 못한 모순이나 틈을 뜻한다. 다시 말해 한국 측 주장에 큰 맹점이 있고 일본 측 주장이 신빙성이 있다는 식이다.

매국사학자들은 항상 한국 측의 주장을 '일방적인 것'이라고 매도하면서 일본 측의 주장이 합리적인 것처럼 호도한다. 그러면서 일본에게 불리하고 한국에게 유리한 것은 절대로 언급하지 않는다. 호리 가즈오의 「태정관 지령」은 배성준의 논문에서 단 한 자도 찾을 수 없다. 독도에 대한 명칭 변화를 통해 독도 문제를 바라보는 데서 이미 그 속내가 드러나 있다. 독도가 한국 영토라는 것은 백지상태에서 이름만 가지고 주장하는 것이 아니라는 사실은 외면하고 있는 것이다.

거리로 따져도 울릉도에서 독도까지는 87.4킬로미터인데, 일본의 오키 섬隱岐島에서 독도까지는 157.5킬로미터로 두 배에 달한다. 그러나 이 사실도 배성준은 절대 말하지 않는다. 독도 문제가 마치 명칭 문제인 것처럼 호도하면서 각종 명칭을 끌어들여 한국인들의 생각을 혼란스럽게 만들고는 독도가 한국 영토라고 주장하는 한국 측 학자에 대해 틀렸다고 단정한다.

> 11세기 초까지 보이는 우산국 명칭은 조선 초기에 나타나는 '우산도于山島'라는 명칭과 연결된다는 점에서 우산국이 통치한 범위와 우산국과 우산도의 관련이 중요한 문제로 대두된다. 먼저 우산국이 통치한 범위에 대해서는 『만기요람』의 기

사를 인용하여 울릉도가 지금의 울릉도와 독도를 포괄하였다고 보는 견해(주석 9)도 있지만 이는 19세기 초의 인식을 끌고온다는 점에서 잘못이다.

_배성준, 「울릉도·독도 명칭 변화를 통해서 본 독도 인식의 변천」

여기서 배성준이 인용한 주석 9는 '신용하, 『독도의 민족영토사연구』, 지식산업사, 1996, 27~28쪽'이다. 즉 조선시대 울릉도가 지금의 울릉도와 독도를 포괄했다고 보는 학자가 바로 신용하인데, 배성준은 신용하가 틀렸다고 비판한 것이다. 독도가 원래 한국 영토였다는 신용하의 주장에 대해 "19세기 초의 인식을 끌고온다는 점에서 잘못"이라고 꾸짖고 있는 것이다.

그러나 배성준의 이 말 역시 매국사학자 특유의 거짓말이다. 『만기요람萬機要覽』은 순조 8년(1808)에 서영보徐榮輔·심상규沈象奎 등이 왕명을 받고 편찬한 종합 사료집이다. 19세기 초에 편찬되었다고 해서 19세기 때 사실을 적은 것이 아니라 그 전부터 19세기 초까지의 모든 사실을 적은 일종의 사료집이자 사전이다.

『만기요람』에서 울릉도와 독도에 대한 사항이 담겨 있는 부분은 「군정軍政편」의 '해방海防'조이다. 해방은 글자 그대로 바다에 대한 방어사항을 적은 것이다. '해방 동해東海'조에 독도에 관한 사항이 실려 있는데, 울릉도와 독도 부분은 「문헌비고 울릉도 사실文獻備考鬱陵島事實」이라는 항목에서 따로 분류할 만큼 크게 중시했다. 19세기 때의 사실뿐만 아니라 신라 지증왕 13년(512)의 우산국 정벌부터 시작해서 고려 태조 13년(930)에 섬의 우두머리가 와서 공물을 바치자 백길

白吉이라는 벼슬을 하사했다는 내용을 비롯해 고려와 조선에서 울릉도와 독도를 어떻게 인식하고 조치했는지를 자세하게 서술했다.

특히 "『여지지輿地志』에는, '울릉鬱陵·우산于山은 다 우산국于山國 땅이며, 이 우산을 왜인들은 송도松島라고 부른다.'고 했다."는 말도 덧붙여놓았다. 이때 이미 울릉도와 우산도(독도)를 구분했으며 모두 조선 땅으로 여겼는데 이를 일본에서는 우산(독도)을 송도松島라고 부른다는 사실도 밝혀놓았다. 배성준이 일본 극우파의 역사관이 아니라 정상적인 한국인의 시각을 갖고 있다면 『만기요람』을 가지고 "19세기의 인식을 끌고온다는 점에서 잘못이다."라고 호도할 수는 없었을 것이다.

『만기요람』에는 안용복이 울릉도에 갔다가 일본에 끌려가서 오랑도五浪島 도주島主에게 "울릉도가 우리나라에서는 하룻길이요, 일본에서는 닷새길이니 울릉도는 우리나라에 붙은 것이 아니냐? 조선 사람이 조선 땅에 갔는데 어째서 구속하느냐?"라고 항의해서 석방된 이야기도 실려 있다. 또한 안용복이 울릉도에서 송도까지 왜인들을 쫓아가서 "송도는 곧 우산도芋山島다. 너희는 우산도가 우리의 영토라는 말을 못 들었느냐?"라고 꾸짖으며 몽둥이를 휘둘러 가마솥을 부시니 왜인들은 놀라서 달아났는데, 안용복이 호키 주伯耆州까지 쫓아가서 사실을 말하니 태수가 그들을 모두 잡아 치죄했다는 이야기도 실려 있다. 배성준은 신라 때부터 울릉도와 독도에 관한 역대 사실이 자세하게 실린 『만기요람』을 '19세기의 인식'이라고 호도하면서 '독도가 한국 땅'이라는 신용하의 인식은 '잘못이다'라고 부정한 것이다.

성호 이익李瀷도 『성호사설星湖僿說』 「천지문天地門」 '울릉도'조에서 신라 지증왕 때부터 울릉도의 역사를 설명하면서 이렇게 말했다.

> 나는 이 일이 판단하기 어렵지 않다고 생각한다. 그 당시에 "울릉도가 신라에 복속한 것은 지증왕 때부터 시작되었는데, 그때 귀국(일본)은 계체繼體 6년(512)으로서 위덕威德이 먼 곳까지 미쳤다는 사실을 나는 들은 적이 없는데, 역사서에 고증할 만한 특별한 기록이 있는가. …… 우릉도羽陵島라고 하든, 의죽도礒竹島라고 하든 울릉도가 우리나라에 속하는 것은 백분명백百分明白하며 그 부근의 섬 또한 울릉도에 속한 섬에 지나지 않는 것이다. ……"
> 이렇게 말했다면 저들이 비록 간사하고 교활할지라도 다시 입을 열지 못했을 것이다.
>
> _이익, 『성호사설』 「천지문」 '울릉도'조

성호 이익은 마치 배성준 같은 사학자가 후대에 나타나 명칭 문제로 사람들을 현혹시킬 줄 알았다는 듯이 "우릉도라고 하든, 의죽도라고 하든 울릉도가 우리나라에 속하는 것은 백분명백하며 그 부근의 섬 또한 울릉도에 속한 섬"이라고 갈파했다. 성호 이익은 울릉도는 당연히 조선 강역이며 독도는 울릉도에 부속된 섬으로 생각했다.

그러나 배성준은 독도가 원래 한국사의 강역이었다는 사실을 부인하기 위해 그 자신도 헷갈릴 정도의 무수한 명칭과 그 변화 사례

지도 23 「동판조선국전도」

1882년에 일본에서 제작한 지도인 「동판조선국전도」는 독도를 조선 강역으로 표기하고 있다.

지도 24 「청국신지도」

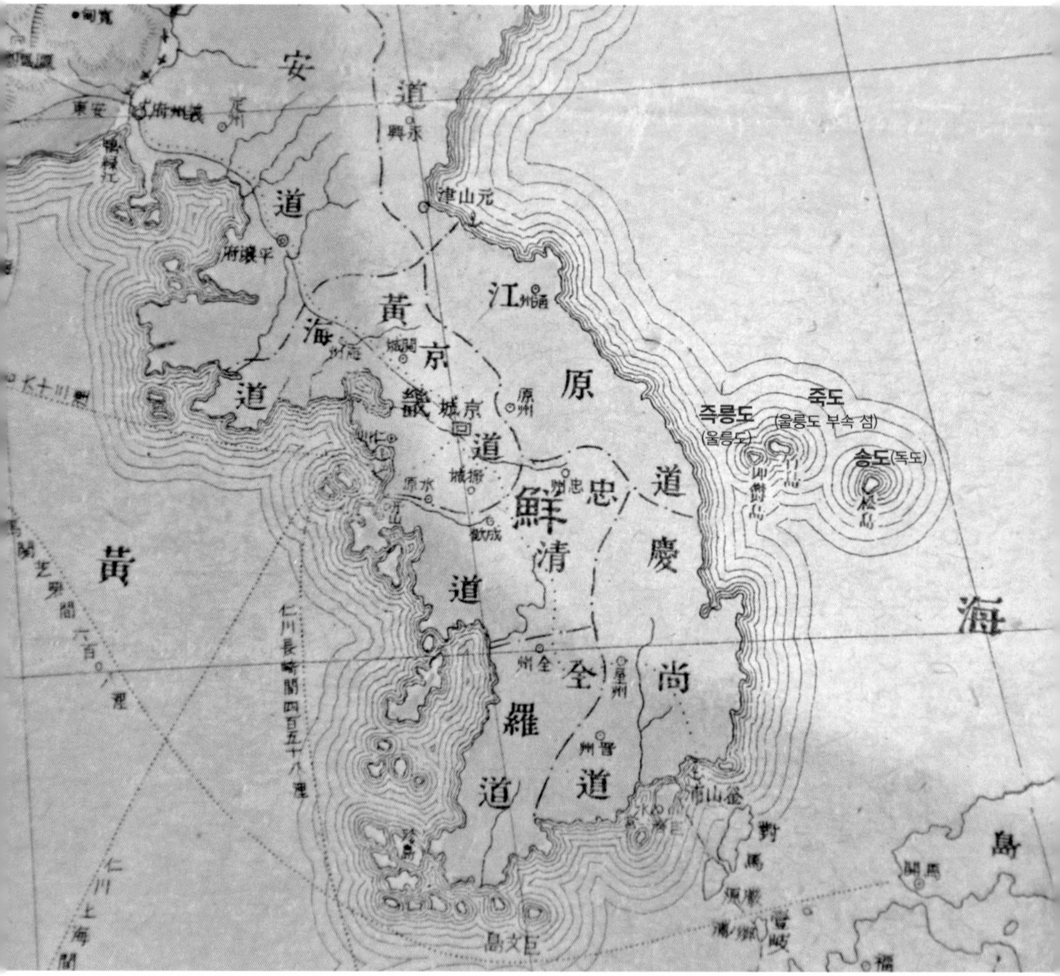

독도박물관에서 전시하고 있는 지도인 「청국신지도清國新地圖」. 1894년에 일본인 스미다니 히로지로가 그린 지도로, 울릉도를 즉릉도로 표기하고, 울릉도 부근의 죽도를 표기했으며, 독도를 송도라고 표기했다. 검은 실선으로 울릉도와 독도를 조선령으로 특별히 표기하고 있다. 당시 일본이 독도를 전혀 자국령으로 생각하지 않았음을 거듭 확인할 수 있다.

지도 25 「지학신편 상책」

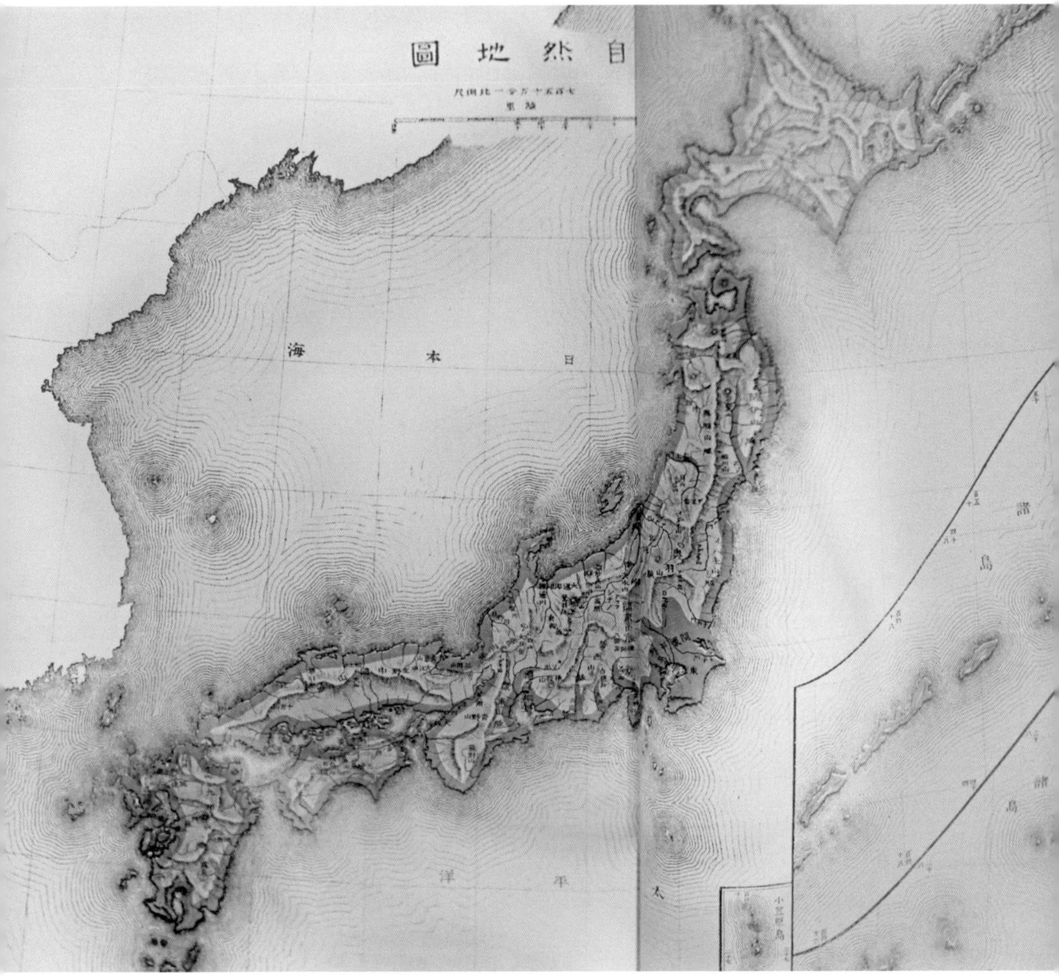

울릉도 내 독도박물관에서 전시하고 있는 지도인 「지학신편 상책地學新編 上册」. 1895년에 일본인 우치다 가이치가 그린 지도로, 일본의 자연환경을 표시했다. 이 지도에서도 독도를 조선해에 그려놓고 조선과 같은 색으로 칠하여 울릉도와 독도가 조선 강역임을 명확하게 표기했다.

를 나열해놓았다. '독도는 한국 것'이라는 한국인들의 인식을 헷갈리게 하는 것이 배성준이 이 논문을 쓴 목적이었을 것이다. 그래서 온갖 혼란스러운 명칭의 변화를 장황하게 언급해놓고 결론에서 독도가 "대한제국의 영토로 불쑥 나타나게" 되었다고 주장한 것이다.

배성준이 독도가 한국 것이 아니라고 주장하기 위해 쓰는 수법 중의 하나가 울릉도와 붙어 있다시피 한 죽도竹島와 독도를 바꿔치기 하는 것이다. 이것은 일본 극우파들이 울릉도와 붙어 있다시피 한 죽도를 조선인들이 독도라고 우기는 것이라고 주장하는 수법을 그대로 가져온 것이다. 조선시대에 제작된 여러 지도에 울릉도 동쪽에 또 하나의 섬이 그려져 있으면 당연히 독도이다.

그러나 배성준은 무슨 수를 쓰든지 독도를 조선의 강역에서 배제해야 하므로 "울릉도 동쪽에 인접해서 우산도가 그려져 있다."라면서 '인접'을 강조하거나, "『해동지도』의 우산도와 『대동여지도』 필사본의 우산도를 살펴보면 위치나 산형으로 보아 독도라기보다는 지금의 '죽도'와 유사하다는 점을 확인할 수 있다."라면서 독도가 아니라 울릉도에 인접한 다른 섬, 즉 죽도라고 주장하는 것이다.

죽도는 대한민국 사람 대다수가 그런 섬이 있다는 사실 자체를 알지도 못하는 작은 섬이다. 울릉도 곁에 붙어 있는데 울릉도의 1/200도 채 안 될 작은 면적일 뿐만 아니라 그 곁의 관음도를 포함해서 울릉도의 부속 도서 44개 중의 하나에 불과하다. 일본 극우파들이 독도를 울릉도와 분리시키기 위해 끌어들인 논리가 '독도=죽도론'인데, 배성준은 이를 그대로 추종하는 것이다.

조선 숙종 때의 미수眉叟 허목許穆은 "울진 동쪽으로 바다 가운데 울릉도와 우산도(于山島: 독도)가 있다."라고 서술했다. 울릉도와 우산도를 명확하게 구분하고 있었던 것이다. 성호 이익, 미수 허목 등의 사례는 조선 후기 지식인들은 울릉도와 독도를 구분해서 생각했으며 두 섬이 모두 조선 강역이라고 생각했다는 것을 알려준다.

『대동여지도』 필사본은 울릉도만 그리고 지금의 독도는 그리지 않았다. 울릉도와 달리 백성들이 살지 않는 독도는 세금이나 부역을 부과하는 지역이 아니었기에 지도를 그릴 때 누락시켰던 것이다. 대신 울릉도에 붙어 있는 작은 섬들을 여럿 그려놓았는데, 일본 극우파처럼 조선 사람들이 이 죽도를 독도로 여긴 것이 아니냐고 우기는 것이다. 『대동여지도』 필사본에서 누락시킨 섬은 무수히 많다. 그 무수한 섬 모두가 조선 강역이 아니라는 말인가? 일본 극우파의 논리가 이런 식이다.

이런 배성준이 동북아역사재단의 『동북아역사지도』 책임자로서 지도 제작의 책임을 맡았다. 『동북아역사지도』의 모든 도엽에 독도를 단 한 번도 표기하지 않은 것이 임기환의 말대로 '실수'일 가능성은 없다. 배성준은 「'독도 문제'를 보는 비판적 시각을 위하여」에서 보다 노골적으로 독도가 한국 영토가 아니라고 주장했다.

> 독도 문제에 관한 글을 읽다 보면 모든 문제는 '독도는 우리 땅' 노래 가사같이 일목요연하고 간단명료해 보인다. 마치 신라의 우산국 정벌 이래 독도가 우리 땅이라는 말은 '주장'이 아니라 '진실'인 것처럼 보인다. 독도가 우리 것일까? 독도 문제가 되풀이되는 것은 명백한 '진실'을 왜곡하고 독도를 빼앗

으려는 일본의 음흉한 음모일까?

사실은 그렇지 않다. 선입관을 버리고 찬찬히 독도 자료를 읽어본 사람이라면 곧 독도에 대한 '진실'이 그렇게 명명백백한 것은 아니라는 점을 느끼게 된다. 그리고 동시에 독도에 대한 '진실'이 얼마나 '독도는 우리 땅'이라는 선입관에 결박되어 있는지 실감하게 된다.

_ 배성준, 「'독도 문제'를 보는 비판적 시각을 위하여」

제목이 「'독도 문제'를 보는 비판적 시각을 위하여」라는 것에 주목해보자. 식민사학자들, 즉 조선총독부 사관을 추종하는 매국사학자들이 한일 문제나 한중 문제에서 '비판적 시각' 운운할 때는 일본이나 중국 편을 드는 것이다. 이들의 비판은 일본이나 중국이 아니라 늘 한국을 향한다. 독도를 빼앗으려는 일본에 대해서는 '중립'을 가장해 침략 논리를 소개하고, 한국에 대해서는 '독도가 우리 땅'이라는 '선입관을 버리고' 독도 문제를 '비판적'으로 바라봐야 한다고 훈계한다.

배성준은 동북아역사재단 독도연구소에서 근무했다. 이런 사람들이 역사학자랍시고 동북아역사재단의 『동북아역사지도』 책임자로 지도 제작에 관여하고, 동북아역사재단의 독도연구소에 배속되어 독도 문제가 불거질 때마다 한국 정부의 입노릇을 해왔다. 한때나마 제국을 운용해봤던 일본이 한국 내의 이런 상황을 모르고 있을 것 같은가? 이를 관리하지 않을 것 같은가? 독도 문제에 대한 한국 정부의 대응을 어찌 '쇼'라고 여기며 비웃지 않겠는가?

신라 지증왕은 독도를 차지하지 못했다고 주장하다

배성준은 독도가 신라 지증왕 13년(512)부터 한국사의 영토로 편입되었다는 사실 자체를 부인하는 것으로 논리를 시작한다.

> 『삼국사기』의 우산국 기사를 읽어보면 곧 신라의 우산국 정벌로 독도가 우리 영토로 편입되었다는 출발점이 그리 명확하지 않음을 알 수 있다. 『삼국사기』에는 "우산국은 명주(溟州: 지금의 강릉)의 정동쪽 바다에 있는 섬으로 혹은 울릉도라고도 한다. 땅이 사방 100리인데, 지세가 험한 것을 믿고 항복하지 않았다"고 나와 있는데, 여기에서 우산국은 울릉도일 뿐 어디에도 우산국이 울릉도와 독도를 포괄했다는 이야기는 없다.
>
> _ 배성준, 「'독도 문제'를 보는 비판적 시각을 위하여」

이들의 억지주장에는 그때마다 놀라지만 『삼국사기』의 우산국 정벌 기사까지 부인하는 것은 정도가 너무 심하지 않는가? 지증왕 당시 울릉도에는 사람이 살고 있었고, 독도에는 사람이 살고 있지 않았다. 울릉도를 정벌하면 그 부속 도서인 독도는 자연히 복속되는 것이다. 이런 논리를 배성준은 부인한다. 그런데 배성준의 이런 논리는 새삼스러운 것이 아니다.

> 그리고 『삼국사기』 의 우산국 기사나 『고려사』 「지리지」 기사에서 미루어보아 우산국은 울릉도만을 포괄하며, '우산'은 원

래 울릉도의 명칭이었다고 보아야 할 것이다.

_ 배성준, 「울릉도·독도 명칭 변화를 통해서 본 독도 인식의 변천」

역시 독도는 울릉도의 부속 도서가 아니라는 주장이다. 『삼국사기』 「신라본기」 '지증왕'조에서 우산국을 점령하고 또 독도를 따로 점령했다는 기사가 없는 한 독도는 신라 땅이 아니라는 것이다. 그럼 배성준이 독도 대신 그렸다고 주장하는 울릉도 곁의 죽도를 점령했다는 기사는 있나? 관음도를 점령했다는 기사는 있나?

배성준의 논리는 이런 식이다. 신라 진흥왕은 재위 23년(562) 이사부에게 군사를 주어 대가야를 정벌하게 했다. 『삼국사기』는 "이사부가 군사를 이끌고 다다르자 일시에 모두 항복하였다."라고 기록하고 있다. 30여 년 전인 법흥왕 19년(532)에 금관가야가 항복한 데 이어 대가야까지 항복함으로써 가야는 모두 신라 영토로 편입되었다. 『삼국유사』 '5가야'조에는 아라阿羅가야, 고령古寧가야, 대가야大伽耶, 성산星山가야, 소가야小伽耶 같은 가야의 여러 나라들이 나오는데, 이를 배성준식으로 말하면 이렇게 된다.

그렇지 않다. 『삼국사기』는 대가야만 항복했다고 했기 때문에 나머지 아라·고령·성산·소가야는 여전히 독립국가를 유지하고 있었던 것이다. 『삼국사기』에 구체적으로 명기해서 항복했다고 하지 않는 다른 가야들은 신라 강역이 된 것이 아니다.

배성준의 "우산국은 울릉도일 뿐 어디에도 우산국이 울릉도와 독도를 포괄했다는 이야기는 없다."라는 말이 『삼국사기』 '법흥왕 19년(532)'조와 '진흥왕 23년(562)'조에는 "금관국이라는 말과 가야란 말만 나오지 가야의 다른 지역들의 이름이 나오지 않는 한 신라에 편입된 것이 아니다."라는 말과 무엇이 다른가? 앞서 성호 이익 선생의 "그 부근의 섬 또한 울릉도에 속한 섬에 지나지 않는 것이다."라는 말은 배성준이나 일관되게 독도를 일부러 그리지 않은 『동북아역사지도』 제작진에게는 통하지 않는 말이다.

배성준의 말을 더 들어보자.

> 또한 우산국이 독도를 포괄하고 있었다고 하더라도 신라의 우산국 정벌 이후 비로소 독도가 우리 영토가 되었다는 논리도 이상하게 보인다. 일본에 비하여 신라나 고구려에 가까운 우산국은 한반도에서 주민들이 건너갔을 가능성이 많으며, 신라에 복속되기 이전에도 한반도와 교류하였을 수가 있다. 우산국이 굳이 다른 나라의 영토라는 증거가 없다면 논리상 우리 영토였을 가능성을 배제할 수도 없다. 신라의 우산국 정벌은 우산국의 신라 복속을 의미하는 것일 뿐, 우산국의 우리 영토 편입과는 별개의 문제이다. 우리 영토라고 말할 때 '우리'가 언제부터 어느 지역에 살아온 누구인가 묻는 것이 가장 기본적인 문제이겠지만, 이 문제를 제쳐두고라도 신라의 우산국 정벌로 독도가 우리 영토가 되었다는 사실은 납득하기 어렵다.
>
> _배성준, 「'독도 문제'를 보는 비판적 시각을 위하여」

앞뒤 맞지 않는 소리를 늘어놓다 보니 그 자신이 무슨 말을 하고 있는지도 모르는 듯하다. 한국사에는 신라사가 당연히 포함된다. 그러므로 신라가 우산국을 복속시킨 것을 독도가 한국사의 강역에 포함된 것으로 보는 것은 지극히 당연하다.

그러나 배성준에게는 이 사실이 '이상하게 보인다'는 것이다. 신라가 우산국을 정벌했다고 해서 그 우산국이 대한민국의 영토가 되는 것은 아니라는 것이다. 신라사 따로, 한국사 따로이다. 일본 극우파도 펼치기 힘든 주장이다.

앞서 성호 이익 선생이 갈파한 대로 우리에게는 지증왕 13년에 우산국을 복속했다는 『삼국사기』가 있지만, 그 왜곡 많은 『일본서기』조차도 '삼한 정벌' 운운하는 헛소리는 있어도 우산국 정벌 이야기는 없다. 그러니 신라와 대한민국을 분리시키는 전략을 써서 "신라의 우산국 정벌은 우산국의 신라 복속을 의미하는 것일 뿐, 우산국의 우리 영토 편입과는 별개의 문제이다."라는 일본 극우파가 반색할 새로운 논리를 늘어놓는 것이다. 이런 수준으로도 박사학위를 받고, 동북아역사재단에서 『동북아역사지도』 편찬 책임을 맡고, 독도연구소에서 근무했다. 배성준은 논문에서 『세종실록』「지리지」'울진현'조의 이런 대목을 인용했다.

> 우산과 무릉 두 섬은 울진현의 정동쪽 바다 가운데 있다. 두 섬은 서로 거리가 멀지 않아서 날씨가 청명하면 바라볼 수 있다.
>
> _『세종실록』「지리지」'울진현'조

또한 『고려사』「지리지」 '울진현'조에서 "우산과 무릉은 본래 두 섬인데, 서로 거리가 멀지 않아서 날씨가 청명하면 바라볼 수 있다."라는 대목도 인용했다. 이 두 기록은 울릉도와 독도가 서로 다른 섬이라는 것을 나타내는 것이 분명하다. 날씨가 청명해야 보일 정도로 거리가 떨어져 있는 섬이라는 것도 알 수 있다.

배성준이 정상적인 사고를 가졌으면 고려와 조선 모두 지금의 독도를 자국령으로 인식했다고 써야겠지만 그렇게 할 리가 없다. 배성준은 "즉 위의 구절이 지금의 독도와 관련하여 가지는 의미는 거의 상실되며, 우산도와 무릉도의 거리가 가까움을 나타내는 의례적인 표현으로 볼 수도 있기 때문이다."라고 결론 내린다. 위의 구절이 어떻게 배성준의 머릿속에서는 "지금의 독도와 관련하여 가지는 의미는 거의 상실"되는 것으로 받아들여지는지 정말 희한하다. 더 희한한 것은 이런 사람에게 『동북아역사지도』 책임을 맡기고, 독도연구소에 배속시켜 일본 극우파들이 손뼉 치며 환호하게 만드는 동북아역사재단 운영진들이다. 그리고 이런 사실을 알고도 옹호하는 대한민국 감사원과 대한민국 정부다.

배성준은 "우리 영토라고 말할 때 '우리'가 언제부터 어느 지역에 살아온 누구인가 묻는 것이 가장 기본적인 문제"라고 말했다. 독도가 한국 영토라는 것을 부인하는 데 골몰하다 민족을 부인하는 지경에 이른 자기고백이다. 같은 논리를 일본에 적용해보면 훨씬 정확하다. 한국은 고대부터 국가 단위의 정치체였던 데 비해 일본은 19세기 말 메이지 유신 때까지 봉건 영주들이 개별적으로 다스리던 정치체였다. 그래서 일본에서 '국國'은 일본 열도 전체를 지칭하는 말이 아니라 각 영주가 다스리던 영지를 뜻하는 말이었다. 그렇기 때문에 일본은 "우리 영토라고 말할 때 '우리'가 언제부터 어느 지역에 살아온 누구인가 묻는 것이 가장 기본적인 문제"가 된다.

그러나 한국사는 다르다. 한국사는 고조선시대부터 대한제국 때까지 때로는 몇 개 나라로 나뉘기도 했지만 오랜 기간 동안 단일 정치체를 이루며 살아왔다. 단군을 부인하는 반역사적 사고가 이제 독도를 일본 영역으로 넘기기 위해 "우리 영토라고 말할 때 '우리'가 언제부터 어느 지역에 살아온 누구인가 묻는 것이 가장 기본적인 문제"라고 딴지를 거는 것이다.

식민사학, 즉 매국사학은 해방 후 자신들이 민족주의자인 것처럼 포장해왔다. 그러나 한국 민족주의라고 하지 않고 신新민족주의라고 표방했다. 식민사학자들의 용어는 글자 그대로 해석하면 안 된다. 이들이 해방 후 자칭한 신민족주의는 새로운 한국 민족주의를 뜻하는 것이 아니라 '대일본제국 산하의 한 부족'을 뜻하는 것이었다. 속으로는 유카타를 입고 싶지만 겉으로는 한복을 즐겨 입는 것으로 자신의 정체를 숨겨야 했던 식민사학자들이 고심 끝에 만들었다가 사라진 용어다. 입고 싶은 유카타 대신 한복을 입는 것으로 자신들의 정체성을 속이다가 자신들의 정체가 드러나자 일거에 표변해서 '민족' 자체를 비난하거나 부정하는 것으로 선회해왔다. 그러면서 매국사학과 카르텔을 맺고 있는 일부 언론인들이나 이 문제에 대한 깊은 지식이 없는 언론인들을 동원해서 자신들에 대한 비판을 마치 민족주의적 감정에 의한 비판으로 폄하하는 글을 쓰게 했다. 그것도 과거에는 '국수주의國粹主義'라고 한정해서 비판하다가 지금은 '국수'라는 말도 빼버리고 '민족주의' 자체를 공격하고 있다. 일부 언론들이 때로는 이들에게 속고, 때로는 이들과 카르텔이기 때문에 '한국 민족주의'를 비판하는 기사를 써서 매국사학에 동조하는 개탄스러운 현상이 계속되고 있다.

조선 성종 때 울릉도 외에 삼봉도三峯島라는 섬이 있다고 알려져서 박종원朴宗元을 보내 찾게 했던 사건이 있었다. 『동국여지승람』 '강원도 울진현'조에 울릉도를 설명하면서 이런 글이 나온다.

> 성종 2년(1471)에 (울릉도와) 별도로 삼봉도三峯島가 있다고 고한 자가 있어서 박종원朴宗元을 보내어 가서 찾아보게 했는데, 풍랑 때문에 배를 대지 못하고 돌아왔다. 같이 갔던 배 한 척이 울릉도에 정박했다가 큰 대나무와 큰 복어를 가지고 돌아와서 회계했다.
>
> _『동국여지승람』 '강원도 울진현'조

여기서 말하는 삼봉도란 물론 독도다. 울릉도와 다른 독도를 찾다가 풍랑 때문에 배를 대지 못하고 돌아왔다는 설명이 분명하다. 울릉도와 삼봉도가 따로 표기되어 있는 것도 그렇고, 울릉도에 배를 댔다가 삼봉도를 찾으러 갔다는 것도 그렇다. 그런데 배성준은 조선 사람들이 울릉도와 독도를 따로 알고 있었다는 사실을 절대 인정할 수 없다는 듯이 "삼봉도가 독도일 가능성을 배제할 수 없지만 동시에 삼봉도가 전혀 다른 섬일 가능성도 있다."라고 우기고 있다. 동해에 울릉도와 독도 이외의 삼봉도는 무엇인가? 이어도가 동해로 스스로 헤엄쳐오기라도 했단 말인가?

배성준은 조선 후기까지 한국인들은 독도를 몰랐다고 줄곧 주장하고 있다. 『고려사』「지리지」도, 『세종실록』「지리지」도 소용없다. 배성준은 17세기 후반인 1656년에 간행한 『강계고疆界考』에 의해 조선인들이 비로소 독도를 인식했다고 주장한다. 배성준이 『강계고』를 주장하는 데는 속내가 있다. 『강계고』를 보자.

> 내가 고찰해보니 『여지지輿地志』에는, '일설에는 우산于山과 울릉鬱陵은 본래 한 섬이라고 했지만 여러 『도지圖志』를 상고하니 두 섬이다. 하나는 이른바 송도松島인데 대개 두 섬은 모두 우산국이다.
>
> _ 신경준, 『강계고』

신경준은 울릉도와 독도가 서로 다르다고 적었다. 여러 『도지』를 상고하니 그렇다는 것이다. 그런데 『강계고』의 해석을 배성준은 제멋대로 첨가해놓았다. "하나는 이른바 송도인데—則所謂松島"라는 원문을 "하나는 왜倭가 이르는 바 송도인데"라고 '왜'를 첨가한 것이다. 배성준에게 중요한 것은 『강계고』가 아니라 '왜'다. 조선인들은 독도를 몰랐는데 일본인들이 먼저 발견했다는 이야기다. 배성준은 이 대목의 결론을 "또한 우산도를 송도로 비정함으로써 울릉도 명칭이었던 우산이 독도 명칭으로 옮겨갔으며, 이로 인하여 독도가 조선인의 인식 속에 자리 잡게 되는 계기가 되었다."라고 말하고 있다. 왜인들이 독도를 먼저 발견했고, 그래서 조선인들이 동해에 독도가 있다는 것을 알게 되었다는 것이다. 배성준은 이 논문에서 안용복의 진술도 믿지 못하겠다고 주장했다.

> 비록 안용복의 진술을 사실로 받아들이기는 어렵다고 하더라도 안용복의 도일사건이 전해지고 각종 문헌에 인용되면서 울릉도 동쪽에 우산도가 있고 우산도는 일본이 말하는 송도라는 사실이 널리 알려지게 되었다.
>
> _ 배성준, 「울릉도·독도 명칭 변화를 통해서 본 독도 인식의 변천」

배성준은 일본 극우파들의 논리 그대로 "안용복의 진술을 사실로 받아들이기는 어렵다."고 주장한다. 배성준은 안용복의 진술을 사실로 받아들이기 어렵다는 근거를 주석 85로 설명했는데, 거기에 가와카미 겐조川上健三의 『다케시마의 역사지리학적 연구竹島の歴史地理學的研究』(고콘쇼인, 1966)라는 책이 있다. 가와카미 겐조는 이 책에서 독도가 한국령이라는 사실을 부정한 일본의 대표적인 극우파 외교관이었다. 배성준은 이 주석에서 "일본 측 연구는 일본 측 사료에 근거하여 안용복의 공술이 과장되고 허구가 많은 것으로 부정하고 있다. 1696년 안용복의 제2차 도일에 대해서 가와카미 겐조는 이를 전면 부정"하고 있다면서 바로 『다케시마의 역사지리학적 연구』를 근거로 들고 있다.

가와카미 겐조는 오타니大谷 가문의 고문서를 입수하고는 이 문서의 존재를 한국에는 비밀로 하라고 압력을 넣은 장본인이다. 배성준도 이 논문에서 오타니 가문을 여러 번 인용했지만 이런 사실은 전혀 밝히지 않았다. 문제는 배성준의 논문이 사실상 가와카미 겐조의 논리를 대부분 채용한 것이라고 해도 과언이 아니라는 점이다. 가와카미 겐조는 한국의 여러 기록들 사이에 약간의 차이가 있는 점을 꼬투리 삼아 전체를 부정하고, 안용복을 범죄자로 몰아붙이는 수법으로 안용복의 모든 진술도 거짓으로 몰아붙였다. 반면 일본 측의 기록은 아무런 검증 없이 사실로 받아들여 일본 측의 기록만으로 독도(다케시마)는 일본 영토라고 주장했다. 가와카미 겐조는 한국의 역대 기록이 울릉도에 한정된 것이며 독도에 대해 명확하게 기술하지 않았다는 논리로 독도가 한국령임을 부정하는데, 이는 배성준이 논문에서 사용한 것과 같은 수법이다. 배성준이 독도가 "자본주의 세계체제에의 편입과 동시에 대한제국의 영토로 불쑥 나타났다."고 주장한 것처럼 가와카미 겐조는 한국인들이 1904년 이전에는 독도의 존재 자체를 몰랐다고 주장했다.

배성준의 논리의 축은 이런 것이다. 명칭을 가지고 말하면 고대부터 근대에 이르기까지 한국인들은 독도를 일관되게 인식하고 있지 못했다. 독도를 인식하고 있었을 때도 있었고, 인식하지 못하고 있었을 때도 있었다. 그러다가 일본인들이 송도(松島: 독도)를 인식하고 난 다음에야 한국인(조선인)들도 독도를 인식했는데, 그 후에도 때로는 독도를 인식하지 못하고 있을 때도 있었다는 것이다.

한마디로 횡설수설이지만 결론은 뚜렷하다. 독도가 "자본주의 세계체제에의 편입과 동시에 대한제국의 영토로 불쑥 나타났다."라는 것이다. 독도는 한국령이 아니었다는 이야기다. 배성준은 대한제국에서도 독도를 한국령으로 인식하지 않았다고 말한다.

한편 1890년대 말에 간행된 지도에서는 우산도 명칭이 "죽도"로 옮겨가고 있음을 보여준다. 『대한여지도大韓輿地圖』(1898), 『대한전도大韓全圖』(1899) 등 대한제국기에 제작된 지도에는 울릉도 동쪽에 우산도가 그려져 있지만 크기가 작고 울릉도에 인접해 있어서 "죽도"와 유사하게 그려져 있다. 특히 학부學部에서 간행한 「대한전도」가 경위선이 들어 있는 우리나라 최초의 지도이고 지도의 윤곽, 내용, 범례 등에서 현대식 지도와 거의 다를 바 없다는 점을 감안한다면, 대한제국에서 제작한 지도상의 우산도는 "죽도"였을 가능성이 높다.

_ 배성준, 「울릉도 · 독도 명칭 변화를 통해서 본 독도 인식의 변천」

조선인들이 독도를 조선령으로 인식하고 있었다는 증거를 아무리 제시해도 배성준에게는 아무 소용이 없다. 무슨 수를 써서라도 조선인들은 독도를 자국령으로 인식하지 못하고 있었다고 주장하고 싶은 것이다. 그래서 일본 극우파처럼 독도 문제에 '불쑥' '죽도'를 꺼내서 뒤집어씌우는 수법을 즐겨 쓴다. 배성준이 시종일관 독도의 명칭을 가지고 사람들을 헷갈리게 하고 장난치는 이유가 여기에 있다.

한말에 독도 명칭이 널리 알려진 것은 1906년 3월 울도군수 심흥택沈興澤이 독도가 일본 영토로 편입되었다는 사실을 보고하면서이다. 일본 내각에서는 1905년 1월 28일 내각에서 '竹島'(죽도: 량고島, 괄호 배성준)의 영토 편입을 결정하고 2월 22일

'島根縣 告示(시마네 현 고시: 괄호 필자) 제40호'로 이를 고시하였으며, 다음해 3월 島根縣事務官(시마네 현사무관) 神西由太郞(가미니시 유타로)을 책임자로 하는 조사단을 죽도로 파견하였다.

_ 배성준, 「울릉도·독도 명칭 변화를 통해서 본 독도 인식의 변천」

배성준이 독도가 원래 어느 나라의 소유였는지 밝히는 게 아니라 시종 명칭을 가지고 장난치는 이유가 바로 여기에 있다. 한국인들은 독도라는 명칭을 1906년에나 가서야 널리 알게 되었다는 사실을 주장하려던 것이었다. 물론 일본인들은 그 전부터 인식하고 있었다는 이야기를 하기 위한 것이다. 이 논문의 본문 마지막 문장은 이렇다.

울릉도와 독도가 대한제국의 영토임을 확인하기 위하여 석도 명칭이 나왔으며, 일본의 독도 편입 사실을 알리기 위하여 독도 명칭이 등장하였다.

_ 배성준, 「울릉도·독도 명칭 변화를 통해서 본 독도 인식의 변천」

A문중 땅 중에 황무지 일부가 있었다. A문중은 그 땅에서 농사를 지은 것도 아니고 조상들의 묘를 쓴 것도 아니기 때문에 크게 중시하지 않았다. 그래서 이름도 대충 지어서 불렀다. 그러나 A문중 소유라는 점만은 모두 알고 있었다. 그런데 어느 날 그 땅의 가치가 치솟았다. 그러자 옆 마을의 B문중이 그 땅을 자신의 소유라고 주장하고 나섰다. 그러면서 당신들은 그 땅의 이름도 여럿으

로 부르고 있지 않았느냐고 추궁했다. 그러니 그 땅은 B문중의 땅이라는 것이 배성준의 논리다. 배성준은 독도가 한국령이라는 사실 자체를 계속 부인한다.

> 그렇다면 지난 50여 년 동안 독도 문제를 '독도는 우리 땅'식의 이해에 가두어두었던 것은 무엇인가? 무엇보다 독도가 우리 영토임을 입증하려는 현실적인 요청이 독도에 대한 이해를 규정했는데, 이 현실적인 요청을 뒷받침하면서 독도 문제에 대한 논리를 제공하는 것이 민족주의적 인식이다.
>
> _배성준, 「'독도 문제'를 보는 비판적 시각을 위하여」

배성준은 일본 극우 민족주의의 관점으로 한국 민족주의를 비판한다. 비단 독도에 대한 관점만이 아니다. 경기도 교육청 교사들이 『동북아평화를 꿈꾸다』라는 자료집에서 각종 논거를 들어 간도가 대한제국의 영토였다고 서술하자 외교부 출신의 동북아역사재단 사무총장 석동연이 "간도는 우리 땅이 아니다."라고 고치라고 지시했다. 또한 "외교부 출신의 석동연은 『동북아평화를 꿈꾸다』에서 '해당 자료의 오류'를 발견해 서울대 국사학과 출신의 연구원 ㅂ씨에게 검토를 지시했고, ㅂ연구원은 이 지시를 받아 『동북아평화를 꿈꾸다』에 이런 문제가 있다고 보고했다."(『우리 안의 식민사관』, 127쪽)라고 했는데, 독도가 우리 것이 아니라는 매국 논리와 간도가 우리 땅이 아니라는 매국 논리는 완벽하게 같은 것이다.

필자는 간도가 '지금도 우리 땅'이라는 영토주권을 말하고 있지 않다. 간도는 '과거 우리 역사였다'는 역사주권을 말하는 것이다. 그리고 독도는 '역사적으로는 물론 현실적으로도 우리 것'이라는 '역사주권=영토주권'을 말하는 것이다. 그러나 동북아역사재단의 연구위원 배성준은 독도에 대해 과거에 우리 것이었다는 역사주권과 현재에도 우리 것이라는 영토주권 모두를 부인한다.

배성준이 「'독도 문제'를 보는 비판적 시각을 위하여」에서 제3항으로 설정한 제목은 "독도, 갈등의 장소에서 평화의 장소로"이다. 동북아역사재단 사무총장 석동연이 2013년 8·15를 앞두고 "배타적인 민족주의적 정서를 지나치게 강조하는 것보다는 화해와 상생의 역사교육이 이루어지는 것이 바람직하다."(『국민일보』, 2013년 8월 14일)라는 내용의 기념 칼럼을 쓴 것과 마찬가지 인식이다. 독도가 "갈등의 장소에서 평화의 장소"가 되는 길은 간단하다. 일본 극우파가 제국주의적 침략야욕을 버리고 "독도는 역사적으로나 현실적으로 한국 것이다."라고 선언하면 된다. 그러면 일본인들이 독도 방문하는 것을 우리가 막을 이유가 없다. 그러나 배성준은 "독도, 갈등의 장소에서 평화의 장소로"에서 이렇게 말했다.

> 이렇게 만들어진 '독도는 우리땅'식의 이해는 이후 꾸준히 확대 재생산되었다. 이러한 이해가 강화되어온 것은 논리나 실증이 탄탄하기 때문이 아니라 해방 이후 '반공反共'만큼이나 '반일反日'을 국민통합의 매개로 활용해왔던 경험 및 우리보다 강한 일본에 대한 막연한 불안감과 위기의식에 기인한다.
>
> _배성준, 「'독도 문제'를 보는 비판적 시각을 위하여」

식민사학자들의 특징 중의 하나는 좌우를 넘나든다는 점이다. 이들은 사익 추구를 위해 때로는 우파인 척하고 때로는 좌파인 척 한다. 역대 정권이 정권 유지의 수단으로 활용해왔던 반공을 반일과 동일선상에서 비교함으로써 독도 문제를 국가의 강역 문제가 아니라 정권 유지의 수단이었던 것처럼 호도하는 것이다.

> 실제로 독도가 우리 영토임을 입증하는 자료와 논리가 아주 허술한데도 이를 비판하는 것은 곧바로 독도가 우리 영토임을 부정하는 것으로 생각한다든지 기존의 자료와 논리가 허술해도 독도를 지키기 위해서는 이를 비판해서는 안 된다든지 등등.
>
> _ 배성준, 「'독도 문제'를 보는 비판적 시각을 위하여」

배성준은 "독도가 우리 영토임을 입증하는 자료와 논리가 아주 허술"하다고 단정짓는다. 이는 다시 말해서 '독도가 일본 영토임을 입증하는 자료와 논리는 아주 정교하다'는 말과 같다. 과연 그런가? 한번 살펴보자.

독도는 논리적으로 일본 강역인가?

필자는 일본의 아베 내각이 독도 문제에 대해 지속적으로 도발하던 2015년 4월에 다음과 같은 칼럼을 썼다.

일본이 내년부터 사용하는 중학교 사회과 모든 교과서에 '1905년 독도를 자국령으로 편입했다'고 적시해서 국내에서 반발이 일고 있다. 독도 문제는 복잡한 것 같지만 일본의 『태정류전太政類典』이라는 메이지시대 관보에 실린 「태정관 지령」에 간단한 답이 있다. 1905년에 독도를 시마네 현島根縣에 편입시키기 전인 1876년(고종 13년, 메이지 9년) 일본 내무성 지리국地理寮 소속의 한 관리가 지적地籍 조사를 위해 시마네 현에 출장갔다가 독도 귀속 문제에 대해 내무성에 구두로 조회했다. 내무성 지리국 소속의 다지리 겐신田尻賢信 등은 1876년 10월 5일 되레 시마네 현에 이 문제에 대해서 내무성에 정식으로 질의를 해달라고 요청했다. "귀현 관할인 오키도隱岐島의 건너편에 종래 죽도(竹島: 울릉도)라고 불리는 고도孤島가 있다고 듣고 있다."라면서 "오래된 기록이나 고지도 등을 조사하여 내무성 본성에 질의해 주기 바란다."라고 요청한 것이다.

시마네 현 현령 사토 노부히로佐藤信寬는 같은 달 16일 내무성의 내무경內務卿 오쿠보 도시미치大久保利通에게 여러 고서와 지도를 첨부하면서 이 문제에 대한 "지령을 받고자 합니다."라고 정식 요청했다. 그러나 내무성에서는 영토문제를 단독으로 판단할 수 없다는 생각에서 태정관太政官에게 지령을 요청했다.

메이지 유신 직후인 1868년에 설치된 태정관은 관직명이 아니라 태정대신 등 대신만 네 명이 있는 기관의 이름이다. 정사에 직접 개입 않는 일왕을 대신한 국가 최고기관이다.

1877년 3월 17일 내무경 오쿠보 도시미치는 태정관의 우대신 이와쿠라 도모미岩倉具視에게 「일본해 내 죽도 외 일도竹島外一島의 지적 편찬에 관한 품의方伺」란 질의서를 다시 올렸다. 죽도는 울릉도이고, '외 일도外一島'란 독도를 뜻하는데, 이때 내무성은 '(독도는) 본방(本邦: 일본)과 관계없다고 사료됩니다만, 판도(版圖: 영토)의 취사取捨는 중대사건이므로 별지 서류를 첨부해서 만약을 위해 질의합니다."라고 물었다.

오쿠보 도시미치나 이와쿠라 도모미는 모두 메이지 정부의 실세들인데, 이 질의에 대해 태정관이 1877년 3월 20일 내린 것이 「태정관 지령」이다. 결론은 "질의한 죽도 외 일도竹島外一島는 본방(本邦: 일본)과 관계없다는 뜻本邦關係無之義을 유념하라."는 것이다. 독도는 일본 영토가 아니라고 명시한 것이다. 태정관은 내무성을 통해 이 지령문을 시마네 현에 하달한 후 그해 3월 29일에는 「일본해 내 죽도 외 일도를 판도외(版圖外: 일본 영토 외)로 정한다」는 제목으로 관보인 『태정류전』에 게재했다.

이로써 독도 문제는 끝난 것이다. 역대 일본 정부에서 은폐하던 이 문서는 1987년 일본 교토대 교수의 논문 발표로 세상에 알려졌다. 아베 정권이 1905년에 자국령에 편입했다고 억지를 부리는 이유가 이 문서에 있다.

일본이 정상 국가라면 「태정관 지령」이 공개된 것으로 독도 문제는 손을 떼었을 것이다. 그러나 일본이 지금까지 독도 문제를 제기하는 데는 믿는 구석이 있다. 일본은 패전 후에도 한국 내의 식민학자들을 관리하는 학문카르텔을 계속 유지하고 있었는데, 이들은 한국 내에서 한국 국민들의 세금으로 독도가 일본 것이라는 논리를 교묘하고도 다양하게 전개해 왔다.

고대 한국은 일본의 식민지였다는 논문으로 일본에서 박사학위를 받고 귀국해 국내 유수 대학의 교수로 재직하며 식민사관을 전파하다가 정년을 마친 한 교수의 강연 녹취록을 입수한 적이 있다. 이 교수는 '한반도 남부에 임나일본부가 존재했다'는 취지의 강연을 하다가 강연 30여 분 만에 청중들로부터 여러 질책성 질문을 받았다.

독도에 관한 질문에는 '자신은 전공이 아니라 답변이 불가능하다'고 발뺌하는 척하더니 이렇게 덧붙였다. "본인이 동북아역사재단 이사인데 이사회에서 ○○대 법대 교수를 초청해 학생들에게 독도에 관해서 강의했는데 학생들이 '독도는 일본 것이네요'라는 반응을 보였다. 일본 측에도 나름대로의 논리가 있다. 우리 것만 일방적으로 주장하는 것은 문제다."

문제는 이것이 특수 사례가 아니라 보편적 사례에 가깝다는 점이다. 한때나마 제국帝國을 운영해봤던 일본이, 이런 사실에 대한 정보는 물론 이들을 관리하는 인적 네트워크가 없으리라고 생각한다면 우리는 독립국가를 운영할 자격이 없는 것이다. 국내의 이런 매국적 경향을 그대로 둔 상태에서 일본의 독도 도발에 항의해봐야 일본은 속으로 비웃고 있을 것에 틀림없다.

_이덕일, '독도 도발, 일본이 믿는 구석', 「한국일보」, 2015. 4. 8.

「태정관 지령」에 대해서는 독도연구가인 정태만 박사의 『「태정관 지령」이 밝혀주는 독도의 진실』(조선뉴스프레스, 2012)에 자세히 나와 있으므로 일독을 권한다. 배성준은 '독도가 우리 영토임을 입증하는 자료와 논리가 아주 허술'하다고 단정지었지만 독도가 일본 영토라고 주장하는 일본 측의 자료와 논리야말로 허술하며 그것도 「태정관 지령」으로 모두 파탄난 것이다. 메이지 정부에서 자기들끼리 독도는 어느 나라 강역인가를 두고 시마네 현과 내무성, 태정관이 각종 서류를 주고받고 사람이 오가다가 "독도는 일본 강역의 판도 밖에 있다."라고 결론 내린 것 이상의 근거가 무엇이 더 필요한가?

또한 1898년 5월 16일 나가사키長崎 현 지사가 일본 외무대신에게 보고한 문서에는 부산에서 울릉도로 가던 강원도 평해 울릉도 사람 32명의 표류 기사를 전하면서 "한국 송도(韓國松島: 독도)"라고 표현했다. 일제야말로 러일전쟁 때 독도의 군사적 가치를 재발견하고 이를 강탈한 것이고, 그 전까지는 일관되게 독도를 한국령으로 인식하고 있었다.

배성준은 「울릉도·독도 명칭 변화를 통해서 본 독도 인식의 변천」이라는 논문과 이 논문의 대중판 격인 「'독도 문제'를 보는 비판적 시각을 위하여」에서 메이지 정부가 독도는 일본 강역이 아니라고 명시한 「태정관 지령」에 대해서는 단 한 자도 언급하지 않았다. 그러면서 「태정관 지령」을 공개한 호리 가즈오에 대해서는 이렇게 언급했다.

호리 가즈오 교토대 교수의 글이나, 조어도의 일본 영유권

주장은 일본 군국주의의 소산이라고 비판하고 조어도가 중국 영토라는 것을 입증한 이노우에 기요시 교토대 교수의 글도 독도 연구가 편협한 틀에 갇혀서는 안 된다고 경고하고 있다.

_배성준, 「'독도 문제'를 보는 비판적 시각을 위하여」

배성준에게는 「태정관 지령」을 공개한 호리 가즈오의 글이 독도는 일본 강역이 아니라는 메시지이자 증거가 아니라 '독도 연구가 (독도가 한국 강역이라는) 편협한 틀에 갇혀서는 안 된다는 경고'라고 주장하는 것이다. 배성준이 호리 가즈오를 언급한 것은 「태정관 지령」을 공개한 그의 논문을 봤다는 뜻이다. 그러나 대한민국 국민 세금으로 봉급을 받는 배성준은 정작 호리 가즈오의 핵심 주장은 인용하지 않고 그가 마치 '독도 연구가 편협한 틀에 갇혀서는 안 된다고 경고'하고 있는 것처럼 호도하고 있는 것이다. 정작 호리 가즈오 교수는 「1905년 일본의 죽도 영토 편입1905年日本の竹島領土編入」(『조선사연구회논문집』 제24호, 1987)에서 이렇게 말했다.

메이지 유신 이후 일본 정부가 죽도(竹島=독도)에 독자적 관심을 표시한 적은 전혀 없었다. 그리고 인식의 정도에 차이는 있지만 일본 정부 관계자나 기관 전부가 동도(同島: 독도)를 울릉도와 같이 조선령이라고 본 것은 명백하다.

이것이 일본 극우파와 일본 정부가 감추고 있던 「태정관 지령」을 최초로 공개한 호리 가즈오의 핵심 논지다. 메이지 유신 이후 일본 정부는 독도를 울릉도처럼 한국 영토로 여겼다는 것이다. 그러나 배성준은 호리 가즈오의 이런 논리는 못 본 체하면서 호리 가즈오의 핵심 논리가 '독도 연구가 편협한 틀에 갇혀서는 안 된다고 경고'하고 있는 것처럼 호도한 것이다.

배성준의 글을 계속 보는 것은 한일합병(일제 강점) 당위론에 대한 이완용의 글을 보는 것만큼이나 인내를 요구한다.

> 그러나 독도에 대한 '진실'이 아주 낯선 것일 수 있듯이 독도에 대한 오랜 친숙함도 만들어진 기억에 불과할 수 있다. 사실 독도가 그 자체의 존재가치를 지니고 사람들에게 '발견'된 것은 100여 년도 채 되지 않았다. 19세기 말 이전의 독도는 조선인의 인식과 관심 너머에 존재하는 '상상의 바위섬'에 불과하였다.
>
> _ 배성준, 「'독도 문제'를 보는 비판적 시각을 위하여」

배성준은 한국인들에게 독도에 대한 '진실'이 드러나면 아주 낯선 것일 수 있다고 말한다. 배성준의 머릿속에서 독도는 일본 영토이기 때문이다. 독도의 존재가치가 조선인에게 '발견'된 것은 100년도 채 안 되었으며 그 전에는 조선인의 관심과 인식 너머에 존재하는 '상상의 바위섬'이었다는 것이다. 배성준은 독도가 현재 한국 영토라는 사실이 너무 부당하게 여긴다. 그래서 일제 패망 후 독도가 자연스레 한국 영토가 된 사실에 대해서도 이의를 제기하고 있다.

> 일본의 패망과 더불어 독도가 자연스럽게 한국 정부에 반환되었으리라고 생각하지만 사실 독도의 반환과정도 결코 순탄하지 않았다. 해방 직후 연합국 최고사령부SCAPIN에서는 독도를 일본 영토에서 제외시키고 일본 선박의 독도 12해리 이내 접근을 금지시켰지만 이는 잠정적인 결정에 불과하였다. 1951년 9월에 체결된 '샌프란시스코 평화조약(대일강화조약)'이 최종적인 결정이라고 할 수 있는데, 초안 작성과정에서 독도의 처리가 논의되었으나 최종안에는 독도에 대한 언급이 빠지고 말았다. 이는 미국이 독도 영유권을 명기해달라는 한국 정부의 요구를 무시하고 분쟁의 소지가 다분한 사안들을 조약문에서 제외시켜버렸기 때문이다.
>
> _ 배성준, 「'독도 문제'를 보는 비판적 시각을 위하여」

배성준이 대한민국 국민 세금으로 하는 일은 '독도가 한국 영토가 아니라는 논리를 찾는 일'이라고 해도 과언이 아니다. 샌프란시스코 조약을 비롯한 여러 조약에 대해서는 정태만 박사의 『「태정관 지령」이 밝혀주는 독도의 진실』에 자세히 나와 있으므로 여기서는 생략한다. 배성준의 논리가 시종일관 일본의 입장을 두둔한다는 사실은 굳이 설명할 필요도 없다.

> 독도 문제가 애매하게 처리되자 한국 정부는 '샌프란시스코 평화조약' 발효(1952년 4월)를 앞두고 독도를 포함시킨 '평화선'을 선포하였고, 이에 대하여 일본 정부는 일방적인 조치라고 항

> 의하였다. '샌프란시스코 평화조약' 발효 직후 한일 간에는 서로의 영유권을 주장하는 '말뚝전쟁'이 벌어졌으나 이를 종식시킨 것이 '독도수비대'에 의한 독도 점령이었다. 한국전쟁으로 정부가 적극적으로 대처할 겨를이 없었던 시절, 독도수비대는 '해적'으로 불리는 것도 마다하지 않고서 50여 회의 전투를 치르며 3년 8개월 동안 독도를 지켰다. 아마도 독도수비대의 무모하기 그지없는 행위가 아니었다면 지금 독도를 지배하고 있는 것은 일본일지도 모른다.
>
> _ 배성준, 「'독도 문제'를 보는 비판적 시각을 위하여」

배성준은 독도수비대가 독도를 '점령'했다고 말했다. 국어사전은 '점령'에 대해 "교전국의 군대가 적국의 영토에 들어가 그 지역을 군사적 지배하에 두는 것"이라고 설명하고 있다. 독도수비대의 명칭인 '수비'에 대해서는 "외부의 침략이나 공격을 막아 지키는 것"이라고 설명하고 있다. 배성준이 굳이 '수비'나 '수호'라는 표현 대신 '점령'이라는 표현을 쓴 것은 독도가 일본 땅이라는 것을 전제로 하고 있는 것이 아닐까? 그러니 배성준에게 '독도수비대'의 애국적 독도수호 행위는 '무모하기 그지없는' 그릇된 행위로 비치는 것이다.

> 19세기 말 독도의 '발견'은 제국주의 열강의 각축 속에서 동아시아 근대 민족국가의 수립 및 그 국경의 형성이라는 맥락에 놓여 있으며, 새롭게 발견되는 독도(울릉도?) 문제의 가치도 이러한 맥락 속에서 결정된다. 그리고 이렇게 시야를 확대

할 때 비로소 주기적으로 되풀이되는 독도 문제의 근원에 다가갈 수 있다. 즉 독도 문제는 단순히 독도를 빼앗으려는 일본의 음모 때문에 일어나는 것이라기보다는 자본주의 세계체제의 변동에 따른 동북아의 (재)구조화라는 맥락 속에 놓여지며, 그때마다 독도는 새롭게 '발견'되는 것이라고.

_ 배성준, 「'독도 문제'를 보는 비판적 시각을 위하여」

윗글에서 배성준은 독도 문제를 "독도(울릉도?) 문제"라고 서술해 울릉도까지 확대시켰다. 울릉도도 한국 것이 아닐 수 있다는 암시를 깔고 있는 것이다. 그러면서 이를 "동아시아 근대 민족국가의 수립 및 그 국경의 형성이라는 맥락"이라는 거창한 말로 포장해놓았다. 식민사학자들, 즉 매국사학자들이 의미 없는 형용사를 남발하거나 문제의 핵심을 거시적인 차원으로 돌려서 말할 때는 목적이 있다. 자국의 국익을 아주 작은 욕심으로 매도하려는 것이다. 배성준은 "독도 문제는 단순히 독도를 빼앗으려는 일본의 음모 때문에 일어나는 것이라기보다는 자본주의 세계체제의 변동에 따른 동북아의 (재)구조화라는 맥락 속에" 이루어지는 일이라고 말했다. 일본이라는 구체적인 국가가 아니라 '자본주의 세계체제'라는 사회적 유기체가 스스로 독도는 일본 것이라고 주장해서 독도 문제가 생겼다는 말인가? 일본의 극우세력이 아니라 자본주의 세계체제라는 사회적 유기체가 저절로 입이 생기고, 대변인을 세워 독도는 한국 영토가 아니라고 말해서 문제가 생겼다는 것인가? 그렇게 자본주의 세계체제가 저절로 입이 생기고 대변인이 생기고 군대를 보유해서 독도 문제를 거론할 때마다 "독도는 새롭게 '발견'되는 것"인가?

이 글은 말미에 배성준에 대해서 "고구려연구재단 연구위원, 한국사"라고 명기했다. 배성준은 이런 글을 '고구려연구재단 연구위원' 자격으로 쓴 것이다. 고구려연구재단은 동북아역사재단의 전신이다. 사람은 믿을 것이 있을 때 발을 뻗는 법이다. 독립운동가들이야 개인적인 손해를 감수하고 공동체의 이익을 위해서 인생을 희생한 사람들이지만, 자신이 속해 있는 공동체의 이익에 반하는 행위를 지속적으로 하는 사학자들이 개인적으로 손해가 되는 일을 할 리가 없다. 독도가 한국 것이 아니라고 주장하는 「'독도 문제'를 보는 비판적 시각을 위하여」라는 배성준의 글은 당시 고구려연구재단의 분위기와 아무 상관이 없었을까? 당시 고구려연구재단은 이 글을 쓴 배성준에게 어떤 조치를 취했을까?

조치를 취했다면 배성준이 동북아역사재단 연구위원으로 편입되었을 리가 있겠는가? 당시 고구려연구재단 이사장은 고려대 총장을 역임한 한국 고대사학자 김정배였다. 2015년 현재는 국사편찬위원장이다. 고구려연구재단 이사장이 대한민국의 국익을 지키려는 학자였다면 배성준이 과연 이런 매국 글을 공개적으로 쓸 수 있었을까? '독도는 일본 땅'이라는 것이 당시 고구려연구재단과 지금의 동북아역사재단의 '숨겨진 공식 입장'은 아닐까라는 생각이 드는 것은 필자의 지나친 억측일까? 동북아특위에서 정문헌 의원은 '고구려연구재단'이 없어지고 '동북아역사재단'으로 개편된 이유가 고구려연구재단에서 간행한 '고구려, 부여, 백제'에 관한 책들 때문이었다면서 이렇게 말했다.

> 중국의 정사로 인정받지도 않은 사서들을 인용해가면서 한사군, 고조선 역사 왜곡하면서 어찌 보면 고구려를 지킨 듯하지만 고구려까지 다 뺏겨주는 그런 이론적 근거를 제공한 것 아닙니까? 그래서 (고구려연구재단) 문 닫고 (동북아역사재단으로) 바뀐 데 일조를 했는데 지금 이 『동북아역사지도』를 보면 똑같은 짓을 하고 있어요.
> 아까 회의록 넘어온 것도 보니까 지금 (임기환) 교수님께서는 '동아시아 문화를 제시해서 고조선의 특별성을 약화시키자'고 하고 …… 진짜 어찌 보면 일반 국민들이 기가 막힌 이야기들이 회의에서 오가고 있는데, 동북아역사재단이 있어야 되는지 문을 닫아야 되는지가 의문스럽기 그지없습니다.

고구려연구재단이 중국의 동북공정에 일조하는 역할을 해서 동북아역사재단으로 바꿨는데, 똑같은 일을 하고 있다는 설명이다. 고구려연구재단이나 동북아역사재단이나 모두 매국 행위를 반복하고 있다는 것이다. 정문헌 의원은 동북아특위에서 이런 말도 했다.

> 독도를 놓고 일본이 주장하는, 자꾸 실수라 그러시는데 일본이 주장하는 지도와 거의 비슷하게 그려내는 것과 압록강 낙랑을 여기(한반도 서북부)에다 비정하는 거랑 무엇이 다릅니까? 왜 스스로 우리 역사 영역을 축소하려 합니까? 그러면 우리의 만주 역사와 요동의 역사를 가르치지 말아야 됩니까?

그런데 배성준이 「'독도 문제'를 보는 비판적 시각을 위하여」라는 글을 썼을 때 고구려연구재단 이사장으로서 아무런 조치를 취하지 않았던 김정배는 2008년 한국학중앙연구원 원장이 되었고 2015년 3월에는 국사편찬위원장으로 보임되었다. 물론 그가 배성준의 이런 글에 대해 몰랐을 수는 있다. 그러나 산하 연구위원에 대한 관리 소홀 책임이 있다. 이런 일이 되풀이될 때마다 필자는 보재 이상설 선생이 을사늑약의 주역인 외무대신 박제순을 의정대신으로 승진시키자 이렇게 항의한 것이 연상된다.

> 이번에 체결된 조약(을사늑약)은 강요로 맺어진 것이니 마땅히 무효입니다. (……) 폐하께서 힘껏 무효라고 주장하면서 준엄하게 물리쳐야 하는데, 천주(天誅: 역적들을 죽임)를 단행해 빨리 여정(輿情: 사회의 정서)을 위로했다는 소식은 들리지 않고, 도리어 나라를 팔아먹은 역적 수괴를 의정대신 대리로 임명해 신에게 그 아래 반열에 나가게 하니, 신은 분노가 가득 차고 피가 텅 비며 뜨거운 눈물이 강처럼 흘러, 정말 갑자기 죽어서 모든 것을 잊고 싶습니다.
>
> _『고종실록』 42년(1905) 11월 24일

필자뿐만 아니라 매국사학 문제를 깊이 연구하는 사람들은 지금이 100여 년 전과 다를 바 없는 위기상황이라는 데 인식을 같이하고 있다. 동북아역사재단에 대한 문제가 지속적으로 제기되어도 동북아재단은 오불관언으로 가던 길을 그대로 가고 있다.

독도에 대한 동북아역사재단 이사장 김학준의 진짜 생각

동북아역사재단 이사장인 김학준은 이사장으로 가기 직전에 『독도연구』라는 연구서를 펴냈다. 이것 역시 독도가 한국 땅이라는 것인지 일본 땅이라는 것인지 모호하기 그지없는 책이다. 물론 한국에서 출간된 책이다 보니 독도를 한국령으로 서술한 내용도 있기는 있다. 배성준의 「울릉도·독도 명칭 변화를 통해서 본 독도 인식의 변천」이라는 논문은 앞서 말했듯이 독도가 일본 것이라고 주장하는 일본 극우파 외교관 가와카미 겐조의 주요 논리를 그대로 따왔다고 해도 과언이 아닌데, 김학준은 『독도연구』에서 배성준의 이 논문에 대해 언급했다. 김학준은 배성준이 일본 극우파와 똑같은 논리를 펴는 문제는 못 본 체하면서, 배성준이 독도에 대한 인식을 혼란스럽게 하기 위해 삽입한 부분을 결론인 것처럼 인용하며 이렇게 옹호했다.

> 배성준 박사는 우선 울릉도 주변에서 죽도를 제외하면 석도라고 불릴 만한 섬들은 관음도와 독도 둘뿐이라고 지적했다. 그는 이어 이규원이 그려서 고종에 올린 지도 「울릉도외도」에 관음도가 도항이라고 표시됐고 소가 누워 있는 형상으로 묘사된 것으로 보아 관음도는 석도가 아니라고 추정했다. 그렇다면 석도는 독도일 수밖에 없다고 그는 결론을 내렸다.
>
> _ 김학준, 『독도연구』, 동북아역사재단, 2010, 173쪽

배성준은 이 논문에서 "『삼국사기』의 우산국 기사나 『고려사』「지리지」 기사에서 미루어보아 우산국은 울릉도만을 포괄하며, '우산'은 원래 울릉도의 명칭이었다고 보아야 할 것이다."라고 주장했다. 독도는 울릉도에 속하는 섬이 아니라는 일본 극우파의 주장을 그대로 써놓은 것이다. 또 "고려시대까지 동해상에서 울릉도 이외의 섬에 대한 기록이 전혀 없"다면서 고려는 물론 조선 사람들도 독도에 대해 모르고 있었고, 그래서 독도를 "상상의 섬 무릉도"로 여겼다고 주장했다.

『세종실록』「지리지」에 나오는 "우산과 무릉 두 섬은 울진현의 정동쪽 바다 가운데 있다. 두 섬은 서로 거리가 멀지 않아서 날씨가 청명하면 바라볼 수 있다."라는 구절에 대해서는 "위의 구절이 지금의 독도와 관련하여 가지는 의미는 거의 상실"된다고도 썼다. 『세종실록』「지리지」는 분명히 울릉도를 우산으로, 독도를 무릉으로 구분하면서 "날씨가 청명하면 바라볼 수 있다."라고 '날씨가 청명하면'이라는 단서를 달아놓았다.

그런데 배성준은 "「해동지도」의 우산도와 「대동여지도」 필사본의 우산도를 살펴보면 위치나 산형으로 보아 독도라기보다 지금의 '죽도'와 유사하다는 사실을 알 수 있다."라고 주장했다. 「해동지도」와 「대동여지도」에서 '우산도'라고 한 섬이 독도가 아니라 울릉도와 붙어 있다시피 한 죽도라는 주장은 일본 극우파의 주장을 그대로 추종한 것이다. 그러나 지금의 죽도는 '날씨가 청명하면' 바라볼 수 있는 섬이 아니라 아무리 안개가 짙게 깔려도 울릉도에서는 365일 반드시 보이는 섬이다. 조선 사람들이 울릉도 바로 곁에 붙어 있는 죽도를 몰라서 "날씨가 청명하면 바라볼 수 있다."라고 단서를 달아놨을까?

배성준은 「울릉도·독도 명칭 변화를 통해서 본 독도 인식의 변천」이라는 논문은 물론 「'독도 문제'를 보는 비판적 시각을 위하여」라는 글에서 사실상 '독도는 일본 것'이라고 주장했다. 그런데 김학준은 '독도는 일본 것'이라고 주장하는 논문에서 배성준이 자기방어를 위해 삽입해놓은 한 구절을 아전인수 격으로 해석해 배성준의 논문에 힘을 실어준 것이다.

배성준은 같은 논문에서 "안용복의 진술을 사실로 받아들이기는 어렵다고 하더라도"라고 쓰기도 했다. 대한민국 사람이면 왜 안용복의 진술을 사실로 받아들이기 어려울까? 그런데도 김학준은 이런 사실을 모른 체하며 배성준의 논문을 엉뚱한 결론으로 인용한 것이다.

김학준은 『독도연구』에서 독도가 일본 것이라는 일본 극우파의 논리는 자세히 서술해놓았다. 그러면서 1877년 일본에서 '독도는 한국 것'이라는 사실을 명쾌하게 지령한 「태정관 지령」에 대해서는 아주 간략하게 설명했다. 앞서 설명한 것처럼 「태정관 지령」은 독도가 어느 나라 영토인지를 결정해달라는 내무성의 요청에 지금의 총리실 격인 태정관이 "독도는 일본의 영토와는 관계가 없다."라고 지시한 공식 문서이다. 한국은 나서지도 않았는데, 일본 시마네 현과 내무성과 태정관이 내린 결론이 '독도는 일본 것이 아니다'였다. 그 「태정관 지령」의 핵심 명령에 대해 김학준은 이렇게 서술했다.

울릉도에서 바라본 독도. 날씨가 청명한 날에만 독도를 볼 수 있다.

독도에서 바라본 울릉도.

품의한 취지의 다케시마 외 일도의 건에 대하여 본방은 관계가 없다竹島外一島本邦關係無는 것을 심득心得할 것.

_ 김학준, 『독도연구』, 동북아역사재단, 2010, 140쪽

김학준이 쓴 윗글을 보고 누가 독도는 일본 것이 아니라는 내용이라고 알아볼 수 있을까? 독도가 진짜 한국령이라고 믿는 많지 않은 독도연구가 중 한 명인 정태만 박사는 『「태정관 지령」이 밝혀주는 독도의 진실』에서 같은 문장을 이렇게 서술했다.

지령안: 질의한 죽도 외 일도(=울릉도와 독도) 건은 본방(일본)과 관계없다는 것을 명심할 것.

_ 정태만, 『태정관 지령이 밝혀주는 독도의 진실』, 조선뉴스프레스, 2012, 37쪽

앞에서 김학준이 '다케시마 외 일도' 운운한 문장을 보고 "독도는 한국령이 맞구나."라고 알아차릴 수 있었다면 그는 천재다. 김학준은 자신의 서술이 객관적인 것처럼 위장하기 위해 한문 원문을 병기했지만 이 역시 원문 '伺之趣竹島外一嶋之義本邦關係無之義ト可相心得事'의 일부만 자의적으로 취사한 것에 불과하다.

일본 정부는 그동안 「태정관 지령」에 대해 철저하게 비밀에 붙여왔다. 「태정관 지령」이 공개되면 독도를 일본 것이라고 주장할 수 없기 때문이다. 「태정관 지령」은 1987년 교토대 교수인 호리 가즈오가 공개함으로써 세상에 알려졌다. 그런데 김학준은 「태정관 지령」과 호리 가즈오에 대해 무슨 이야기를 하는 것인지 알 수 없을

울릉도에서는 항상 보이는 죽도. 안개가 끼어 있어도 울릉도에서 죽도는 365일 늘 보인다.

정도로 모호하게 써놓았다.

돌이켜 생각하면, 이 중요한 사실을 구명해낸 사람은 일본 교토대 경제학부 교수인 역사학자 호리 가즈오다. 그는 독도에 관한 일본 사람들의 주장들과 연구들은 거의 전적으로 우리가 앞의 장章들에서 살핀 가와카미 겐조의 『다케시마의 역사지리학적 연구』에서 출발했음을 깨닫고 이 책을 깊이 분석했다. 그 결과 그는 가와카미의 연구가 매우 방대하면서도 실증적임을 인정할 수 있었다. 그러나 그는 가와카미가 일본 외무성의 외교관으로 일본 정부의 요청에 부응해 이 문제

> 를 연구했기에 그의 연구에는 학문적 진실성에서 문제가 있음을 간파하고 자신의 연구에 많은 노력을 기울였다. 그 결과 그는 1987년 3월에 출간된 『조선사연구회논문집』 제24집에 「1905년 일본의 다케시마 영토 편입」이라는 일본어 논문을 발표할 수 있었다. 호리는 이 논문을 통해 독도가 한국의 영토라는 결론을 끌어낸 결과 일본 사람들에게 비난을 받기도 했고 무시를 당하기도 했다.
>
> _ 김학준, 『독도연구』, 동북아역사재단, 2010, 141쪽

김학준의 윗글에서는 「태정관 지령」의 내용이 발표됨으로써 독도 문제는 끝났다고 생각하는 한국인의 시각을 찾기 힘들다. 호리 가즈오의 논문 내용에 대해서는 전혀 설명하지 않고 "이 논문을 통해 독도가 한국의 영토라는 결론을 끌어낸 결과 일본 사람들에게 비난을 받기도 했고 무시를 당하기도 했다."라면서 마치 호리 가즈오가 문제가 있는 사람인 것처럼 서술했다. 비록 일본인이지만 독도가 한국 영토라는 결정적인 증거를 제시한 호리 가즈오의 학문적 양심을 칭송하거나 한국인으로서 고마워하는 구절은 하나도 없다. 반면 호리 가즈오가 '학문적 진실성'에 문제가 있다고 쓴 가와카미 겐조에 대해서는 상세하게 서술했으며, 무려 11번이나 언급했다.

> 그(가와카미 겐조)는 외무성 조약국 사무관으로 1953년 8월에 일본어로 「다케시마의 영유竹島の領有」라는 보고서를 제출한 이후 일관되게 다케시마(한국의 용어로는 독도: 저자[김학준] 주)를 일본

의 영토라고 주장하는 논리를 개발했다. 그는 자신의 논지를 집대성해 1966년에 일본어로 『다케시마의 역사지리학적 연구』를 출판했는데, 이 책은 일본의 정부와 학계가 다케시마를 일본의 영토라고 주장함에 있어서 가장 자주 인용되는 자료로 정착됐다. 그는 다음과 같이 매듭지었다. "이로써 보더라도 당시의 우산·울릉 2도설이 전적으로 관념적인 것이며, 어떠한 실제의 지식에 기초를 둔 것이 아니라는 것을 단적으로 표시한 것이라고 할 수 있다."

_ 김학준, 『독도연구』, 동북아역사재단, 2010, 54쪽

앞서 설명한 것처럼 배성준의 「울릉도·독도 명칭 변화를 통해서 본 독도 인식의 변천」은 사실상 가와카미 겐조의 논지를 복잡하게 반복한 것에 지나지 않는다. 김학준은 '독도가 일본 것'이라고 주장하는 일본 극우파들의 논지는 인용문까지 들어가면서 자세히 설명한다. 예를 들어서 『삼국사기』에 나오는 신라의 우산국 정벌에 관한 기술에 대한 해석을 들어보자. 먼저 배성준은 이렇게 썼다.

『삼국사기』의 우산국 기사를 읽어보면 곧 신라의 우산국 정벌로 독도가 우리 영토로 편입되었다는 출발점이 그리 명확하지 않음을 알 수 있다. …… 여기에서 우산국은 울릉도일 뿐 어디에도 우산국이 울릉도와 독도를 포괄했다는 이야기는 없다.

_ 배성준, 「'독도 문제'를 보는 비판적 시각을 위하여」

김학준은 이렇게 썼다.

> 이 주장(독도가 한국 것이라는)에 맞서, 일본의 정부와 학자들은 1 『삼국사기』와 『삼국유사』에 오늘날의 독도에 해당되는 섬에 대한 말이 전혀 나오지 않음에 비춰 이 우산국은 울릉도 하나만을 의미하며, 2 우리가 앞으로 검토할 『세종실록』의 본문에 "신라시대에 우산국은 울릉도라고 불렸다."는 표현이 쓰였음에 미뤄, 이 우산국은 울릉도 하나만을 의미한다고 주장한다. 일본 외무성은 1954년 2월 10일에 주일본대한민국대표부에 제출한 구상서에 수반된 통칭 「일본 정부 견해 2」에서 그 주장을 강력히 피면서, 동시에 조선의 고지도古地圖들 어디에도 오늘날의 명칭으로 독도에 해당되는 단어가 나타나지 않았음을 강조했다. 같은 맥락에서, 우에다 하야오植田捷雄 교수는 우산도가 오늘날의 독도와 같은 모습의 섬임을 증명하는 기록이 조선의 사료에 전혀 없다고 강조한다.
>
> 제1장에서 우리는 일본의 가지무라 교수가 독도는 일본의 영토가 아니라 한국의 영토라는 논문을 발표했다는 사실을 지적했다. 그러한 입장을 취하면서도, 우산국이 독도까지를 포함한 것이냐는 논쟁에서, 그는 "멀리 떨어진 무인도였던 (이 섬이) 우산국의 판도에 들어 있었다는 직접적인 증거는 아직까지 없다."고 썼다.
>
> _ 김학준, 『독도연구』, 동북아역사재단, 2010, 39~40쪽

일본의 논리를 설명한다는 명목으로 일본의 주장을 선전하고 있는 것이다. 독도가 한국 것이라고 주장했던 일본인 학자까지도 독도가 "우산국의 판도에 들어 있었다는 직접적인 증거는 아직까지 없다."라고 했으니 독도는 울릉도의 부속 도서가 아니라는 것이다. 그러면 독도는 일본 것이었나? 울릉도에서 87.4킬로미터 떨어져 있어서 '날씨가 청명하면' 육안으로 보이는 독도가 조선 것이 아니면, 일본 오키 섬에서 157.5킬로미터 떨어져서 아무리 '날씨가 청명해도' 보이지 않는 독도는 일본 것이겠는가?

일본 태정관에서 1877년에 이미 내무성에다 독도는 한국 영토라고 공식 지시한 내용에 대해서는 '다케시마 외 일도' 운운하며 모호하게 설명했던 김학준은 독도가 일본 것이라는 일본 극우파의 주장은 너무도 상세하게 소개하고 있다. 또한 「태정관 지령」을 공개한 호리 가즈오에 대해서는 "호리 교수는 확실히 일본 학계에서 예외적 존재였다. 호리 교수와는 대조적으로 대부분의 일본 학자들은 우리가 앞에서 살핀 일련의 문서들을 일본에 유리한 방향으로 서술한 것이다."라면서 호리 가즈오를 이상한 사람으로 몰고 일본 극우파들의 주장에 대해서는 아주 자세하게 열거했다.

앞서 동북아역사재단에서 모 법대 교수를 초청해 학생들에게 독도에 대한 강연을 하게 했더니 학생들이 "독도는 일본 것이네요."라고 말했다는 필자의 칼럼을 기억할 것이다. 이 사례의 주인공은 김현구다. '독립운동가 기념사업회'에서 개최한 강연회에서 김현구가 임나일본부가 있었다는 식의 이야기를 하니까 청중들이 독도에 관한 김현구의 견해를 물었다. 김현구는 자신은 독도가 전공이 아니라 독도 문제에 대해 답변이 불가능하다고 회피하면서 자신이 동북아역사재단 이사인데, 재단에서 이 법대 교수를 초청해 강연한 사례를 대신 설명한 것이다. 독도는 일본 것이라고 주장하는 법대 교수의 사례를 든 것에서 김현구의 속셈이 그대로 드러난다.

독도가 진짜 우리 것이라고 믿는 독도연구가에게 이 이야기를 들려줬더니 대뜸 '그 교수는 서울대 법대 정모 교수'라고 얘기해줬다. 김학준이 이사장으로 있는 동북아역사재단은 '정모 교수가 독도는 일본 것이라고 주장한다'는 사실을 모르고 독도 강연회에 초청했을까? 그럴 가능성은 없다. 독도는 일본 것임을 학생들에게 주지시키고자 독도는 일본 것이라고 주장하는 학자를 불러다 강연을 하게 한 것이라고 해석하면 필자의 편견일까? 고명한 서울대 법대 교수가 동북아역사재단의 초청을 받고 강단에 서서 '독도는 일본 것'이라고 열강하는데 어린 학생들이 무엇이라 반박하겠는가?

김학준은 독도는 일본 것이라는 그동안의 일본 극우파의 주장을 논리적으로나 법적으로 완벽하게 무너뜨린 호리 가즈오에 대해 "호리 교수는 확실히 일본 학계에서 예외적 존재였다."라고 폄하하면서 그가 마치 진실과는 거리가 먼 편벽된 주장을 하는 극소수 인사라는 인식을 심어주고 있다. 이런 김학준이니 사실상 '독도는 일본 것'이라고 주장하는 글을 공개적으로 쓴 배성준을 동북아역사재단의 독도연구소에 소속시켜 독도 문제에 관한 대한민국의 공식 '입'으로 만든 것이다.

필자를 비롯해서 이 땅에 뿌리박은 매국사학을 깊이 연구하는 사람들은 국제 정세가 하 수상하게 돌아가서 나라가 위기에 빠지면 '신新일진회'의 깃발을 들고 나설 망종亡種들이 수두룩할 것이라는 위기감을 갖고 있다. 배성준은 「'독도 문제'를 보는 비판적 시각을 위하여」에서 이런 결론을 내렸다.

> 독도에 대한 자연스러운 '진실'에서 깨어나 낯선 독도의 모습을 바라보려고 할 때, 독도에 대한 오랜 친숙함에서 깨어나 동북아의 재구조화 속에서 새롭게 발견되는 독도의 모습을 바라보려고 할 때, 독도에 대한 막연한 위기감에서 탈피하여 독도의 다양성과 모호함에 눈뜨게 될 때, 독도는 갈등의 장소가 아니라 동북아의 평화와 연대를 위한 장소로 재발견될 수 있는 기반을 마련할 수 있을 것이다.

이 글이 필자에게는 이렇게 말하고 있는 것으로 읽힌다면 지나친 오독일까?

> 독도가 한국 영토라는 자연스러운 '진실'에서 깨어나 독도가 일본 영토라는 낯선 독도의 모습을 바라보려고 할 때, 독도가 원래 한국 영토였다는 오랜 친숙함에서 깨어나 일본 극우파가 재부상하는 동북아의 재구조화 속에서 새롭게 발견되는 일본령 독도의 모습을 바라보려고 할 때, 독도에 대한 막연한 위기감에서 탈피하여 독도가 원래 일본 영토였다는 독도의 다양성과 모호함에 눈뜨게 될 때, 독도는 갈등의 장소가 아니라 일본 제국주의의 지배하에서 동북아의 평화와 연

대를 위한 대동아공영권의 장소로 재발견될 수 있는 기반을 마련할 수 있을 것이다.

배성준이 말하는 "동북아의 평화와 연대"는 일본 제국주의가 군국주의로 치닫던 시절 주창했던 대동아공영권大東亞共榮圈과 다른 말일까? 이때의 대동아란 일본 제국주의가 지배하는 동북아와 동남아를 뜻하는데, 이 지역이 일제의 식민 지배를 받을 때 모두 번영하는 공영권共榮圈이 된다는 뜻이다. 즉 일본 제국주의가 동북아와 동남아를 지배할 때 모두가 번영할 수 있다는 것이 '대동아공영권'인데, 배성준이 말하는 "동북아의 평화와 연대"는 다른 뜻일까? 배성준이 말하는 '동북아의 재구조화'란 일본 극우파가 재부상해서 전쟁을 할 수 있는 보통국가(?)가 되고, 이를 통해 궁극적으로 일본이 다시 동아시아를 군사적으로 지배하는 상태의 '평화와 연대'를 뜻하는 것이라고 해석하면 이 역시 필자의 지나친 억측일까? 식민사학자들은 다시 날개를 달고, 신채호 같은 민족사학자들은 여순감옥에서 쓸쓸히 옥사하는 그런 '평화와 연대'의 시대가 과연 돌아오지 않을까?

독도 문제에 대한 배성준의 해법을 들어보자.

> 이제 독도 문제에 대한 시각 전환이 필요하다. 즉 '독도는 우리 땅'식의 경직되고 배타적인 인식에서 유연하고 개방된 인식으로 나아가야 하며, 독도 문제에 대하여 다른 목소리를 내는 것이 얼마나 중요한 일인지를 깨달아야 한다.

배성준은 독도가 한국 땅이 아니라는 "다른 목소리를 내는 것이 얼마나 중요한 일인지를 깨달아야 한다."고 강조했다. 한 세기 전 일진회가 "일본 신민이 되는 것이 얼마나 영광인가?"라고 말한 것이 연상된다.

간도는 원래부터 중국의 역사 강역이었다고 주장하다

2015년에 국사편찬위원장이 된 김정배가 고구려연구재단 이사장이던 2005년에 고구려연구재단에서 만주 관련 서적을 발간했다. 2009년 간도협약 체결 100주년을 앞두고 간도 문제가 국민적 이슈로 부상하는 상황에서 만주 관련 서적을 낸 것이다. 제목은 늘 그랬듯이 국민들에게 정체가 드러나지 않게끔 『만주-그 땅, 사람 그리고 역사』라고 그럴듯하게 붙여놓았다. 이 책에 실린 「간도협약이 무효면 간도는 우리 땅인가」라는 글에서 배성준은 이렇게 말했다.

> 그러나 간도(문제)의 역사를 검토해보면 간도협약 무효로 간도 되찾기를 주장하는 이들의 인식과는 상이한 사실이 발견된다. 문헌에서 '간도'라는 용어가 처음 등장하는 것은 1880년이다.
>
> _ 배성준, 『만주-그 땅, 사람, 그리고 역사』, 고구려연구재단, 2005, 199쪽

독도는 일본 땅이라는 앞의 논문들과 완전히 같은 맥락의 글이

다. 이름 가지고 말장난하면서 독도는 일본 땅, 간도는 중국 땅이라고 주장하는 것이다. 독도를 둘러싸고 일본과 분쟁이 생기면 일본 편을 들고, 간도를 둘러싸고 중국과 분쟁이 생기면 중국 편을 드는 것이 고구려연구재단과 동북아역사재단이 설립 이래 유지해온 일관된 정책방향이었다. 배성준은 조선과 청나라의 국경회담에 대해 이런 말장난을 했다.

> 그러나 조·청 국경회담의 쟁점은 간도 문제가 아니라 두만강의 국경선 여부였다. 당시 조선과 청은 두만강 대안 지역 이주 조선인의 철수 문제를 둘러싸고 백두산 정계비에 나오는 '토문'이 두만강과 동일한 강인가 아닌가를 둘러싸고 대립하였다.
>
> _배성준, 『만주—그 땅, 사람, 그리고 역사』, 고구려연구재단, 2005, 200쪽

어떤 행위든 어느 정도는 일관된 논리가 있어야 하는데, 무조건 간도를 중국 땅으로 몰려니 앞뒤가 맞지 않는다. 1885년과 1887년에 있었던 조·청 국경회담에서 '토문강'을 둘러싸고 논쟁을 벌인 자체가 간도 문제를 가지고 논쟁한 것이라는 사실을 호도하기 위해서 앞뒤가 다른 서술을 한 것이다. 토문강이 송화강의 지류인 사도백하四道白河의 다음 강이라는 조선 측의 주장이 맞으면 간도는 조선 영토가 되는 것이고, 지금의 두만강이라는 중국 측의 주장이 맞으면 간도는 중국 영토가 되는 것이었다. 이 명백한 사실을 놓고 배성준은 "조·청 국경회담의 쟁점은 간도 문제가 아니라 두만강의 국

경선 여부였다."라는 말장난으로 조·청 국경회담의 현안이 간도의 귀속문제가 아니었던 것처럼 얘기하는 것이다. 게다가 배성준은 간도 되찾기를 주장하는 사람들을 일본 제국주의를 추종하는 사람들인 것처럼 몰아붙이는 간 큰 행위도 했다.

> 오늘날 간도 되찾기를 주장하는 이들의 인식이 일본의 간도 인식, 즉 통감부간도파출소의 간도 인식에 기반하고 있다는 점이 드러난다. 간도 되찾기를 주장하는 이들은 일본의 침략성을 근거로 간도협약 무효를 제기했다고 하지만 사실 그들의 인식 속에 있는 간도는 통감부간도파출소에서 간도 점령을 위하여 만들어낸 간도의 이미지인 것이다. 간도 되찾기를 주장하는 이들의 국수적인 고토 회복 의식은 간도의 존재 자체를 부정하는 중국 측의 입장에 반대하면 할수록 만주침략을 위한 전진기지로서 간도의 전략적 중요성을 강조하는 일본 제국주의의 침략논리와 공명하게 되는 것이다.
>
> _배성준, 『만주-그 땅, 사람, 그리고 역사』, 고구려연구재단, 2005, 203쪽

식민사학자들의 논리는 '귀신 뺨도 때릴 수 있는' 정도로 기발하다고밖에 달리 표현할 말을 찾기 힘들다. 피해자를 가해자로 둔갑시키는 것이 이들의 귀신 빰치는 수법이다. 세월호 희생자 유가족을 졸지에 가해자로 둔갑시킨 수법이 연상된다. 통감부에서 간도파출소를 설치했다는 자체는 간도를 한국령으로 보았다는 뜻이다. 그리고 1909년 편찬한 『통감부 임시간도파출소 기요紀要』라는 책에

지도 26 『통감부 임시간도파출소 기요』에 실린 『동간도약도』

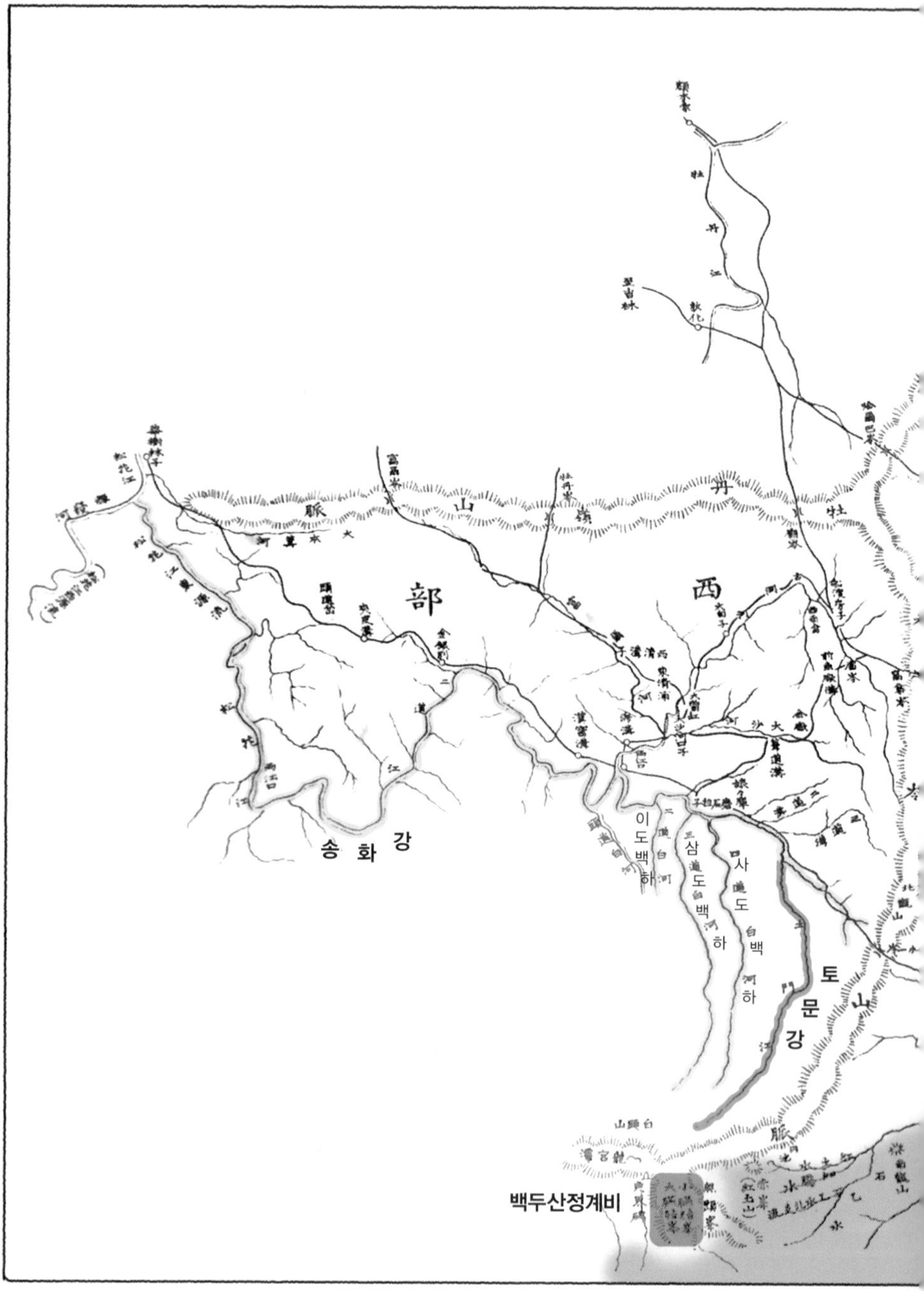

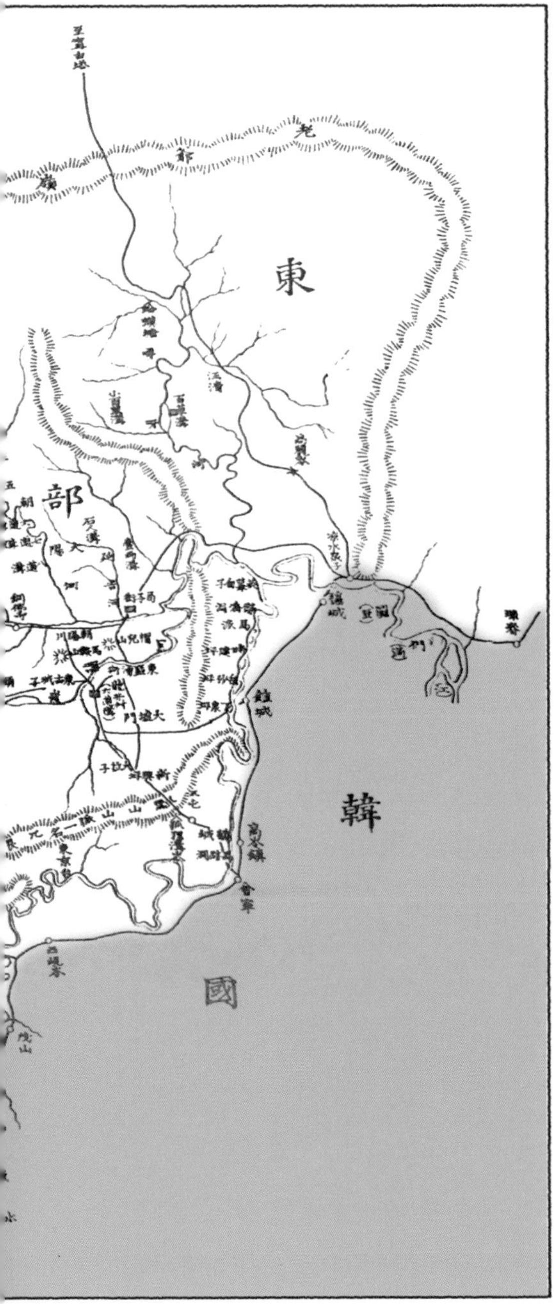

토문강이 두만강이 아니라 지금의 만주 송화강 지류임을 말해주고 있다. 이 지도에 따르면 간도는 대한제국의 강역이었다. 필자는 이 지도를 보기 전에 한 독립운동가의 후손으로부터 토문강은 사도백하 다음의 강이라는 말을 들은 적이 있다.

는 토문강이 송화강의 지류이고 이에 따라 간도를 한국령으로 그려놓은 지도가 실려 있다. 간도가 한국령이니까 중국에서 남만주철도 부설권과 무순撫順 탄광 채굴권을 대가로 주고 사간 것 아닌가? 또한 일제는 자신의 소유가 아닌 것을 팔아넘겼으니 간도는 현재 장물 아닌가? 그런데 배성준은 간도 되찾기를 주장하는 한국인을 일본 제국주의의 침략논리에 공명하는 친일파로 본 것이다.

> 간도를 되찾자고 외치면서도 되찾아야 할 땅이 어디인지, 얼마나 되는지를 모른다는 사실은 간도 영유권 주장이 얼마나 허술한 것인가를 단적으로 보여준다.
>
> _ 배성준, 『만주-그 땅, 사람, 그리고 역사』, 고구려연구재단, 2005, 205~206쪽

배성준은 독도가 지금의 한국 영토라고 주장하는 사람들에 대해서나, 간도가 과거 대한제국의 강역이었다고 주장하는 사람들에 대해서나 '허술'하다고 비판한다. '독도는 일본 강역이고, 간도는 원래부터 중국 강역이었다는 소신'의 표현이다. 문제는 이런 소신을 고구려연구재단과 동북아역사재단에서 대한민국 국민의 세금을 가지고 줄기차게 펼쳐왔다는 점이다. 그랬어도 배성준은 아무 이상이 없었다. 오히려 동북아역사재단은 배성준과 같은 인식을 갖고 있으면 당당하고, 다른 인식을 갖고 있으면 움츠러들어야 하는 기관이 되어버렸다. 이러고도 대한민국을 국가라고 말할 수 있겠는가?

『만주-그 땅, 사람 그리고 역사』에 실린 모든 글들이 배성준의 주장과 같은 것은 아니다. 괜찮은 내용도 일부 있다. 그러나 고구려역

사재단에서 '만주'를 전면에 내걸고 낸 책에, 외부 기관 소속도 아니고 고구려연구재단 소속의 연구위원이 '간도는 원래부터 중국의 역사 강역이었다'라는 내용의 글을 실었다면, 다른 모든 논문의 취지는 무색해진다. 중국에서 이 책을 구해서 보지 않았을 가능성은 없다. 당시 고구려연구재단 이사장 김정배가 책 제작에 얼마나 관여했는지, 책의 내용에 얼마나 깊숙이 관여했는지는 알 수 없다. 그러나 고구려연구재단 이사장 자격으로 서문을 썼다는 사실에 대해서는 해명이 필요하다. 그는 전 고구려연구재단 이사장이 아니라 현 대한민국 국사편찬위원장이다. 그러니 이 문제에 대한 자신의 견해를 밝힐 의무가 있고, 대한민국 국민은 이에 대한 설명을 요구할 권리가 있다.

알고 썼는가?

모르고 썼는가?

글을 마치면서

'주인의 역사관'을 위하여

1.

지금 동아시아는 영토분쟁이 한창이다. 동아시아 영토분쟁은 곧 역사분쟁이다. 대한민국은 중국 및 일본과 역사분쟁을 겪고 있다. 2012년 중국은 북한 강역 전체가 한때 자신들의 역사 강역이었다는 내용의 동북공정 지도를 미 상원 의회조사국에 보냈다. 미 의회에서는 이에 대한 한국 정부의 입장을 묻는 공문을 보냈다. 한국 정부를 대신한 동북아역사재단은 중국 동북공정의 내용이 맞다는 『동북아역사지도』의 매국 지도 일부를 미 의회에 보냈다. 이로써 중국은 북한 유사시 북한 강역 전체를 차지하고 영유권을 주장할 수 있는 근거를 완벽하게 마련했다. 그래서 동북아특위에서 김세연 의원이 동북아재단 관계자를 향해 이렇게 말했다.

> 아직 확정되지 않은 국경선에 대한 입장이 대한민국 정부의 공식 입장인 것처럼 타국의 국경선을 비정하는 자료의 근거

로서 (미 의회조사국에) 제출되었다는 것이 참 대단히 우려가 되는 입장입니다.

당시 중국 정부는 고구려가 중국의 지방정권이었다는 논리로 "(고구려는) 주로 한나라 이주민에 의해 건설된 지방정권이었다."라면서 "왜냐하면 지정학적으로 그들의 경제와 문화는 그들 내부에 의해서 발전할 수 없었기 때문"이라고 말했다. 일제 식민사관의 '한국사 정체성론'을 그대로 주장하고 있는 것이다. 쓰다 소키치나 이병도가 주장한 대로 한사군의 경제·문화 세례를 받아 한국사가 발전했다는 논리를 그대로 펼치고 있는 것이다. 중국이 이런 논리를 펼 수 있는 근거가 '한사군=한반도설'에 있다. 그런데 동북아역사재단은 미 의회조사국에 보낸 지도에서 서기전 108년 한나라가 고조선을 멸망시키고 한반도 북부에 한사군을 설치했다고 동조했다. 북한 강역을 자국사의 영토라고 주장하는 중국의 침략주장에 동조하는 매국 행위를 대한민국 국가기관이 저지른 것이었다. 이밖에도 동북아역사재단은 중국 동북공정에 동조하는 지도를 미 의회조사국에 보냈다. 그래서 이제 한국 정부가 동북아역사재단에서 미 의회조사국에 보낸 자료와 지도는 한국 정부의 공식 입장과 다르다는 견해를 전달하고 동북아역사재단 이사장을 비롯한 관계자를 처벌하지 않는 한 중국이 북한의 유사시에 북한을 차지하고 소유권을 주장할 경우 대한민국은 대응하기 어렵게 되었다.

여기서 한 가지 의문을 가져야 한다. 동북아역사재단의 매국 행위에 그 어떤 제재도 가하지 않는 한국 정부 문제는 차치하고라도 중국과 일본은 과연 한국 학계의 매국적 동태에 대해서 모르고 이런 행위들을 하는 것일까? 그럴 가능성은 전혀 없다.

일본은 패전 후에도 국내 식민사학계를 지속적으로 관리해왔다. 임나일본부가 전라남도 전역과 충청 남북도 및 경상 남북도 일부를 차지하고 있었다고 주장한 스에마쓰 야스카즈가 패전 후에도 서울대 국사학과를 들락거리면서 김원룡을 비롯한 국사학과 교수들을 지도해왔다는 사실은 김용섭의 회고록 『역사의 오솔길을 가면서』에 잘 나와 있다. 또한 일본 신도神道의 한 일파인 덴리교가 주축이 된 조선학회를 통해 이병도 등을 비롯한 국내 사학자들을 초청해 관리해왔다. 국사학계의 태두로 불리던 이병도가 덴리교 도복을 입고 덴리교 예배에 참석했다는 사실도 그 후배 교수의 뜻밖의 증언에 의해서 알려졌다. 그렇게 한국 역사학계는 해방 후에도 여전히 총독부 세상이었던 것이다. 일본 극우파에서 국내 식민사학계에 자금을 지원한다는 이야기도 있었다. 비공식적 자금은 이야기할 것도 없이 일본 문부성 장학금으로 일본 유학을 다녀온 학자들 다수가 매국의 길을 걷는 것을 보면 일본은 이미 한국 역사학계의 정신세계를 장악한 것이다.

중국은 과연 임기환이 말하는 한국 학계의 상태를 모르고 미 의회조사국에 그런 요청을 한 것일까? 담기양이 그린 『중국역사지도집』은 이나바 이와키치를 비롯한 일본인 식민사학자들과 이병도의 설을 채용해 그린 것이다. 일제 식민사관과 국내 매국사학계의 논리를 그대로 채용했다는 이야기다. 그렇게 중국은 국내 매국사학계의 논리를 갖고 북한 강역에 대한 소유권을 주장하고 있는 것이다. 중국 동북공정의 진정한 목표가 북한을 중국의 한 성省으로 만들어 동북 3성이 아니라 동북 4성 체제를 만드는 것이라는 소문은 과연 기우에 불과할까? 미 의회조사국에 보낸 중국의 지도는 이런 속셈을 드러낸 것이 아닐까?

동북아특위에서 임기환은 여러 번 필자를 놀라게 했는데 그중에는 이런 말도 있었다.

> 역사는 사실에 근거해서 해석할 때 감동하는 것이지 왜곡된 내용으로 자기만족을 꾀할 경우에는 오히려 지금 일본에서 역사 왜곡하는 그런 부분과 마찬가지로 양심적인 국민과 국제사회에서 외면당할 것이라고 생각이 됩니다.
> 역사는 진실을 가지고, 사실을 가지고, 진실에 대한 확신을 가지고 제기를 해야 된다고 생각하고 그 부분이 학술적으로 이루어져야 된다고 생각합니다. 근거 없이 편견을 갖고 비학술적으로 주장을 하는 것은 옳지 않다고 생각이 됩니다.

임기환이 말한 '사실, 진실, 왜곡, 학술적, 비학술적'이라는 말은 모두 맞는 말이다. 그러나 이 말이 현 상황에서 맞는 말이 되려면 필자를 향해서가 아니라 중국과 일본 그리고 그가 속해 있는 국내 식민사학계, 즉 매국사학계를 향해서 하는 말이 되어야 한다.

지금까지 살펴본 것처럼 매국사학에는 '사실' 자체가 없다. 이나바 이와키치가 "만리장성이 황해도 수안에서 시작하는 것은…… 『한서』 「지리지」에 의하여 의심할 것이 없다."고 말했던 사기 수법을 그대로 흉내내고 있을 뿐이다. 이런 사기 행위를 그대로 반복하고 있는 『동북아역사지도』 역시 학문적 사기에 불과하다. '사실' 자체가 없으니 '진실'은 말할 것도 없다. 그런데도 임기환은 자신이 마치 '사실'과 '진실'을 말하는 것처럼 호도하고 있는 것이다. 그동안 이런 수법이 통해왔으니 지금도 통하리라고 믿고 있는 것이다.

임기환은 "지금 일본에서 역사 왜곡하는 그런 부분과 마찬가지로 양심적인 국민과 국제사회에서 외면당할 것이라고 생각"한다고도 말했다. 임기환이 말한 '양심적인 국민'이란 과연 대한민국 국민들을 말하는 것일까? 그 뒷말이 '국제사회'라는 점에서 앞의 '양심적인 국민'은 대한민국 국민들을 뜻하는 것으로 해석된다. 진짜 양심적인 대한민국 국민들이 분노하면 어떻게 될지 임기환은 알고서 이런 말을 하는 것일까?

지금 시점에서 임기환이 '국제사회'를 말한 것은 그의 속내로는 일리가 있다. 중국이나 일본은 모두 임기환이 말하는 '한국 학계'와 한통속이기 때문이다. 이 악의 삼각편대는 북한은 중국사의 강역이고, 한반도 남부는 일본사의 강역이며, 독도는 한국 영토가 아니라고 생각한다는 공통점이 있다(독도에 관한 중국의 공식 입장은 중립이지만 일본과 영토분쟁이 있을 경우 한국 편을 조금 드는 듯한 태도를 취하는 정도이다).

임기환은 "양심적인 국민과 국제사회에서 외면당할 것이라고 생각이 됩니다."라고 말했다. 명분과 실상이 다른 국내 매국사학이 취할 태도는 유체이탈식 사고밖에 없다. 그래서 한 문장에서도 논리적 일관성을 지니지 못하는 것이다. 임기환의 말대로 지금 일본에서 역사 왜곡을 하고 있다. 그런데 임기환과 동북아역사재단, 그리고 『동북아역사지도』는 일본의 역사 왜곡을 추종하고 있다. 그런데도 정작 '양심적인 국민과 국제사회에 외면당할' 대상은 자신들이 아니라 매국사학에 맞서온 필자 같은 사람들이라는 것이다.

'역사는 학술적으로 이루어져야 한다'는 것도 맞는 말이다. 필자를 비롯한 사람들의 소원이 바로 이것이다. '조선총독부 만세, 동북공정 만세' 같은 비학술적 구호 좀 그만 외치고 '한사군=한반도설'을 학술적으로 설명해보라는 말이다. 『수경』 원문과 『수경주』도 구분하지 못하는 실력들로, 나랏돈을 갖고 값비싼 호텔에서 먹고 자면서 "동북아문화지도를 제시해서 고조선의 특별성을 약화시키자."는 따위의 매국 주장을 해대는 것 말고 학술적 근거를 대보라는 말이다. 비파형 동검 등의 고조선 유물이 쏟아지는 지금의 요서 지역을 "고조선이 아니라 산융, 동호의 것"이라는 간 큰 주장을 해대는 것 말고 비파형 동검이 어떻게 산융, 동호의 것이 되는지 학술적으로 밝혀보라는 것이다. 그것도 '양심적'으로 대한민국 세금 말고 자기 돈으로.

임기환은 "다만 결론의 유사성만으로 식민사관과 동북공정을 추종한 것이라고 매도하는 것은 기본적인 학문적 자세가 갖추어지지 않은 것"이라고도 말했다. 행위는 매국으로 일관하면서도 애국자로 대접받고 싶어 하는 것이 해방 후 식민사관, 즉 매국사관의 오랜 전통이었다. 임기환이 이런 비판을 받기 싫으면 일제 식민사관 및 중국 동북공정과 같은 결론을 보여주는 『동북아역사지도』의 '결론의 유사성'이 객관적 사실, 즉 1차 사료에 의한 결과임을 학술적으로 입증해보이면 된다. 자신들의 결론이 일제 식민사관 및 중국 동북공정과 같게 나온 것이 정말 학술적 연구 결과인지를 고민해보라는 말이다. 쓰다 소키치나 이병도의 손아귀에서 놀지 말고 자기 머리로 생각 좀 하라는 말이다. 필자가 강연 등에서 가장 많이 받는 질문이 이것이다.

> 식민사학자들은 정말 몰라서 저러는 것일까요? 알고도 저러는 것일까요?

식민사학이 아무런 사료적 근거가 없는 삼류소설이라는 사실을 알고서도 저러는 것인지 정말 몰라서 저러는 것인지 궁금하다는 이야기다. 이미 알 만한 사람들은 다 안다. 식민사학이 아무런 학술적 근거가 없는 사기라는 사실을. 그런데도 저들은 아직도 "학술적으로 이루어져야 된다고 생각"한다면서 필자 등 매국사학을 비판적으로 바라보며 깊이 연구하고 있는 학자들을 비학술적이라고 우기고 있다. 그래서 저들이 정말 식민사학이 아무런 근거가 없다는 사실을 몰라서 그러는지 알고도 그러는지 궁금하다는 질문이다. '학술'이라는 말 오염시키지 말고 진짜 학술적으로 논쟁 한번 해보자.

중국이 동북공정에 나서고 일본이 임나일본부까지 재론할 수 있는 든든한 뒷배경은 한국 매국사학계요, 매국사학계가 장악한 동북아역사재단 같은 국가기관이라는 사실을 『동북아역사지도』는 다시금 일깨워주었다.

2.

최재석은 300여 편의 논문과 30여 권의 학술저서가 있는 학자다. 그것도 『삼국사기』 초기 기록 불신론'이라는 일제 식민사관의 주요한 논리를 뿌리째 뽑아버린 진짜 학자다. 그러나 학문회고록 『역경의 행운』에서 증언했듯이 최재석은 학술원 회원 선발에서 탈락하고 논문 한 편 없는 '무늬만 학자'가 선출되었다. 이것이 이른바 대한민국 학술계의 현주소다. 20세기의 살아 있는 1차 사료 창시자 이병도가 7대부터 17대까지 무려 20여 년(1961~1980) 동안 학술원 회장을 역임한 나라인데, 더 말할 나위가 있겠는가?

인문학 위기의 근본 원인이 여기에 있다. 아무런 사료적 근거가 없는 일본인 학자들의 식민사관을 그대로 추종하는 무늬만 학자는 학술원 회장이 되고, 식민사관의 이론적 토대 자체를 무너뜨린 진짜 학자는 학술원 회장은커녕 회원 심사에서조차 탈락하는 나라가 대한민국이다. 이런 나라가 인문학의 위기를 겪지 않는다면 그것이 비정상이다.

매국사학의 내면은 노예사학이다. 매국사학의 뿌리는 깊은 사대주의다. 지금의 '전시작전권 영구 포기' 상황이 말해주는 것처럼 남을 섬기는 '사대事大'는 반드시 자기 정체성 부정으로 이어지게 되어 있다. 만주 및 내몽골 등지의 고조선 유적에는 대부분 제사유적이 있다. 우리 선조들은 하늘과 땅에 제사를 지냈다는 뜻이다. 고구려 광개토대왕 비문은 시조 추모왕에 대해 "천제의 아들天帝之子"이라고 자부하고 있다. 고조선의 제사유적이나 고구려 광개토대왕 비문이 말해주는 것은 우리 선조들은 자신들을 하늘의 자손으로 생각했다는 것이다. 즉 자신들을 천하의 중심으로 사고하는 자주적이고 주체적인 세계관을 갖고 있었다는 뜻이다.

선조들이 지녔던 이런 주체적 역사관은 유학이 들어오면서 변질되기 시작했다. 고려 중·후기부터 사대주의 유학자들은 주체적 역사관을 사대주의 역사관으로 변질시키기 시작했다. 고려 후기 이규보가 『동명왕편東明王篇』에서 유학적 세계관에 빠졌던 자신의 과오를 깨달으면서 자주적 역사관, 즉 주인의 역사관을 설파했지만 그뿐이었다. 조선 후기 인조반정 이후 노론들이 집권하면서 사대주의는 이념으로 변질되었다. 사대주의는 '친중에서 친러로, 다시 친일에서 친미' 등으로 시대의 변화에 따라 옷 색깔을 달리하면서 강자에게 달라붙어 자신들의 사적 이익을 챙겨왔다.

이런 사대주의가 학문의 외피를 입은 것이 식민사학이다. 노예의 역사관이다 보니 자존심이 없다. 자신의 정체성이 없다 보니 남을 섬기는 데 익숙하다. 하버드대에 국고 10억 원을 상납한 '한국 고대사 프로젝트 사건'에서 알 수 있듯이 하버드대라는 이름에 무릎 꿇고 기꺼이 노예가 되는 것을 가문의 영광으로 안다.

반면 주인의 역사관을 가진 학자들은 당당하다. 하버드대든 옥스퍼드대든 도쿄대든 꿀릴 이유가 없다. 1992년 영국의 마르티나 도이힐러(Martina Deuchler) 교수가 하버드대 출판부에서 『The Confucian Transformation of Korea(한국 사회의 유교적 변환)』를 출간했다. 그런데 이는 최재석의 『한국가족제도사연구』(일지사, 1983)를 송두리째 표절한 것이었다. 최재석은 하버드대에 반론문 게재를 요청했지만 하버드대는 거절하는 제국주의적 학문 행태를 보였다. 최재석은 여기에 포기하지 않고 「A Criticism of M. Deuchler's The Confucian Transformation of Korea with Reference to Preceding Studies(도이힐러의 한국 사회의 유교적 변환 비판: 선행연구와 관련하여)」(*The Review of Korea Studies*: 한국학 연구, 2005)라는 영문 논문으로 반박했다. 그런데 도이힐러의 책은 아직도 하버드대 옌칭연구소의 모노그래프(Monograph) 시리즈로 판매되고 있다(『한국일보』, 2015년 3월 20일, 「이덕일의 천고사설-노학자의 회고록 읽기」 참조).

최재석처럼 주인의 역사관을 가진 학자들은 당당하다. 하버드대든 옥스퍼드대든 도쿄대든 머리 숙일 일이 없다. 그런데 우리나라는 일제 식민사관에 뼛속 깊이 물든 사대주의자들이 학문권력을 전단專斷하다 보니 노예사관을 갖고 노예처럼 행동하면서도 부끄러운 줄도 모른다. 이들은 외국인 상전들에게는 노예처럼 굴면서도 국내의 내국인들에게는 또 상전처럼 군다는 특징도 있다.

인문학의 위기를 말하기 전에 왜 현재 한국 사회에는 백호 윤휴나 서계 박세당, 성호 이익, 하곡 정제두 같은 학자들이 없는지를 자성해야 한다. 노예의 역사관에 반기를 들고 주인의 역사관을 주창했던 문정창, 최재석, 윤내현, 김성호 같은 역사학자들이 학계에서 어떤 대접을 받았던가? 입에 담기 부끄러울 정도의 폄하를 받지 않았는가? 국내 식민사학자들의 행태는 조선 후기 주희를 신으로 모셨던 노론학자들의 행태와 완전히 같다. 노론의 마지막 당수 이완용은 망해가는 대한제국을 팔아먹었다. 사대주의가 이념이었던 당의 예정된 행보였다.

지금 매국사학자들은 아직 망하지도 않은 나라, 한창 뻗어나가는 나라의 역사를 팔아먹었다. 둘 중 누가 더 나쁜 것일까? 이완용은 망해가는 나라를 팔아 대가를 챙겼지만 지금의 매국사학자들은 망하지 않을 수도 있는 나라, 우리가 하기에 따라서 동아시아의 중심국가가 되고 세계의 중심국가도 될 수 있는 새로운 나라의 역사를 미리 팔아먹었다. 필자는 국제정세가 일변해서 중국이나 일본이 다시 한국을 점령하겠다고 나온다면 '일진회'의 깃발을 들고 나올 인물들이 수두룩할 것임을 절감한다. 필자만의 생각이 아니다. 이 문제를 연구하는 학자들은 모두 같은 생각을 갖고 있다. 단재 신채호는 "역사를 잊은 민족에게 미래가 없다."라고 말했다. 역사를 팔아먹은 민족에게는 미래가 있을까? 역사를 팔아먹은 민족은 이미 미래도 팔아먹은 것이다.

3.

아직까지 왜곡된 한·중·일 고대사 서술이 계속되고 있다는 것은 한·중·일 고대사가 아직도 제국주의 정치체제에서 벗어나지 못하고 있다는 사실을 의미한다. 아베의 역사관과 행보는 그의 집안에 세 명이나 있는 A급 전범들의 역사관·행태와 전혀 다를 바가 없다. 과거 제국주의 피해자였던 중국은 도리어 제국주의 본국으로 변신한 것처럼 정반대의 행보를 보이고 있다. 과거 자신들을 침략했던 일본 제국주의가 만든 역사관을 그대로 베껴 북한 강역 침략의 도구로 삼는 것은 일본 제국주의 침략에 맞서 싸웠던 중국인 선조들의 인생을 부정하는 행위이다.

가장 큰 문제는 대한민국이다. 중국은 일본 제국주의 역사학을 자국의 영토 확장에 악용하고 있는데 대한민국은 무엇을 하고 있는가? 제국주의 역사학을 지금껏 추종함으로써 대한민국 강역을 싸우지도 않고 중국과 일본에 넘겨준 것이 아닌가? 중국이나 일본에서 이런 상황을 모르리라고 보는가? 두 나라 모두 속으로 한국을 비웃을 것이 틀림없다.

이제 대한민국 정부와 국민들은 이 문제를 직시해야 한다. 이 문제에 정직하게 마주해야 한다. 한국사의 정체성을 지키는 것이야말로 동아시아의 평화를 지키는 길이다. 중국 고대사료들은 고조선 강역과 한사군이 모두 지금의 하북성 일대에 존재했다고 말해주고 있다. 고대 일본은 고대 가야인과 백제인들이 이주해 건설했다고 말해주고 있다. 이 명백한 역사적 사실이 대한민국 국민들은 물론 동아시아인들, 세계인의 보편적 상식이 되면 동북아의 여러 갈등은 절로 회복된다. 옛 고조선과 낙랑군이 지금의 하북성 일대에 있었다는 사실이 명백하게 드러난다면 중국은 역사를 도구로 북한 강역을 차지하려는 꿈을 거둘 수밖에 없을 것이다. 마찬가지로 고대 일본이 옛 가야인과 백제인들이 만든 것이라는 사실이 드러난다면 일본 역시 임나일본부설 따위로 한국을 재점령하려는 꿈을 꾸지 못할 것이요, 독도 문제도 제기하지 못할 것이다.

중국과 일본은 모두 이런 사실이 서구 학계에 드러나는 것을 두려워하고 있다. 비단 서구 학계가 힘이 있다는 오리엔탈리즘 때문만이 아니라 서구 학계는 한·중·일 고대사를 왜곡된 정치적 관점으로 바라보지 않을 수 있기 때문이다. 서구 학계가 1차 사료에 입각한 한·중·일 고대사의 진실을 알게 되면 굳이 '한반도 북부는 중국 강역이었다', '한반도 남부에는 임나일본부가 있었다', '독도는 일본 강역이다'라는 식의 제국주의 역사관을 지지할 이유가 없다. 그러나 서양 학자들이 스스로 이런 결론에 도달한다는 것은 대단히 어렵고, 사실상 불가능에 가깝다. 일본과 중국은 물론 국내 사학계까지 매국사관에 동조하는 상황에서 어떤 서양 학자가 한문 사료를 스스로 공부해서 객관적 진실에 도달할 수 있겠는가? 따라서 한·중·일 역사에 대한 진실을 연구하고 이를 국내는 물론 전 세계에 전파해야 하는 나라는 대한민국이다.

대한민국은 심기일전해서 『동북아역사지도』를 비롯해서 그동안 국민 세금으로 자행했던 매국 사업을 국기 차원에서 단죄하고 과거와는 다른 새로운 길로 나서야 한다. 조선총독부에서 만든 노예의 길이 아니라 고조선·고구려 선조들이 걸었고, 독립운동가들이 걸었던 주인의 길, 그 길이 21세기 대한민국이 가야 할 길이다. 그 길이 진정한 동북아 평화의 길이기도 하다.

참고문헌

1. 고대 사료

한국

『강계고疆界考』

『고려사高麗史』

『고종실록高宗實錄』

『동국여지승람東國輿地勝覽』

『동국통감東國通鑑』

『만기요람萬機要覽』

『삼국사기三國史記』

『삼국유사三國遺事』

『성호사설星湖僿說』

『세종실록世宗實錄』

『연원직지燕轅直指』

『열하일기熱河日記』

중국

『괄지지括地志』

『남사南史』

『독사방여기요讀史方輿紀要』

『만주원류고滿洲源流考』

『사기史記』

『사기색은史記索隱』

『사기정의史記正義』

『산해경山海經』

『삼국지三國志』

『수경水經』

『수경주水經注』

『수서隋書』

『신당서新唐書』

『위략魏略』

『위서魏書』

『주서周書』

『진서晉書』

『태강지리지太康地理志』

『통전通典』

『통지通志』

『한서漢書』

『회남자淮南子』

『후한서後漢書』

일본

『일본서기日本書紀』

『고사기古事記』

2. 단행본 및 논문

고구려연구재단 엮음, 『만주-그 땅, 사람 그리고 역사』, 고구려연구재단, 2005.

김용섭, 『역사의 오솔길을 가면서』, 지식산업사, 2011.

김학준, 『독도연구』, 동북아역사재단, 2010.
김현구, 『고대 한일교섭사의 제문제』, 일지사, 2009.
김현구, 『백제는 일본의 기원인가』, 창작과 비평사, 2002.
김현구, 『임나일본부설은 허구인가』, 창비, 2010.
노태돈, 「고조선 중심지 변천에 대한 연구」, 『한국사론』 23, 민족문화사, 1990.
담기양, 『중국역사지도집中國歷史地圖集』, 중국지도출판사, 1974.
동북아역사지도편찬위원회, 「고조선의 강역과 중심지」, '『동북아역사지도』 연구사 정리 작업'.
동북아역사지도편찬위원회, 『동북아역사지도』, 동북아역사재단.
배성준, 『만주-그 땅, 사람 그리고 역사』, 동북아역사재단, 2005.
배성준, 「'독도 문제'를 보는 비판적 시각을 위하여」, 『문화과학』 42, 2005.
배성준, 「울릉도·독도 명칭 변화를 통해서 본 독도 인식의 변천」, 『진단학보』 94, 2002.
송호정, 『단군, 만들어진 신화』, 산처럼, 2004.
스에마쓰 야스카즈, 「조선사」, 『조선행정』 2, 1938.
스에마쓰 야스카즈, 『임나흥망사』, 오야시마출판大八洲史書出版, 1949.
시라토리 구라키치, 「단군고」, 『시라토리 구라키치 전집』 3, 이와나미쇼텐岩波書店, 1970.
신채호, 『조선상고사』, 단재신채호선생기념사업회, 1992.
쓰다 소키치, 「백제에 관한 일본서기의 기재」, 『만선지리역사연구보고』, 1921; 『쓰다 소키치 전집』 2, 이와나미쇼텐岩波書店, 1964.
이기백, 「백제왕위계승고」, 『역사학보』 11, 아세아문화사, 1959.
이기백, 『한국사신론 - 신수판』, 일조각, 2003.
이나바 이와키치, 「진나라 장성의 동쪽 끝 및 왕험성에 대한 논고」, 『사학잡지』 21, 1913.
이덕일, 『우리 안의 식민사관』, 만권당, 2014.
이덕일, 『한국사, 그들이 숨긴 진실』, 역사의 아침, 2009.
이덕일·김병기, 『고조선은 대륙의 지배자였다』, 역사의 아침, 2006.
이병도, 『한국고대사연구』, 박영사, 1976; 1985, 수정판.
이병도, 『한국사대관』, 동방도서, 1983.
이성규, 「4세기 이후의 낙랑교군과 낙랑유민」, 『최소자 교수 정년기념 논총』, 서해문집, 2005.
이케우치 히로시, 「고구려왕가의 상세의 세계에 대하여」, 『동아학』 38, 1940.
이홍직, 「신라의 발흥기」, 『한국사상의 제문제』 3, 1959.
이홍직, 「서평, 만선사연구」, 『아세아연구』 3권 2호, 고려대 아세아문제연구소, 1960.
정인성. 「대방태수 장무이 묘에 대한 재검토」, 『한국상고사학보』 69, 한국상고사학회, 2010.
정태만, 『태정관 지령이 밝혀주는 독도의 진실』, 조선뉴스프레스, 2012.
조선총독부, 『낙랑군시대의 유적』, 1927.

진단학회, 『역사가의 유향』, 일조각, 1991.
최재석, 「<삼국사기> 초기 기록은 과연 조작되었는가」, 『한국학보』 38, 1985.
최재석, 『역경의 행운』, 만권당, 2015.
최재석, 『한국고대사회사방법론』, 일지사, 1987.
한일역사공동연구위원회, 『한일역사공동연구보고서』, 2005.
호리 가즈오, 「1905년 죽도의 일본 영토 편입」, 『조선사연구회논문집』 24, 조선사연구회, 1987.
황순종, 『식민사관의 감춰진 맨얼굴』, 만권당, 2014.

3. 기타

동북아역사재단 누리집, '고조선'조, 2009.
동북아역사지도편찬위원회, 「재단수시설명회 자료」, 2015.

찾아보기

ㅇ

매국의
역사학,
어디까지
왔나

초판 1쇄 펴낸 날 2015. 8. 15
초판 4쇄 펴낸 날 2015. 9. 3

지은이 이덕일
발행인 양진호
발행처 도서출판 만권당

등 록 2014년 6월 27일(제2014-000189호)
주 소 (121-894) 서울시 마포구 양화로 56 동양한강트레벨 718호
전 화 (02) 338-5951~2
팩 스 (02) 338-5953
이메일 mangwonbooks@hanmail.net

ISBN 979-11-953264-6-4 (03900)

이 도서의 국립중앙도서관 출판시도서목록(CIP)은 서지정보유통지원시스템 홈페이지(http://seoji.nl.go.kr)와 국가자료공동목록시스템(http://www.nl.go.kr/kolisnet)에서 이용하실 수 있습니다.(CIP제어번호: CIP2015019602)